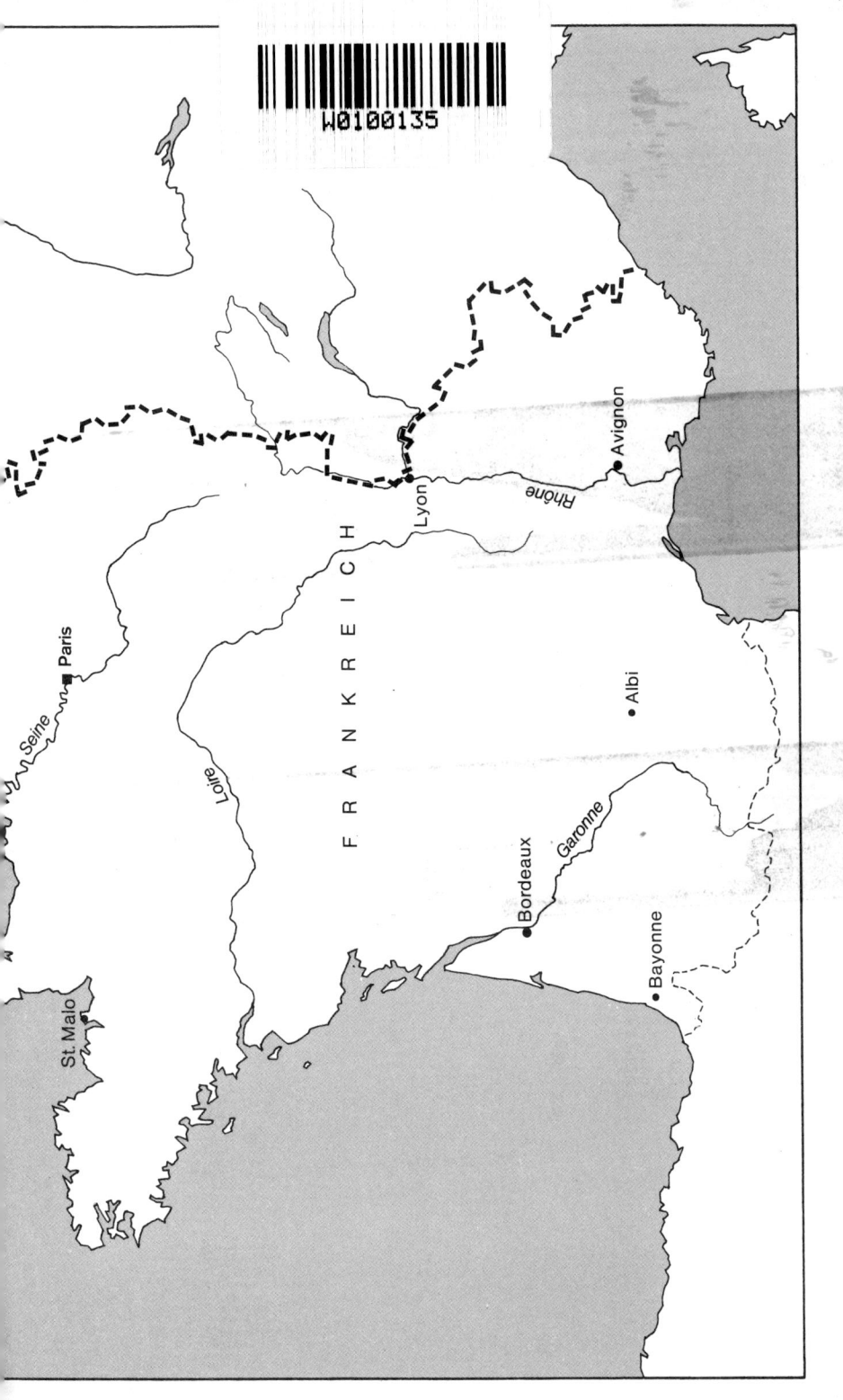

FRANKREICH

Paris

Seine

Loire

Lyon

Rhône

Avignon

Albi

Bordeaux

Garonne

Bayonne

St. Malo

Manfred Vasold

Frühling im Mittelalter

John Wyclif
und sein Jahrhundert

List Verlag

Umschlagentwurf: Design Team, München
Umschlagbild: John Wyclif · Kupferstich von Hopwood
nach zeitgen. Bildnis, London 1810
(Foto: Archiv für Kunst und Geschichte, Berlin)

ISBN: 3-471-79010-1

Satz: Leingärtner, Nabburg
Druck und Bindung: May & Co., Darmstadt

INHALT

DER EINZELNE IN DER GESCHICHTE

*Tief ist der Brunnen der Vergangenheit. Sollte man ihn nicht
unergründlich nennen?
Dies nämlich dann sogar und vielleicht eben dann, wenn nur
und allein das Menschenwesen es ist, dessen Vergangenheit in
Rede und Frage steht: dies Rätselwesen . . .*

Thomas Mann

Die große Mehrzahl aller Menschen, die vor uns lebten, hat
keine schriftlichen Zeugnisse hinterlassen; man starb unbekannt und namenlos. »Er ward geboren, nahm sich ein Weib
und starb« – mit diesen dürren Worten müßten wir die Biographie der meisten von ihnen schreiben. Noch Ludwig XIV. von
Frankreich, der dreihundert Jahre nach Wyclif lebte, zeitlich
also gerade in der Mitte zwischen ihm und uns, hinterließ mehr
Geschriebenes als die eine Hälfte seiner Untertanen; wir wissen
über diesen einen soviel wie über zehn Millionen. Es ist also
nichts Besonderes, daß die ersten dreißig Jahre von Wyclifs Leben so gut wie keinen schriftlichen Niederschlag fanden, aus
dem man die Geschichte seiner Jugend ablesen könnte.

Noch im 14. Jahrhundert konnte längst nicht jeder geistliche
Herr ohne Mühe lesen und schreiben. *Clericus scribere nes-
ciens* – der des Schreibens unkundige Geistliche – war im späten Mittelalter keine Seltenheit. Im Süden Europas, in Italien,
standen die Dinge besser. Dort hatte das Römische Reich mit
seiner vielhundertjährigen Tradition von öffentlicher Verwaltung und Schriftlichkeit mehr Bildung hinterlassen. Die italienischen Archive, zum Bersten mit mittelalterlichen Zeugnissen

gefüllt, zeigen es. Das soll freilich nicht heißen, daß dort die Masse des Volkes lesen konnte oder gar Bücher besaß: Ende des Jahrhunderts stellte die Bürgerschaft von Florenz einen Antrag an die Stadt, sie solle einen öffentlichen Vorleser anstellen, der aus den Werken Dantes vortragen sollte; selber lesen konnten sie offenbar nicht.

Im Norden Europas verhielt es sich anders. Wilhelm der Eroberer »unterschrieb« mit einem Handzeichen, einem Kreuz. Als im frühen 14. Jahrhundert sechs Domherren zu Trier eine Urkunde unterzeichnen wollten, stellte sich heraus, daß fünf von ihnen nicht selbst unterschreiben konnten: drei davon, weil sie nie schreiben gelernt hatten, und die anderen beiden, weil ihnen die Hände so sehr zitterten oder schmerzten. Nicht jeder Dichter des späten Mittelalters war mit der *ars scribendi*, der Kunst des Schreibens, hinreichend vertraut. Wolfram von Eschenbach zum Beispiel war es nicht, obwohl er stolz erwähnt, ein wenig lesen zu können. Nicht anders erging es deutschen Königen und Kaisern, die, bis hinauf zu Karl IV., dem Zeitgenossen Wyclifs, zumeist Analphabeten waren; Karl allerdings konnte schreiben, er hinterließ sogar eine Autobiographie.

Im 14. Jahrhundert nimmt zwar die Schriftlichkeit zu, begünstigt durch die billigere Produktion von Papier, die neuentstehenden staatlichen Verwaltungen und den anwachsenden Fernhandel, der schriftlichen Geschäftsverkehr unumgänglich macht, aber es wurden noch nicht überall Matrikel angelegt, in die man die Taufe eines Neugeborenen eintrug. William Shakespeare kam gut zweihundert Jahre nach Wyclif auf die Welt, anno 1564 im April, und aus den Taufmatrikeln der Kirche zu Stratford-on-Avon wissen wir zumindest, wann er getauft wurde – aber das war eben zweihundert Jahre später.

Wyclifs Zeitgenossen berichten nichts über den Ort und die Stunde seiner Geburt, und Wyclif selber, der lesen und schreiben konnte und seine Gedanken in unzähligen Schriften niederlegte, schweigt sich darüber ebenso aus wie über Eindrücke seiner Kindheit, über Freunde, die Beziehungen zu den Eltern, Liebschaften mit dem anderen Geschlecht und dergleichen.

Was wir über sein Leben wissen, erfahren wir zumeist von Zeitgenossen, die ihm keineswegs immer wohlgesinnt waren. Betrachtet man zum Vergleich das Leben Martin Luthers, wird der zeitliche Unterschied zwischen ihren Lebensdaten deutlich. Zwar gibt auch Luther nicht immer das gleiche Jahr für seine Geburt an, manchmal schreibt er 1483, manchmal 1484, doch über den gesamten Ablauf von Luthers Leben sind wir ungleich besser im Bilde. Luther legte nicht nur – wie Wyclif – seine philosophischen und theologischen Gedanken nieder, er hielt auch anderes fest. Zudem lud er in späteren Jahren eine Vielzahl junger Scholaren an seinen Tisch, und da Luther »unfähig war, sein Herz vor anderen zu verschließen« (Gerhard Ritter), breitete er alle seine Gedanken vor den Schülern aus, die Wort für Wort mitschrieben, Luthers Tischgespräche berühmt machten, so daß wir heute über die Reflexionen und das flinke Mundwerk des Reformators gut Bescheid wissen. Luther hinterließ mehr als zweieinhalbtausend Briefe; von Wyclif besitzen wir keinen einzigen.

Wyclif und Luther, das ist nicht nur spätes Mittelalter und frühe Neuzeit, die beiden trennt innerlich mehr als anderthalb Jahrhunderte. Wyclif ist, was private Dinge betrifft, verschlossen. Er äußert sich zu Fragen der Philosophie und der Theologie – bloß kein Sterbenswörtchen über die eigene Menschlichkeit! Die Schriften Wyclifs wurden vielerorts von Hand kopiert – erst hundert Jahre später gab es den Buchdruck –, und da er die größten Bewunderer auf dem europäischen Festland fand, in Böhmen, gelangten seine Schriften bald dorthin. Hier wurden sie gepflegt, immer wieder von tschechischen Händen abgeschrieben, später auch gedruckt. 1634, als die Schweden Prag plündern, fallen ihnen unzählige Bücher Wyclifs in die Hände. Der schwedische Kanzler Oxenstierna ist Protestant wie die hussitischen Böhmen, freilich einer von der lutheranischen Observanz; er nimmt sie als Beutegut mit nach Schweden und vermacht sie der Universität Uppsala. Andere Schriften Wyclifs läßt Wallenstein, der in konfessionellen Dingen großzügiger ist als seine Habsburger Herren, nach Wien bringen. Während der Säkularisation der böhmischen Klöster unter Joseph II. wird alles, was sich noch an derlei Dingen im Böhmischen befindet, nach Wien in die Österreichische Nationalbibliothek gebracht. Dort ist es heute noch; und bevor die Wyclif-Gesellschaft vor hundert Jahren damit begann, Wyclifs Werke drucken zu lassen, mußte jeder, der seine Schriften einsehen wollte, nach Wien fahren.

Über Wyclifs Privatleben vor dem dreißigsten Lebensjahr wissen wir also wenig, und wir wissen nicht einmal so viel mehr über die Zeit danach. Nicht einmal die Institutionen, bei denen wir am ehesten sorgfältige Schreiber vermuten würden, die Universität Oxford und das englische Parlament, halten lückenlose Aufzeichnungen bereit. Über den Verlauf von Wyclifs Studien findet man in den Akten der Universität so gut wie nichts, nicht einmal das genaue Datum seiner Promotion zum Doctor theologiae steht einwandfrei fest. Und im Parlament, wo er später gelegentlich zu tun hatte, wurden zwar die rechtlichen Entscheidungen aufgezeichnet, aber nicht die Verhandlungen oder die Anwesenheit einzelner Personen.

Martin Luther ist auf diesen Seiten mehrmals erwähnt, und so ist an dieser Stelle ein Wort über die so anders beschaffene Biographie des Deutschen angebracht. Luthers Leben hat seinen Höhepunkt in den mittleren Jahren, zwischen dem Thesenschlag, 1517, und dem Bauernkrieg von 1525; die Vorgänge von Stotternheim, als Luther in ein Unwetter geriet und die hl. Anna anrief und ihr gelobte, Mönch zu werden, bilden ein dramatisches Vorspiel. Über die Zeit vorher erfährt man von seinen Biographen wenig; und kaum einer berichtet mehr als dürre Worte über die letzten zwanzig Jahre des Reformators, die Zeit zwischen dem Bauernkrieg und Luthers Tod im Jahre 1546. Der biographisch bekannte Luther ist der Luther des vierten Lebensjahrzehnts. Die Biographie Wyclifs zeigt andere Strukturen: Wyclif war lange Zeit ein namenloser Student, dann ein wenig bekannter Hochschullehrer. Erst in den letzten zehn Jahren seines Lebens wird er eine nationale Berühmtheit. Das bringt es mit sich, daß die Biographie dieses Mannes in ihrem ersten Teil stärker auf die Zeitumstände eingeht als auf den Menschen.

Wyclif hat uns Aufzeichnungen hinterlassen, aber sie enthalten nur theologische Theorien. Es gibt nichts über die Jahre in Yorkshire, so gut wie nichts über die vielen Jahre in Oxford. Als Mensch tritt er nur undeutlich aus dem Dunkel hervor. Gewiß, es gibt auch im Mittelalter Ausnahmen, aber sie sind selten genug. Als Anfang des 14. Jahrhunderts, nach den großen Kreuzzügen gegen die Ketzer im Süden Frankreichs, wieder einmal Gerüchte an das Ohr des Papstes dringen, der ganz in der Nähe, in Avignon, Hof hält, entsendet der Heilige Vater anno 1318 Jacques Fournier als Inquisitor nach Montaillou, einem kleinen Dorf mit 250 Seelen in den Pyrenäen. Sieben lange Jahre verbringt Fournier in Montaillou. Er befragt alle der Ketzerei Verdächtigen und hält ihre Aussagen fest. Die Protokolle werden später aus dem Okzitanischen ins Lateinische übersetzt und nach Abschluß des Verfahrens in die päpstlichen Archive gebracht, wo sie jahrhundertelang lagern. Mehr noch: der Inquisitor schreibt alles auf, was ihm in diesem Dorf zu Ohren kommt: das Privatleben des Schäfers Maury, die ungewöhnlich zahlreichen Liebschaften des Dorfpfarrers Pierre Clergue; die Verbrechen, die sich in diesen Jahren in der Umgebung zutragen, den Aberglauben der Dorfbewohner. Im 19. Jahrhundert werden diese Inquisitionsakten wiederentdeckt. Sie werden später in Toulouse veröffentlicht und ein französischer Sozialhistoriker, Emmanuel LeRoy Ladurie, nimmt sich ihrer an und macht ein Buch daraus (Emmanul LeRoy Ladurie: Montaillou, village occitan, de 1294 à 1324, Paris 1975; dt.: Montaillou. Ein Dorf vor dem Inquisitor, Frankfurt/M.-Berlin-Wien 1981). Was der Inquisitor Fournier zur Nebensache gemacht hat, das macht der Historiker zur Hauptsache: das tägliche Leben der Dorfbewohner entsteht wie ein Mosaik, dessen Steine der Historiker zusammengefügt hat: wie man gegessen und gearbeitet hat, wer mit wem eine Liebschaft unterhielt, was die Menschen dachten – nichts wird ausgelassen, so daß wir heute über Montaillou besser Bescheid wissen als über irgendein anderes Dorf des 14. Jahrhunderts.

Für Wycliffe-on-Tees fand sich kein solcher Chronist. Dieses Dorf führte eine verborgene Existenz, und die Ketzerei, die

Montaillou ins Blickfeld des französischen Papstes rückte, gab es im mittelalterlichen England selten. England ist damals ein orthodox katholisches Land.

Der Dichter, der von den Mächtigen einer vergangenen Zeit spricht, darf sich die Freiheit eines Dichters nehmen; er ist einer höheren Wahrheit verpflichtet. Christopher Marlowe, Shakespeare und Friedrich Schiller, sie haben in ihren dramatischen Werken manches vielleicht treffender dargestellt als ein gelehrter Historiker. Trotzdem muß der Historiker, der heute eine Biographie schreibt, auf Erfindungen seines eigenen Geistes verzichten; er darf keinen allwissenden Erzähler beschäftigen, wie ihn der Romancier besitzt, einen Zuschauer, der nicht nur alle Ereignisse kennt, einen der, mehr noch, auch allen Figuren seiner Geschichte ins Herz blickt und ihre tiefsten Geheimnisse weiß.

Der Historiker darf sich freilich anderer Kniffe bedienen. Er darf Folgerungen anstellen und sie dem Leser mitteilen. Und wenn er über Einzelheiten aus dem Leben seiner Hauptfigur nichts weiß, darf er zumindest sagen, wie ein anderer aus dem gleichen Stand und in der gleichen Zeit lebte. Wer etwas sagen möchte über das große Bild, sagen wir über das England des späten Mittelalters insgesamt, der wird zahlreiche Studien zu Einzeldingen heranziehen müssen, und er wird – *pars pro toto* – von der genauen Kenntnis einzelner Mosaiksteinchen das Ganze darzustellen versuchen. Wer aber andererseits vom Kleinen schreibt, vom einzelnen und seiner Vergangenheit, der wird oft umgekehrt *totum pro parte* ansehen müssen, von dem Ganzen auf ein repräsentatives Teil schließen.

YORKSHIRE

Das Dorf Wycliffe-on-Tees liegt im Norden der alten Grafschaft Yorkshire. Von Süden her kommend, von der historischen Heerstraße der Römer, erreicht man zuerst das Gutshaus von Thorpe Hall, das schon im 14. Jahrhundert zum Besitz der Wyclifs gehörte. Von dort fällt die Straße nach Norden hin sanft ab. Das Gutsdorf Wycliffe entdeckt der Wanderer erst kurz bevor er es erreicht. Es schmiegt sich unmittelbar südlich des Tees in das Tal. Der Fluß ist an dieser Stelle breit und seicht, nur da und dort hemmen Felsbänke seinen Lauf und zwingen ihn, über sie hinwegzustürzen. Nach Norden hin erheben sich senkrechte, gelbbraune Sandsteinwände. Die Felsklippen *(cliffs)* am Nordufer und die Steinbänke im Wasser haben dem Gut und dem Geschlecht der Wyclifs ihren Namen gegeben.

Der Nordwesten von Yorkshire ist eine der schönsten Gegenden Englands. Ein sanft gewelltes, grünes Hügelland, an das sich im Westen ein Mittelgebirge anschließt, die Pennines. Dort, am Cross Fell, entspringt der Tees, sucht seinen Weg nach Osten in behäbigen Mäandern und fließt bei Middlesbrough in die Nordsee. Die englischen Romantiker liebten diese Landschaft: Turner hat sie gezeichnet, und Sir Walter Scott hat die dem Gut Wycliffe nahegelegene Abtei von Egglestone und das nächstgelegene Gut Rokeby in einem Roman und in einigen Gedichten verewigt: Eine Begegnung mit einem Wildschwein, das ein Mönch des Klosters hatte, beschreibt Scott in seiner Ballade von der »Felon Sow of Rokeby«. Charles Dickens wanderte in dieser Landschaft, während er an seinem Roman »Nicholas Nickleby« schrieb.

Wycliffe-on-Tees ist heute ein winziges Dorf. Lebten dort vor gut hundert Jahren an die einhundertachtzig und um die

Jahrhundertwende noch etwa einhundertzwanzig Einwohner, so hat es heute nur noch ein Zehntel davon: junge Leute, die einer alternativen Lebensform huldigen. Bittet man um den Schlüssel der Dorfkirche, so wird man auf die *rectory* verwiesen, das Pfarrhaus; so nennen sie das alte Gutshaus, in dem einst die Wyclifs lebten.

Die kleine Kirche daneben duckt sich bescheiden in den Talgrund des Tees; sie ist der hl. Maria geweiht. Ihre ältesten Teile stammen aus der Mitte des 13. Jahrhunderts. In John Wyclifs Kindheit war sie ein unscheinbares Gebäude, das Hauptschiff nur ein Dutzend Meter lang, an der Westfassade ein gemauerter Aufsatz für die Glocke. In der ersten Hälfte des 14. Jahrhunderts, vor dem Massensterben der Pest, wurde der einschiffige Bau nach Osten hin um einige Meter erweitert. Heute erzählt eine Inschrift am Eingang zur Kirche, daß John Wyclif »wahrscheinlich im Taufbecken dieses Gotteshauses getauft wurde« und die »ersten vierzehn Jahre seines Lebens hier verbrachte«. In dem Kirchhof liegt das Grab eines späteren Wyclif, gestorben 1948.

Links am Eingang im Innern der Kirche steht das Taufbecken, dahinter, in archaischer Sprache, eine Schrift: »Es ist Dir gesagt, Mensch, was gut ist, und was der Herr von Dir fordert, nämlich Gottes Wort halten, und Liebe üben, und demütig sein vor Deinem Gott.« Es sind dies Worte aus Michah, VI, achter Vers; sie könnten auch von John Wyclif stammen. Die Glasfenster zur Rechten, die das gotische Fenster füllen, wurden im 13. Jahrhundert eingesetzt; der kleine Wyclif wird sie als Knabe betrachtet haben. Sein Bruder Robert de Wyclif, der daheim blieb, übernahm im August 1362 diese Kirche als Pfarrherr.

Anno 1066 fiel die britische Insel in die Hände der Normannen – das war die letzte erfolgreiche Invasion Englands. Der erste normannische König, Wilhelm der Eroberer, verfolgte zwei Ziele, als er dort oben, im rauhen Norden Englands, dieses Lehnsgut errichten ließ: Er wollte die Schotten abwehren und die einheimische angelsächsische Bevölkerung befrieden. Flämische Siedler soll er ins Land gebracht und sie in diesem wüsten Strich Landes eingepflanzt haben. Die Überfälle der Schotten sorgten dafür, daß sich kein Reichtum ansammeln konnte, und die alten Erdwälle bretonischen Ursprungs zeugen noch heute von der Ruhelosigkeit jener Region in grauer Vorzeit; auch die mittelalterlichen Wehrkirchen sprechen ihre beredte Sprache. Nach der englischen Niederlage gegen die Schotten bei Bannockburn, Mai 1314 – wir werden darauf zu sprechen kommen –, verwüstete die schottische Soldateska Durham und den Norden von Yorkshire; das Gut Wycliffe scheint damals allerdings verschont geblieben zu sein. Lewis Beaumont, der Bischof von Durham, mußte die stattliche Summe von sechstausend Pfund aufbringen, um die Schäden zu beheben, welche die Schotten angerichtet hatten. Der Erzbischof von York, der menschenreichsten Diözese des Landes, erhielt das Recht, eine *nova taxatio* zu erheben, eine Schottensteuer könnte man sagen, die bis zur Reformation auf seinen Gläubigen lastete.

Das Gut Wycliffe und das gesamte Richmondshire gehörten nach der Eroberung Englands durch die Normannen einem Alan le Roux, dem es 1069 von der Königin Maud als Lehen anvertraut wurde. Das war ein großes Gut, sein Zentrum lag mehrere Wegstunden südöstlich von Wycliffe. Dort errichtete Alan oder sein Nachfolger eine feste Burg; ihrer starken Befestigungen wegen wurde sie später Richmond geheißen, was man mit ›Reichenberg‹ übersetzen könnte, wobei es zu bedenken gilt, daß das mittelenglische ›riche‹ ebenso wie das mittelhochdeutsche ›reich‹ ›mächtig‹ oder ›prächtig‹ bedeutet. Der Weiler Richmond wuchs schnell, und im 12. Jahrhundert entstand im Ort eine Kirche, deren Patronatsrecht bei der Abtei St. Mary zu York lag. Ende des 13. Jahrhunderts bekam Richmond das Marktrecht zugesprochen, und im 14. Jahrhundert, unter Eduard III., durfte sich das Städtchen mit einer Wehrmauer befestigen. Groß und wichtig wurde Richmond aber erst wegen seiner religiösen Stätten. Der Ort hatte bald ein Benediktinerkloster mit zehn Mönchen und ein großes Prämonstratenserkloster, St. Agatha, das 1152 errichtet wurde. Gut hundert

Jahre später baute der junge Franziskanerorden in Richmond ein Kloster, dessen Siegel seinen Ordensgründer zeigt, den hl. Franz, wie er mit den Vögeln spricht. Als das Kloster unter Heinrich VIII. im 16. Jahrhundert aufgehoben wurde, beherbergte es, neben dem Prior, vierzehn Brüder. Der alte Turm des Klosters ragt noch heute in den Himmel.

Als die Normannen England eroberten, ließen sie für den größten Teil ihres neuen Herrschaftsgebietes eine Art Grundbuch anlegen, das Domesday Book. Es wurde zwischen 1083 und 1086, in den letzten Lebensjahren Wilhelms, erstellt – für diese frühe Zeit übrigens eine einzigartige Quelle – und enthält ein Verzeichnis des Grundbesitzes und Angaben über die Zahl der Einwohner nach Einkünften und Abgaben. Das Domesday Book verzeichnete das Gut »Witcliffe« als »altogether waste« (völlig wüst). Das bezog sich aber nur auf Vieh, nicht auf Menschen. Zweihundert Jahre später, 1286 oder 1287 – das war gut vierzig Jahre vor der Geburt unseres Wyclif –, gelangte das Gut in die Hände seiner Familie. Die Schreibweisen des Gutes wie des Geschlechts sind Legion: Wyclif, Wiclif, Wycliffe, Wigeclif, Witclive – es gibt ihrer viele Dutzende. Im 14. Jahrhundert müssen die Wyclifs ein weitverzweigtes und fruchtbares Geschlecht gewesen sein.

Wyclifs Vater Roger übernahm das Gut im Jahr 1319. Für drei *carucates* Land, das sind 180 *acres* oder 72 Hektar, die er neu hinzuerwarb, zahlte er 25 Schillinge; um sie zu bestellen, brauchte man acht Ochsen. Im gleichen Jahr nahm Roger de Wyclif eine Katharina zur Frau; die beiden mögen um das Jahr 1300 geboren sein. Im Juli 1345 besaß Roger de Wyclif die Dörfer Thorpe, Wycliffe und Girlington, eine halbe Wegstunde östlich von Wycliffe gelegen, südlich des Tees. Im Alter entband ihn der König von seinen Lehnspflichten; er mußte nun nicht mehr am königlichen Gericht teilnehmen oder dem König als Sheriff oder als Bailiff (Beamter mit Polizeiaufgaben) dienen. Roger starb vor 1362, sein Grabstein gibt keine nähere Auskunft, trägt nur die Inschrift: »Hic jacet Rogerus de Wyclif quondam dominus istius ville et Katerina uxor ejus quorum animabus propicietur Dominus. Amen.« Darunter das Wappen der Wyclifs: ein erniedrigter schwarzer Sparren und drei kleine schwarze Kreuzchen auf weißem Grund. Nach dem Tod des Vaters ging das Gut an William, Johns älteren Bruder, der im August 1362 kinderlos verstarb. Sodann ging der Besitz an John Wyclif, den Theologen, der die Verwaltung des Hofes seiner verwitweten Mutter übertragen zu haben scheint, da er selber in Oxford lebte und nur selten in die Gegend kam. Das Todesdatum der Mutter wissen wir ebensowenig genau wie das des Vaters; aber im Oktober 1369 lebte Katharina de Wyclif nicht mehr.

Wo John Wyclif geboren wurde und wann, kann niemand zuverlässig sagen. John Leland, ein Wyclif-Biograph des 16. Jahrhunderts, schreibt, Wyclif sei in Wycliffe-on-Tees geboren; doch an anderer Stelle sagt er, »John Wyclif hereticus« habe zu »Spreswel, a poor village, a good Myle frome Richemont« das Licht der Welt erblickt. Einige spätere Biographen halten Spreswel für eine ältere Schreibweise von Hipswell, einem Vorort im Süden von Richmond; andere halten es für ein älteres Spreswel und wiederum dritte für eine andere Schreibweise von Thorpeswell, wo es ein Herrenhaus gab und gibt. Noch heute residiert der Besitzer des Gutes, David Peat, dessen Vater Wycliffe 1932 erwarb, in Thorpe Hall. Er weiß eine alte Legende zu berichten, wonach die Mutter John Wyclifs zwischen Thorpe und Wycliffe-on-Tess niederkam, als sie unter Wehen nach Hause eilte.

Was das Geburtsjahr anlangt, so sind wir gleichermaßen auf Vermutungen angewiesen. John Lewis, ein Wyclif-Biograph des frühen 18. Jahrhunderts, war der erste, der 1324 als Geburtsjahr ansetzte. Lewis glaubte, Wyclif sei mindestens sechzig Jahre alt gewesen, als er 1384 an seinem zweiten Schlaganfall starb, und von da hat Lewis einfach sechzig Jahre zurückgerechnet. Noch Lechler schreibt in seiner zweibändigen Biographie von 1873: »Jünger ist er in keinem Fall gewesen, eher älter.« Das Geburtsjahr, die Vermutung von Lewis, wurde lange Zeit unkritisch hingenommen; der Umstand, daß Wyclifs Eltern seit 1319 verheiratet waren und er einen älteren Bruder hatte, sprach ja keineswegs dagegen, und Wyclif selber hat in seinen späteren Schriften auf sein hohes Alter hingewiesen. »Alle diese Spuren machen es wahrscheinlich«, folgert Lechler, »daß Wyclif, als er starb, doch wohl älter gewesen sein dürfte, als man vorauszusetzen pflegt. Demnach müßte sein Geburtsjahr *mindestens* um einige Jahre früher als 1324 fallen.«

Nichts berechtigt zu dieser Annahme. Wir glauben eher, daß Wyclif um 1330 oder später geboren wurde. Daß er an einem Schlaganfall starb, seinem zweiten, läßt keinen sicheren Rückschluß auf sein Alter zu: Lenin starb an seinem dritten Schlaganfall, als er noch keine 54 Jahre alt war. Wyclifs eigene Äußerungen über sein hohes Alter sind subjektiv und zeitgebunden; zu seinen Lebzeiten lag die durchschnittliche Lebenserwartung eines Menschen im vierten Jahrzehnt, und noch in den Tagen Kants galt ein Fünfzigjähriger als Greis. Wir haben auch keinen Grund, anzunehmen, daß Schlaganfälle damals später auftraten. Einen Hinweis auf ein späteres Geburtsjahr gibt uns der Umstand, daß John Wyclif in den Jahren unmittelbar vor seinem Tod besonders tatkräftig und geistig sehr beweglich war, es waren die fruchtbarsten Jahre seines Lebens. Das angespannte Schaffen in Wyclifs letzten zehn Lebensjahren könnte eine Erklärung dafür sein, daß der Fünfzigjährige sich aufarbeitete und einen Schlaganfall erlitt. Wir wissen im übrigen von einem Widersacher Wyclifs in Oxford, einem Kleriker namens Cunningham, der älter war als Wyclif und 1398 zu Verhandlungen mit der Kurie reiste. Der Mann wäre demnach an die achtzig gewesen, wenn Wyclif 1324 oder früher geboren wäre. Das zu glauben fällt schwer, und wir neigen eher zu der Ansicht, daß Wyclif um 1330 oder später geboren wurde; dies legt auch der Verlauf seines Studienganges in Oxford nahe. Getauft wurde der Knabe auf den Namen John, im mittelalterlichen England der häufigste männliche Vorname.

Im 19. Jahrhundert haben deutsche Historiker stolz behauptet, die Wyclifs seien angelsächsisch-germanischen – und nicht etwa normannisch-französischen – Ursprungs. »In Yorkshire«, schreibt Lechler, »hat sich das altsächsische Element reiner und unvermischter, zäher und kräftiger erhalten als im Süden Englands.« Das mag zutreffen; aber wir vermögen trotzdem nicht zu sagen, ob es das »Blut« war, das Wyclifs Charakter geprägt hat. Die britischen Historiker halten ihn eher für einen Normannen, indem sie darauf hinweisen, daß sich das Gut Wycliffe schon lange vor seiner Geburt im Besitz seiner Familie befand. Das stimmt zwar auch nicht ganz; trotzdem ist die normannische Herkunft plausibler als die angelsächsische – aber kommt es darauf wirklich an?

Prägt die Landschaft den Menschen? Sicherlich hat dieses schwermütige, einsame Land, das ständig von Einfällen der Schotten und den Kämpfen der Feudalherren heimgesucht war, einen schwerfälligen, eigenbrötlerischen Menschenschlag hervorgebracht. Das Domesday Book hält bereits fest, daß es in Yorkshire nur wenige Leibeigene gab, und die moderne Forschung hat dies bestätigt; aber hat dies nicht ebensoviel mit den kargen Böden zu tun, die eben nur für die Arbeit mit freien Pächtern taugten? Sicherlich ist richtig, daß der Geist der Servilität den Menschen im Norden Englands völlig fehlte, aber man kann dies und die Kantigkeit und den Eigensinn eines John Wyclif ebensogut der Zeit zuschreiben, denn die Menschen des späten Mittelalters waren nicht in gleicher Weise ihrer Gesellschaft angepaßt wie die Menschen späterer Epochen.

Zu Wyclifs Lebzeiten kam eine ganze Reihe von Geistlichen aus seiner Familie; einige studierten in den 1360er Jahren, als er gerade ein junger Pfarrer war, in Oxford. Daraus darf man nicht folgern, daß die Familie besonders religiös gewesen sei. Die Mittel, mit denen die Gentry in Yorkshire auskommen mußte, waren knapp, und das trieb den kleinen Landadel dazu, die nachgeborenen Söhne der Kirche anzuvertrauen.

Über den Alltag im Yorkshire des 14. Jahrhunderts wissen wir wenig, nur soviel: hart und einsam muß er gewesen sein. Die Gegend lag abseits der großen Straßen, da hat sich bis heute wenig geändert. Die große Mehrzahl der Einwohner lebte von der Landwirtschaft, daneben gab es erste Anfänge eines bescheidenen Gewerbes. Schon damals wurde in dieser Region Kohle gefördert, und in der zweiten Jahrhunderthälfte erhielten einige Bürger das Recht zuerkannt, jährlich eine Fracht von 3000 Kessel Kohle auf dem Seeweg nach London zu befördern;

ins Ausland durften sie es nicht bringen, das hätte den Feind gestärkt und die englische Wirtschaft geschwächt. Nicht nur die Ausfuhr der Kohle wurde energisch bewirtschaftet, auch der Außenhandel mit Wolle wurde vom Staat kontrolliert. In Yorkshire, wie in vielen anderen Teilen Englands, verbrachten die Frauen ihre freie Zeit am Spinnrad, die Männer am Webstuhl. Wolle aus Yorkshire war weit über die Grenzen des Landes hinaus berühmt, Tuche aus Stamford hatten bis nach Venedig einen guten Namen. Die Engländer stellten Wandbehänge aus Wolle her, die ihnen niemand nachmachen konnte; das *opus anglicanum* – das »Made in England« einer früheren Zeit – wurde auf dem Kontinent zum Gütezeichen. Die meisten dieser schweren Behänge wurden in Nonnenklöstern angefertigt.

Das Leben muß hart gewesen sein, auch für den kleinen Landadel, dem die Wyclifs angehörten. Fragen wir nach dem Wohnkomfort, der in solch einem Gutshaus herrschte, so müssen wir für unsere Vorstellung andere Wohnstätten aus dieser Umgebung und aus der gleichen sozialen Schicht heranziehen, denn das Mobiliar der Wyclifs ist nicht mehr erhalten, seit das Gutshaus in der Mitte des 18. Jahrhunderts gründlich renoviert wurde. Gutshäuser waren seinerzeit höchst unterschiedlich in Gestalt und Einrichtung, der Geldbeutel des Eigentümers und die Landschaft waren entscheidend. Häufig bestand ein Gutshaus aus einem mächtigen Viereck, umgeben von einem wassergefüllten Graben, über den man auf einer Zugbrücke ins Innere des offenen Hofes gelangte. In dem einen Flügel des Gebäudes wohnte die Herrschaft, in den anderen das Gesinde und die Pferde; Mensch und Vieh unter einem Dach. Im Inneren des herrschaftlichen Wohntrakts gab es einen großen Saal, der den Bewohnern als Speisezimmer und Wohnraum in einem diente, nicht selten auch als Schlafgemach. Die Feuerstätte befand sich meist in der Mitte des Raumes, seltener an einer Seite, in der Mauer, und der Rauch zog durch einen Kamin zum Dach hinaus. Das Mobiliar war selbst in einem Gutshaus bescheiden. Nicht einmal der König besaß die paar Bequemlichkeiten, die wir heute in jeder Wohnung finden: mehrere ordentliche Stühle, ein paar Sessel oder ein bequemes Kanapee. Die Berater des Königs mußten sich manches Mal auf seinem königlichen Bett niederlassen, wollten sie nicht im Raum herumstehen. Und noch bescheidener ging es bei der Gentry zu. Da standen in der großen Halle einige Bänke, ferner eine Anzahl von Wandschränken, in denen Geschirr aufbewahrt wurde. Es gab ein paar Truhen für die Wäsche. Man hatte meist nur einen einzigen Stuhl, er stand am oberen Ende des Tisches, wo der Hausherr den Vorsitz führte. Noch heute ist in der englischen Sprache der *chairman* derjenige, der den Vorsitz führt, ob er nun auf einem Stuhl sitzt oder nicht.

Über die ersten Lebensjahre des jungen John Wyclif wissen wir nichts; nichts über Spiele, nichts über Freundschaften oder erste Erfahrungen mit der Schule. Die Universität, die er später erfolgreich besuchte, setzte einige Kenntnisse voraus, die über Schreiben, Rechnen und Lesen hinausgingen; aber wir wissen nicht, wer ihm das beigebracht hat. Unweit von Wycliffe-on-Tees liegt Egglestone Abbey, heute eine malerische Klosterruine, die gern besucht wird. Es ist möglich, daß der kleine John dort von den Mönchen unterrichtet wurde, vielleicht aber auch vom Pfarrer seines Dorfes. Einen Hauslehrer werden sich die Wyclifs nicht gehalten haben, denn ihre Mittel waren zu bescheiden, um einen weiteren Esser an ihrem Tisch aufzunehmen.

John Wyclif war noch ein Kind, als im Jahr 1342 das Lehen Richmond, auf dem das Gut Wycliffe lag, an John of Gaunt übertragen wurde, einen jüngeren Bruder König Eduards III. Wir werden später auf Gaunt zurückkommen, denn Gaunt wurde der Schutzherr Wyclifs, als dieser Schutz dringend benötigte. Richmond samt der mächtigen alten Burg von Barnard Castle, wenige Meilen westlich von Wycliffe hoch über dem Tees thronend, ging damit an das königliche Haus. Die Familie Balliol war es, die diese Burg hatte erbauen lassen, und der Umstand, daß der junge Wyclif einige Jahre später in Oxford im Balliol College lebte, sollte uns zu denken geben. John of Gaunt, ein paar Jahre jünger als John Wyclif, wurde also der Oberherr der Wyclifs und blieb es dreißig Jahre lang. Das Lehnswesen verlor damals zwar seine Bedeutung, aber die

Treue und der Schutz, die Gaunt seinem Mann gewährte, geben noch einen schwachen Abglanz davon, was Mannestreue im Zeitalter des Feudalismus einmal hieß.

In späteren Jahren war Wyclifs Verbindung zu seinem Gut spärlich. In den letzten zehn Jahren seines Lebens scheint er nur ein einziges Mal dort gewesen zu sein. Wir müssen uns darüber nicht wundern, denn Reisen war gefahrvoll und mühsam, und unser Wyclif wußte in diesem Jahrzehnt ohnehin nicht, wo ihm der Kopf stand. Die Familie war von seinen religiösen Überzeugungen und dem Wirbel, den er entfachte, ohnehin nicht begeistert. Sie blieb, wie das ganze Dorf, ja wie die Gegend überhaupt, lange Zeit der katholischen Kirche und ihrer rechtgläubigen Lehre treu, und als die Stürme der Reformation im 16. Jahrhundert über das Land fegten und König Heinrich VIII. sich von Rom lossagte, da wurde im Gutshaus der Wyclifs die heilige Messe im geheimen gefeiert, nach altem katholischem Brauch.

OXFORD

Wenn also John Wyclif um 1330 oder etwas später geboren wurde, mußte er Mitte oder Ende der vierziger Jahre nach Oxford gegangen sein. Die meisten Scholaren traten sehr jung ein, sie waren durchschnittlich 14 oder 15 Jahre alt. Das Studium dauerte lange, freilich nicht länger als heute, wenn man bedenkt, daß damals der größere Teil der Ausbildung an der Universität stattfand. Wäre Wyclif 1345 nach Oxford gegangen und hätte nach »normaler« Studiendauer seine Examina abgelegt, wäre er 1361 Doktor geworden – das wurde er aber erst zehn oder elf Jahre später; in dem genannten Jahr erwarb er die Magisterwürde und wurde im gleichen Jahr katholischer Priester. Nun wissen wir aber, daß die große Pest Ende der vierziger Jahre den Lehrbetrieb für einige Jahre lahmlegte, und gewiß hat ein weiteres äußeres Ereignis, der Tod der Eltern, Wyclifs Studien für längere Zeit unterbrochen. Vielleicht ist Wyclif aber auch erst einige Jahre nach 1345 nach Oxford gekommen.

Die Reise zur Universität war die erste größere im Leben des Knaben. Das Semester begann am Tag des hl. Denis (9. Oktober). Für die Reise von Wycliff-on-Tees nach Oxford mußte man mit neun Tagen rechnen, er wird also gegen Michaelis (29. September) im heimatlichen Yorkshire aufgebrochen sein. Seine Eltern und einige Geschwister lebten damals noch.

Als Lehnsmann von Richmond durfte Wyclif auf den Straßen des Landes reisen, ohne dafür die übliche Maut zu entrichten. Wir kennen den nördlichen Teil seines Reiseweges: Unweit südlich von Wycliff zieht die alte Römerstraße vorbei, die den Norden Englands, bis hinauf zum Hadrianswall, mit der Zentrale London verbindet. Auf dieser Straße reiste er vermutlich die ersten Tage. Bestimmt war er nicht allein: Die Universitäten sandten seinerzeit »Abholer« aus, die verpflichtet waren, mehrere angehende Studenten an ihren Wohnorten abzuholen und sie sicher zur Universität zu bringen; es kann aber auch sein, daß ihn ein Mönch aus dem benachbarten Kloster von Durham nach Oxford geleitete. Ungewiß wird seine Reiseroute weiter südlich: Er könnte den Weg über Shotover genommen haben, oder, was wahrscheinlicher ist, über Godstow direkt von Norden her nach Oxford gekommen sein.

Die Fernstraßen des Landes waren belebt. Hausierer zogen von Ort zu Ort, feine Herren ließen sich in Sänften tragen, da reisten Beamte des Königs in dringlichen Amtsgeschäften, Sänger und Gaukler, unzählige Bettler, Wallfahrer und Huren. Nicht ohne Grund nennen wir die letzten beiden in einem Atemzug, schließlich war die Kurie am Anwachsen des bunten Treibens auf den Straßen nicht unschuldig: Anno 1300, als Bonifaz VIII. das erste Heilige Jahr verkündete, nahmen die Wallfahrten nach Rom beträchtlich zu, zwei Millionen Besucher sollen es gewesen sein, und die Verlegung der päpstlichen Residenz von Rom nach Avignon lenkte den Strom der Gunstgewerblerinnen in diese Stadt. Man darf sich die Fernstraßen Englands nicht gar so schlecht vorstellen, immerhin konnten Ochsenkarren darauf fahren. Die Gough Map von 1350 zeigt ein weitverzweigtes Netz von Verbindungen; nicht alle diese Straßen gehen auf römische Ursprünge zurück. Diese frühe Straßenkarte zeigt die Umrisse eines Straßennetzes, das bis ins 17. Jahrhundert erhalten blieb.

Sicherlich war John Wyclif nicht der einzige Student, der aus dem hohen Norden nach Oxford reiste. Nördlich des Tweed gab es keine Universität, und so mußten selbst die Schotten, die regelmäßig in England einfielen, nach Oxford oder Cambridge gehen, wenn sie nicht in Übersee studieren wollten.

Die Stadt Oxford liegt im westlichen Themsetal, in einer fruchtbaren Gegend. Sie zählt zu Lebzeiten Wyclifs fünftausend Einwohner. Von den Türmen ihrer Universität sieht man auf sanft bewaldete Hügel, nach Nordwesten hin erstrecken sich die Königsforste von Wychwood und Shotover. Früher war die Stadt gut befestigt, aber die Wehranlagen verfielen zusehends, denn anders als im Norden war man hier vor feindlichen Überfällen sicher. Zudem schützen von drei Seiten her die Wasser der Themse oder der Isis, wie man sie in Oxford nennt, den Ort gegen räuberische Einfälle. Bei Oxford kann man den Fluß noch leicht durchqueren – der Name der Stadt deutet es an –, erst weiter östlich, auf London zu, wird der Fluß schiffbar. Die Lage an der Furt, nach Osten hin den Strom, an der Grenze zwischen zwei alten Reichen, Wessex und Mercia, begünstigen den Handel. Im ersten Jahrtausend unseres Zeitalters war Oxford Sitz der dänischen Könige, die über England herrschten; in einem der Gemächer seiner alten Burg erlag König Eadmund dem Streich eines Meuchelmörders. Lange bevor Oxford Sitz einer Universität wurde, hatte der Handel die Stadt groß und angesehen gemacht. Die Messe von St. Frideswyde war eine der ältesten und wichtigsten in England. Damals lebten in der Stadt noch viele jüdische Geschäftsleute – bis Eduard I. sie im Juli 1290 aus seinem Land auswies; 16 000 sollen es gewesen sein. Der *mont de juifs*, der Judenberg, erinnerte noch an sie; später stand dort die Richtstätte. Auch in der Stadt hatten die Juden Spuren hinterlassen: Die Universität führte auf ihren Umzügen ein schweres Silberkreuz mit, das die Juden für einen Frevel, den man ihnen zur Last legte, hatten stiften müssen; ferner stand da ein Marmorkreuz, als Buße für eine Schandtat, begangen zu Christi Himmelfahrt. Im 14. Jahrhundert ging es mit Oxford wirtschaftlich bergab, die Bevölkerungszahl wuchs nicht mehr. Die Zünfte, engstirnig und fremdenfeindlich, behinderten mit ihrem Traditionalismus den Handelsgeist.

Was die Stadt Oxford von anderen Städten unterschied, war ihre Sozialstruktur. Handel, Produktion und Verwaltung gab es auch in anderen Städten, daneben weite offene Felder, auf denen die Stadtbürger ein wenig Landwirtschaft betrieben. Das alles gab es in Oxford natürlich auch, und während der langen Semesterferien mußten die Studenten selbstverständlich mit anpacken, wie auch die Gesellen und Lehrlinge ihren Handwerksmeistern beim Einbringen der Ernte helfen mußten. Aber in einer Hinsicht war Oxford einzigartig: Die Stadt setzte sich in weitaus höherem Maße als andere Städte aus Einwohnern zusammen, die nicht selbst produzierten, sondern nur konsumierten; die strikte Trennung von Stadt und Land, im wesentlichen erst ein Produkt der industriellen Revolution, war in Oxford stärker und früher ausgeprägt als anderswo, und das erklärt auch zum Teil das tiefe Zerwürfnis zwischen diesen beiden Einwohnergruppen. Ein gut Teil der Einwohnerschaft bezog seinen Lebensunterhalt von außerhalb der Stadt.

Oxford hat sich seit dem 14. Jahrhundert völlig verändert; nicht einmal das Straßenniveau ist das gleiche geblieben. Die alte Carfax beispielsweise, damals wie heute das Herz der Stadt, lag seinerzeit vier Meter tiefer. Carfax ist eine Verballhornung der *quadre vois*, der vier Wege, die sich hier kreuzen. Immerhin hatte Oxford schon in Wyclifs Tagen viele Steinbauten. Nach der großen Feuersbrunst von 1190 wollte die reiche Handelsstadt das Risiko des Holzbaus nicht länger eingehen. Die Armen konnten sich allerdings die neue, teure Bauweise nicht leisten; sie mußten sich damit begnügen, nach jedem vierten oder sechsten Haus eine Steinmauer hochzuziehen, um sich gegen die Flammen zu schützen. Die Gassen bildeten finstere, schmutzige Gänge, darüber nur ein Fetzen Himmel, zu den Füßen floß übelriechende Jauche. Die Häuser auf beiden Seiten schoben sich tief in die Gassen hinein, und aus ihren Türen und Fenstern quoll Rauch, Schornsteine gab es in diesen Häusern nicht. Die wenigsten Behausungen hatten Fensterscheiben, die meisten nur ein Gitter über der Fensteröffnung. Zwar gab es ein paar schöne Kirchen, und auch die Universität ließ die ersten schönen Bauten emporwachsen, aber ansonsten war die Stadt unansehnlich; die Menschen hausten hier eingepfercht, erst die Pest in der Mitte des 14. Jahrhunderts lockerte die Einwohnerdichte auf und gab den Überlebenden wieder Luft.

Wo wird der junge Wyclif nach seiner beschwerlichen Reise abgestiegen sein in diesem verwirrenden Netz von Gassen? Empfahl man ihm die »Mitra«, einen uralten Gasthof, oder stieg er vielleicht sogar im »Kardinalshut« ab? Die Übernachtung in diesen Höfen war billig und einfach, und da der Wirt auch mit Pferden handelte, versuchte er den Neuankömmlingen einzure-

den, sie sollten ihre Pferde besser gleich an ihn verkaufen, denn
Pferdefutter sei in der Stadt teuer, man zahle mindestens einen
Penny pro Tag. Nicht nur der Wirt bedrängte seine Gäste mit
Geschäften von fragwürdigem Vorteil, auch Hochschullehrer
suchten die neuangekommenen Scholaren in ihren Gasthöfen
auf, um sie als Hörer zu gewinnen. Bettelmönche zogen umher,
schenkten den Jungen Äpfel und anderes Naschwerk und lock-
ten sie, mit ihnen zu gehen. Sie.galten als tüchtige Gelehrte – die
Augustiner von Oxford standen in dem Ruf, die besten Gram-
matiklehrer im Lande zu sein –, und mancher lernbegierige
Junge wurde zu ihnen hingezogen.

Oxford und Cambridge waren die einzigen Universitäten
Englands, seine »beiden Augen«, wie sie sich rühmten; sie blieben es für Jahrhunderte. In Oxford machten phantastische Geschichten die Runde, wie die Universität – vor weit mehr als
tausend Jahren – von griechischen Philosophen aus Troja gegründet worden sei. Daran war freilich kein wahres Wort.
Münzen fand man, die man für griechische hielt – war das nicht
der beste Beweis für diese Gründung? Die Universität Cambridge zerbarst vor Wut. Eines Tages legten ihre Universitätsbehörden eine Bulle vor, datiert am 7. Februar 625, als Ausstel-
ler firmierte Papst Honorius I., der, wie es hieß, selber in Cambridge studiert hatte: *poculum doctrinae salutaris scientiae
hausimus agentes in minorbus* (wir haben den Kelch der heilsa-
men, gelehrten Wissenschaft in unserer Jugend geleert). Diese
Bulle sollte auch den Bischof von Ely beeindrucken, von dem
sich die Universität Cambridge emanzipieren wollte. Sie legte
die getürkte Urkunde, zusammen mit einer neuangefertigten
Bestätigung Sergius' I. vom Mai 699, dem Papst vor, und der
befreite die Universität prompt von unliebsamen Exkommuni-
kationen, Interdikten und anderen lästigen Einmischungen des
Bischofs. Das Fälschen von Dokumenten, staatlichen wie privaten, war im Mittelalter ein häufig geübter Brauch; selbst Orden haben sich nicht gescheut, dies zu tun, wenn es dem Orden
nützte. Schließlich war das Fälschen nach dem kanonischen
Recht nicht einmal eine Todsünde, und außerdem war es nicht
einfach, den Fälscher zu überführen.

Oxford schäumte vor Wut. Sofort produzierten seine Behörden neue alte Urkunden, wonach die Universität von König Alfred gegründet worden war; schon Beda Venerabilis, der große Abt und Geschichtsschreiber des 8. Jahrhunderts, sei aus Oxford hervorgegangen. An diese Geschichte glaubte man lange, und noch Ende des 19. Jahrhunderts druckten die Universitätsbehörden sie im offiziellen Jahrbuch ab.

Doch diese Fälschungen ändern nichts daran, daß die ältesten europäischen Universitäten nicht in England, sondern in Italien entstanden. Von dort breiteten sie sich nach Westeuropa aus, und zwar zuerst in die Länder, die am frühesten nationalstaatliche Entwicklungen zeigten, denn dort brauchte man bald tüchtige Juristen und anderes akademisch ausgebildetes Personal. Bologna und Salerno, die sich lange um den Vorrang stritten, wer die ältere sei, waren die ersten; Oxford und Paris wurden gegen 1200 gegründet, Valencia 1212, Angers 1219, Salamanca 1243, Sevilla 1254, Lissabon 1290. Es waren Zusammenschlüsse freier Studenten, die sich als autonome Körperschaften mit eigenen Statuten und Privilegien formierten. In ihrem inneren Aufbau und mit ihren akademischen Graden ähnelten sie den Zünften, auch sie genossenschaftliche Korporationen; da wie dort gab es Meister und Gesellen, wie wir noch sehen werden. Grundfalsch wäre es, *universitas* auf die Einheit oder die Gesamtheit der Wissenschaften zu beziehen – *universitas litterarum* oder *facultatum; universitas* bezieht sich auf Personen, auf den Lehrkörper, wie die Anrede »universitas vestra« beweist. Nur die wenigsten Universitäten besaßen übrigens alle Fakultäten: Paris lehrte selbst in seiner Glanzzeit kein bürgerliches Recht, und wer Medizin studieren wollte, der brauchte nicht erst nach Bologna zu ziehen, denn dort gab es keine medizinische Fakultät. Auch diese früh anzutreffende Spezialisierung beweist, daß *universitas* sich nicht auf die Wissenschaften bezog: in Paris pflegte man die Theologie, in Bologna das Recht, in Oxford die Naturwissenschaften und in Salerno die Medizin, ein Erbe der Muselmanen.

Universitas, das war der Lehrkörper, die akademische Einrichtung hieß *studium.* Der Begriff *studium generale* kommt im frühen 13. Jahrhundert auf. Institutionen, die sich so nennen wollten, mußten Studenten aus aller Herren Länder vorweisen, höheres Wissen vermitteln – also Fächer wie Medizin, Recht oder Theologie – und dafür sorgen, daß diese Fächer von einer Vielzahl von Personen gelehrt wurden. Dies – und nicht etwa eine staatliche Stelle – entschied darüber, ob eine Universität diesen Namen verdiente.

Die Lehrkörper dieser alten Universitäten waren so bunt zusammengemischt wie ihre Studenten. Es gab keine modernen Nationalstaaten, also gab es auch keine Personalausweise, keine Studentenvisa; aber es gab eine einheitliche Unterrichtssprache: das Lateinische. Anselm von Canterbury, ein Italiener, lehrte in Canterbury, wo er vor seinem Tod Erzbischof wurde; Albertus Magnus, ein gebürtiger Deutscher, lehrte zu Paris; und Thomas von Aquin, aus dem Süden Italiens stammend, unterrichtete in Paris, Köln, Bologna. Es gibt unzählige Beispiele für die Internationalität dieser Schulen. Mit einigen Einschränkungen bestand ein *ius ubique docendi,* das heißt, man konnte im Prinzip überall lehren, und zwar namentlich dann, wenn man zuvor in Paris, Bologna oder Salerno unterrichtet hatte. Doch je mehr sich die Landesherren der Universitäten annahmen, desto weniger blieb von der Internationalität und dem *ius ubique docendi* übrig.

Als Universität konnte sich Oxford mit den großen Zentren mittelalterlicher Gelehrsamkeit messen, auch wenn sie jüngeren Datums war als die ehrwürdigen Universitäten auf dem Kontinent. Die Stadt im Themsetal hatte eine Fülle von Vorzügen, die erklären, warum die älteste englische Universität in Oxford entstand. Oxford war eine kleine Provinzstadt mit wenigen Vergnügungsstätten, es war also gewährleistet, daß die jungen Leute dort ohne allzu viele Ablenkungen ihrem Studium nachgehen konnten. Sie lag nahe genug an der Hauptstadt, um nicht allzu provinziell zu sein, und nicht selten stattete ein Mitglied der königlichen Familie ihr einen Besuch ab. Zugleich war sie weit genug von ihrem Bischof entfernt, so daß sie dessen Zugriff entzogen war. Bischofssitz wurde Oxford erst Jahrhunderte später, während der Reformation.

Als der junge Wyclif in Oxford einzog, konnte er nicht ahnen, daß er, von kleinen Unterbrechungen abgesehen, beinahe den Rest seines Lebens in dieser Stadt und an dieser Universität zubringen würde. In Wyclifs frühen Tagen in Oxford breitete sich dort eben das College-System aus. Vorher hatten die Studierenden in der Regel bei Privatleuten gewohnt. Sechs Colleges gab es damals: Merton, Balliol, Exeter, Oriel, University und Queen's. Sie sahen aus wie trutzige, wehrhafte Burgen, angeordnet in einem Viereck, einem *quadrangle,* wie man in Oxford sagt, das sich um einen Innenhof gruppiert. Über dem einen Gebäudeflügel erhebt sich ein hoher Turm; in diesem Trakt wohnt der Vorstand des Kollegs, ob er sich nun Rector, Warden oder Principal nennt, ferner die Dekane und der Pförtner; auch die Archive und die Schatzkammer ruhen in diesem Gebäudeteil. Im zweiten Flügel befindet sich eine Kapelle samt einer Vorhalle, ferner das Refektorium. Hier werden die akademischen Feiern abgehalten. Der dritte Flügel beherbergt Küche, Verwaltung und Bibliothek. Im vierten Trakt hausen schließlich die Studenten. Unterrichtet wird in allen möglichen Räumen, es muß nicht immer ein Hörsaal sein, sommers auch im Freien.

In den Universitäten auf dem Festland teilte man die Studenten nach *nationes* auf, wobei man es mit der Geographie und der staatlichen Herkunft nicht so genau nahm. Wie hätte man auch, schließlich gab es noch keine modernen Nationalstaaten! In Paris wurde nach den vier Himmelsrichtungen unterschieden, und wer von Norden oder Osten kam, wurde der *natio Anglicorum* zugeschlagen, mochte er auch Schotte sein oder Deutscher; dann gab es je eine *natio Normannorum, Picardorum* und *Gallicorum.* In eine davon mußte man, ob man wollte oder nicht. Die soeben neu gegründete Karls-Universität zu Prag unterschied zwischen der *natio Bohemica,* der Tschechen wie Deutsche angehörten, vorausgesetzt sie kamen aus Böhmen, aber auch Ungarn und Südslawen. Ferner gab es dort eine *natio Polonica,* eine *Bavarica,* die auch Franken, Schwaben, Hessen, Rheinländer und Westfalen aufnahm, und die *natio Saxonica* kannte keinen Unterschied zwischen Norddeutschen und Skandinaviern. In Leipzig, einem Ableger von Prag, gab es statt der böhmischen Nation eine meißnische, und das blieb so bis zum Jahr 1830. Genauer verfuhr man in Bologna. Dort wurde immerhin zwischen cis- und ultramontaner Herkunft unterschieden, im wesentlichen also zwischen Italienern und den Ausländern von jenseits der Alpen. Einfacher zergliederten die Behörden von Oxford ihre Studentenschar: Britanniens Ost-West-Ausdehnung ist unbedeutend, und so unterschied man einfach zwischen den Boreales, Studenten aus dem Norden, und Australes, den Südländern. Wyclif gehörte zu den Boreales, was von Bedeutung ist, wie wir sehen werden.

Drei Colleges beanspruchten später, der junge Wyclif habe anfangs in ihren Mauern gewohnt: Balliol, Merton und Queen's. Die Wyclifs waren ein fruchtbares Geschlecht, und John Wyclif war als Student nicht der einzige Schüler dieses Namens, das macht die Unterscheidung schwierig. Die Version des Queen's College geht zurück auf Vaughan, einen Wyclif-Biographen des frühen 18. Jahrhunderts. Vaughan behauptete, Wyclif sei 1335 als Commoner in Queen's eingezogen. Daran ist kein Wort wahr, denn den ›Commoner‹ kannte man seinerzeit noch nicht, und Queen's wurde erst 1340 gegründet. Robert de Eglesfield, der Stifter, taufte das College zu Ehren der Gemahlin König Eduards III. und aller künftigen Königinnen Englands. Weil die englische Königin französischen Ursprungs war, durften sich die Studenten im Gespräch übrigens der französischen Sprache bedienen; dies war eine Verbeugung vor der Königin. Wyclifs Name findet sich zwar in den Matrikeln von Queen's, aber erst in den sechziger Jahren, und damals hatte er tatsächlich in Queen's Zimmer gemietet.

Das zweite College, das Anspruch auf Wyclif erhob, ist Merton. Vermutlich hätte Wyclif gerne in Merton gewohnt, aber dort lebten beinahe ausschließlich Australes – Wyclif aber war ein Nordlicht. Ein weiterer Umstand spricht gegen seine Residenz in Merton: Das College war reich, und Wyclif wäre nach seinem Abschluß an der Artistenfakultät sicherlich nicht ausgezogen; wäre er aber ausgewiesen worden oder freiwillig ausgeschieden, weil er ein größeres Benefizium erhielt, dann wüßten wir dies. Aus Merton schied kaum einer freiwillig aus, und mancher Student hielt es dort dreißig Jahre lang aus, ohne seine Studien zu einem Ende zu bringen. Da wir Wyclif später in Balliol finden, können wir nicht glauben, daß er je in Merton wohnte, auch wenn dort heute ein Porträt von ihm in der großen Halle hängt.

Es wird wohl so sein, daß Wyclif während seines Studiums an der Artistenfakultät im Balliol College Aufnahme fand, denn Balliol blickte nach Norden, seine Studenten waren fast ausschließlich Boreales; überdies war Wyclif von Haus aus mit der Familie der Balliols, der Gründer von Barnard Castle, gut bekannt.

Balliol lag außerhalb der Stadtmauern, unweit des Pferdemarktes. Ein breiter Graben, The Canditch (heute Broad Street), trennte das College von der Stadt. Seine Gründung wurde auf einen John de Balliol zurückgeführt, der in Schottland und im Norden Englands riesige Ländereien besaß. Er soll Mitte des 13. Jahrhunderts die Kirchenoberen von Durham »schrecklich vexiert und geschädigt haben«, wie ein zeitgenössischer Chronist berichtet. Balliol gelobte, als Buße für seinen Frevel ein College für sechzehn arme Scholaren zu errichten. Balliol College wurde aber nicht aus den Einkünften von Landgütern gespeist wie viele andere Colleges, sondern aus einem Fonds, der von zwei gewählten Prokuratoren verwaltet wurde, einem Franziskaner und einem weltlichen Magister. Diese beiden waren von den Studierenden zu wählen, und der Vorstand von Balliol, der Principal, bestätigte die Wahl. Die Prokuratoren waren zuständig für die Finanzen des Kollegs, ferner für die Zuteilung der Stipendien, der Bursen, und für die Aufnahme und den Ausschluß von Bewohnern. Auch das Wohl der bedürftigen Studenten ihres Hauses lag in ihren Händen.

Balliol war von Anfang an eine Nachahmung der Pariser Kollegien, und wie in Paris, so gab es auch in Balliol anfangs nur Plätze für Studenten der freien Künste. Wer dieses Studium mit dem Magistergrad abgeschlossen hatte, mußte Balliol verlassen. Bis etwa 1340, also kurz vor Wyclifs Eintritt, waren alle Bewohner von Balliol College Studenten der freien Künste, und das hieß, daß Balliol eher von jungen Menschen bewohnt wurde und daß das Kolleg keine höheren akademischen Qualifikationen vorweisen konnte. Das wurde erst anders, als neue Freiplätze eingerichtet wurden.

Seit seiner Gründung war das Kolleg um ein beträchtliches gewachsen. Ein Hugh of Vienne hatte gegen 1300 eine schöne Stiftung gemacht, und kurze Zeit später erhielt das Kolleg Burnels Inn zugesprochen, ein Gebäude, das bis anno 1290 im Besitz der Juden gewesen war. 1340 stiftete Sir Philip Somerville endlich sechs Freiplätze für Studenten der Theologie; die alte Selbstverwaltung des Kollegs wurde davon nicht berührt. Finanziert wurden Somervilles neue Freiplätze aus den Ländereien, die er dem Kolleg vermachte; dafür verlangte er allerdings, daß die Neuen Boreales sein müßten, Nordlichter. Er bewilligte für sie eine wöchentliche Zahlung von elf Pence, und zwar bis zu ihrem Studienabschluß. Die Studenten der freien Künste bekamen nur acht Pence die Woche: an Werktagen einen, zwei am Sonntag. Somerville legte auch fest, welche Missetaten zur Ausweisung eines Studenten führen sollten: Mord, Ehebruch sowie körperliche Ausschreitungen gegen die Magister oder andere Lehrpersonen. Im November des gleichen Jahres vermachte ein weiterer Adeliger aus dem Norden, Sir William Felton, dem Kolleg die Einkünfte seines Gutes Abbotsley in Hungtingdon.

Das Leben im Kolleg war einfach und karg, das Studium war ohnehin teuer. Es bedurfte in dieser Agrargesellschaft des 14. Jahrhunderts der landwirtschaftlichen Überschüsse von acht oder neun Landbebauern, um einen einzigen Städter zu ernähren – da war es ein unerhörter Luxus, wenn sich ein Mensch, der einen Pflug hätte führen können, jahrelang seiner Ausbildung widmete. Gemessen an der realen Kaufkraft der Zeit war das Studium überaus kostspielig. Viele Studierende konnten sich die Unterkunft in einem Kolleg nicht leisten – geschweige denn in einem eigenen Zimmer –, sie hausten bei Privatleuten in der Stadt, teilten sich dort mit ein paar anderen ein Bett, sofern sie nicht sogar unter einem Winkel der Stadtmauern nächtigten. Es war ein hartes, entbehrungsreiches Leben. In

Balliol gab es immer einen besonders Bedürftigen, und seine Mitschüler waren gehalten, ihm das zu überlassen, was auf ihren Tellern übrigblieb.

Das Studium dauerte lange und verschlang viel Geld. Mit fünfzig Schillingen konnte man ein Jahr durchstehen, aber wer konnte seinem Sohn jährlich diese Summe geben? Die Studiendauer betrug sechs bis sechzehn Jahre, je nach Fakultät und Studiengrad, den man anstrebte. Neben Kost und Unterkunft wollten auch die Hörgelder bezahlt werden, ferner bedenke man die Kosten der Examensfeiern! Sie beliefen sich, je nach Würde und Beutelstand eines Kandidaten, auf drei bis siebzig Pfund. Am billigsten waren noch die Lehrbücher, denn die waren ohnehin unerschwinglich. Vor der Erfindung des Buchdrucks mit beweglichen Lettern, in der Mitte des 15. Jahrhunderts, gab es an allen Universitäten *stationers,* das waren Universitätsangestellte, die darauf achten mußten, daß alle Kopien von einem Buch der Vorlage genau entsprachen; sie wurden jedes Jahr neu eingeschworen. Die *stationers* waren auch zuständig für die Ausleihe von Büchern. Öffentlich zugängliche Bücher waren mit Eisenketten gesichert. In Paris gab es im 14. Jahrhundert 28 *stationers* und *librarii,* ebensoviele mögen es in Oxford gewesen sein.

Fünfzig Schillinge kostete ein Studienjahr, aber wie standen Preise und Löhne? Was verdiente ein Mensch, was kostete das Leben? Diese Frage läßt sich nicht vollständig beantworten, nur einige Hinweise mögen hier genügen. Am besten bezahlt war der Kriegsdienst, da konnte einer als einfacher Bogen- oder Armbrustschütze bis zu sechs Pence am Tag einstecken, also die Hälfte eines Schillings der den zwanzigsten Teil eines Pfundes ausmachte. Ein Bewaffneter mit Rüstung erhielt für einen Tag im Feld einen Schilling. Dafür konnte er sich beispielsweise ein Viertel von einem Quarter Weizen kaufen, also etwa 56 Kilogramm (für die man heute etwa 30 DM bezahlt). Für die gleiche Summe erhielt er aber auch einen *acre* bebaubaren Landes, das sind vier Zehntel eines Hektars. Land war billig, denn die Erträge waren gering. Ferner stand ihm ein Teil des Plündergutes zu, wenn welches anfiel. Diese Gelder wurden von Anfang an fest eingeplant. Froissart, ein berühmter zeitgenössischer Chronist, versäumt nie zu erwähnen, wieviel Plündergut für jeden Helden anfiel.

Groß waren die Besoldungsunterschiede: Der einfache Fußsoldat erhielt den sechsten Teil eines Schillings, zwei Pence; der Schwarze Prinz streifte für einen Tag im Feld zwanzig Schillinge ein, also das Einhundertzwanzigfache, und natürlich war auch sein Beuteanteil höher. Hochberühmte Krieger wie Balliol erhielten bis zu 50 Schillinge für einen Tag Kriegsdienst.

Schlechter sah es aus für die Masse der Bevölkerung, die Tag für Tag ihre Felder bestellte oder sich als Landarbeiter an andere verdingen mußte. Ein Pflüger bezog vor der Pest einen Jahreslohn von 12 oder 13 Schillingen.

Die reale Kaufkraft auszudrücken ist fast unmöglich. Der Bewaffnete, der für einen Tag im Feld einen Schilling einstreifte, konnte sich dafür – so haben wir oben gesehen – ein Viertel von einem Quarter Weizen kaufen oder einen *acre* Land. Der Gegenwert für das eine liegt bei 30 DM, für das andere bei 60 000. Das zeigt, wie schwierig die Umrechnung ist.

Das Leben im Kolleg war freudlos und karg, unterbrochen dann und wann von derben Vergnügungen. Die Ausstattung der Wohnräume war bescheiden. Wer es sich leisten konnte, wie unser Wyclif in späteren Jahren, ein eigenes Zimmer zu bewohnen, der besaß vielleicht ein eigenes Bett, einen Stuhl, ein Studierpult, selten ein kleines Regal, in das er die entliehenen Bücher stellen konnte. Kaum irgendwo gab es einen Kamin, und wer sich am Feuer wärmen wollte, mußte in die Küche gehen oder sich ein Feuerbecken ins Zimmer tragen. Die Fensteröffnungen waren nicht mit Scheiben verschlossen, sondern, des Nachts, mit hölzernen Läden. Auf dem Fußboden lagen Sägespäne, um den Raum nach unten besser abzudichten. Man erhob sich früh, im Winter wie im Sommer, denn Kerzen kosteten viel Geld, etwa das Vierfache ihres Gewichtes in Rindfleisch aufgewogen. Schweigend saß man gemeinsam in der großen Halle bei den Mahlzeiten, und wer sich in einer anderen Sprache äußerte als der lateinischen, wurde des Tisches verwiesen und mußte die Mahlzeit alleine einnehmen.

STUDIUM

Die Universität war nicht nur Stätte sozialer Begegnung, zuvörderst war sie eine Bildungseinrichtung. Was man dort lernte, war freilich so grundverschieden von dem, womit sich heutzutage Studierende herumschlagen, daß wir es nennen müssen. Was man dort *nicht* unterrichtete, das war Geographie, Biologie, Chemie, Geschichte, Staatsbürgerkunde und dergleichen, geschweige denn eine neue Sprache. Aber man mußte seinerzeit vieles studieren, was man doch einmal später im Leben brauchen konnte: den exakten Umgang mit Sprache, logisches Denken und die Fähigkeit, sich etwas zu merken, indem man es auswendig lernte.

Das Studium an den Universitäten des Mittelalters war in seinem Aufbau und seinen Abschlüssen grundverschieden von den Studiengängen an einer deutschen Hochschule im 20. Jahrhundert, hingegen gibt es noch immer Ähnlichkeiten mit dem Studium an einer amerikanischen oder englischen Hochschule. Es gab im Grunde zwei getrennte Studiengänge: zuerst kam das Studium der *liberales artes,* der freien Künste, das meist nach vier, fünf Jahren mit dem *Bacchalaureus artium* abgeschlossen wurde oder zwei Jahre später mit dem *Magister artium;* sodann erst konnte man sich für ein Fachstudium entscheiden, sei es für Theologie, Recht oder Medizin. Die freien Künste, allgemeinbildende Fächer, bestanden aus zwei Einheiten: dem Trivium, einer Dreiheit aus Rhetorik, Grammatik und Logik, sowie dem stärker naturwissenschaftlich ausgerichteten Quadrivium, bestehend aus Arithmetik, Geometrie, Astronomie und Musik. Bücher wurden nur spärlich verwendet, das meiste wurde vom Lehrer vorgetragen, und die Studierenden schrieben es wortwörtlich mit, um es später auswendig zu lernen. Eine wichtige Lehr- und Forschungsmethode war die Diskussion. Da mußten die Schüler Thesen aufstellen und sie gegen ihre Mitschüler verteidigen. Nicht durch Experimente und Beobachtung stieß man auf neue Argumente, sondern durch Nachdenken.

Im vierten Studienjahr meldete sich der Student zur ersten Prüfung, den »Responsions«. Sie fand alljährlich im Dezember statt. Da wurden dem Kandidaten Fragen der Grammatik und der Logik vorgelegt, über die er mit einem Magister disputieren mußte, sodann prüften ihn vier weitere Lehrer, zwei Boreales und zwei Australes. Die »Responsions« endeten mit einem bescheidenen Fest. Der Kandidat hieß jetzt nicht mehr »Sophist«, sondern »Questionist«. Die nächste Prüfung, die »Determination«, fand in der ersten Fastenwoche statt. Da es bei diesem Examen darum ging, viele Zuschauer um sich zu versammeln, versuchten die Freunde eines jeden – durch Freibier und ähnliche Gaumenreize –, ein möglichst großes Publikum anzulokken. Wenn alles nichts fruchtete, ging man zuletzt einfach auf die Straße und zerrte ein paar zufällig des Weges Kommende mit herein. Nach der »Determination« war der Student fertiger *Bakkalaureus,* der nun selber über den Aristoteles Vorlesungen halten durfte. Der *Bacchalaures artium,* im heutigen Sprachgebrauch »Bachelor of Arts«, war ledig, daher Jung*geselle, bachelor,* und das verband ihn mit dem anderen Gesellen, der einer Handwerkerzunft angehörte.

Wollte der Geselle Meister werden, *Magister artium,* dann mußte er zwei, drei weitere Studienjahre anhängen, es sei denn, er wurde vom Papst oder von der Universität davon befreit. Er durfte sich jetzt ein Spezialgebiet auswählen, das »Quodlibeta«, über das er mit anderen disputieren sollte. Nach dieser Disputation mit einigen akademischen Lehrern, »Vesper« genannt, erhielt er das *ius ubique docendi*, die Befugnis, überall zu lehren – sofern man ihn dort zuließ. Er hielt vor den versammelten *Magistri* eine Vorlesung, dann wurden ihm ein Buch, ein Ring und ein Birett überreicht. Anschließend kam das obligatorische Festessen, für das er bezahlen mußte.

Alle diese Studien hat auch Wyclif in den nächsten Jahren

durchlaufen; viel mehr freilich vermögen wir darüber nicht zu sagen. Mit Sicherheit wissen wir aber, daß er sich mit dem siebenjährigen Dienst an der Lea der freien Künste nicht zufriedengab, sondern nach getaner Arbeit auch noch der Rahel der Theologie diente, wozu man, wollte man es bis zum Doktor bringen, etwa die gleiche Studiendauer benötigte: vier, fünf Jahre für den Bakkalaureus, zwei, drei weitere Jahre für den Doktorgrad.

Wyclif hat sich, wie seine Kommilitonen, in den Jahren als Student der freien Künste hauptsächlich in anderen Fächern betätigt als in der Theologie. In seinen späteren Schriften, den philosophischen wie den theologischen, verwendet er immer wieder Beispiele aus der unbelebten Welt, aus der Physik und der Arithmetik. Er hat seine früheren Studien niemals geringgeschätzt, die Logik so wenig wie die Astronomie, deren Phänomene – vor allem die Sonnenfinsternisse und die Stellung der Planeten zueinander – auch später seine Phantasie beschäftigen. In einem Werk erwähnt er, es sei bei den Antipoden der Briten Nacht, während in England die Sonne scheine. Also muß er mit der Kugelgestalt der Erde vertraut gewesen sein. Diese Ansicht war allerdings zu seiner Zeit unter den Gelehrten bereits verbreitet.

In den ersten Jahren seines Theologiestudiums hörte Wyclif viel über die Heilige Schrift, daneben etwas Kirchengeschichte, Dogmatik, Kirchenrecht. In späteren Jahren hat er sich darüber beklagt, daß dem Kirchenrecht allzuviel Aufmerksamkeit zugewandt werde. Dabei zeugen seine früheren Schriften durchaus von seinem Interesse für diesen Gegenstand. Er zitiert nicht nur aus dem *Decretum Gratianus,* sondern auch aus den Handbüchern des kanonischen Rechts, und er kennt sogar die zeitgenössischen Juristen und ihre Theorien. Das kanonische Recht verursachte übrigens den Engländern viel Kopfzerbrechen, denn es schöpft aus dem streng logisch geprägten römischen Recht, während das englische Common law, ein auf Einzelfällen fußendes Fall-Recht, aus dem germanischen Rechtskreis stammt.

Weniger Augenmerk schenkte er in seinen Studienjahren zu

Oxford leider den alten Sprachen, sieht man von dem mittelalterlichen Latein ab, das man täglich verwendete. Dies hat sich später, als er die Bibel übersetzte, als ein beträchtliches Hindernis erwiesen. Im 14. Jahrhundert bestand kein großes Interesse an den alten Sprachen; es war das große Verdienst der Humanisten in den folgenden zweihundert Jahren, Europa wieder zu diesem antiken Erbe hinzuführen. Zwar gab es zu Wyclifs Zeit in Oxford hebräische Manuskripte in Hülle und Fülle, hinterlassen von den Juden, aber es gab einfach zu wenige ausgebildete Philologen, die damit etwas anzufangen wußten. Adam Easton war einer von ihnen, und Wyclif scheint zeitweise bei ihm gehört zu haben, denn ein paar dunkle Ahnungen, wenig genug, von der hebräischen Etymologie hatte er. Noch schlimmer stand es mit dem Altgriechischen. Nicht einmal Peter Philargie, selber ein Grieche, der in der Zeit des großen Schismas als Gegenpapst auf dem rivalisierenden Stuhl Petri saß – Alexander V. nannte er sich –, besaß systematische Kenntnisse der Sprache des Homer oder Aischylos. Er beherrschte lediglich ein paar Vokabeln, die er zufällig irgendwo aufgelesen hatte.

Wer von der mittelalterlichen Philosophie und der Theologie spricht, kann an der Scholastik nicht vorübergehen. Sie bestimmt fast ein halbes Jahrtausend lang die abendländische Philosophie: Lange Zeit hatten sich Theologen damit zufriedengegeben, Texte zusammenzutragen, namentlich Schriften der Kirchenväter, und sich ihre Inhalte anzueignen. Aber während ein früheres Zeitalter nur schlicht geglaubt hatte, wollte das hohe Mittelalter den Glauben auf rationale Grundlagen stellen. Am Anfang der Hochscholastik steht daher das Wort Anselms von Canterbury: »Credo ut intellegam« – glauben wolle er, um zu verstehen. Anselm knüpft damit unbewußt an die Spätantike an, an Augustinus, der mit ganz ähnlichen Worten seinem Wunsch Ausdruck verschafft hatte, durch Erkenntnis zum Glauben zu gelangen.

Das Ziel der Scholastik war es, die Autorität der Kirchenväter nicht mehr einfach kritiklos hinzunehmen, sondern sie durch Vernunftgründe zu untermauern und dann weitere

Schlußfolgerungen aus ihnen zu ziehen. Dazu bediente sich die Scholastik einer ihr eigenen, dialektischen Methode: Der Ausgangspunkt dieses Verfahrens war wieder die Lektüre eines Textes *(lectio)* – meist aus den Schriften der Kirchenväter –, dessen Wahrheit es sodann zu beweisen galt. Im Anschluß an die Lesung wurde ein Problem erörtert *(disputatio)* und schließlich, in einem letzten Schritt, aufgelöst *(determinatio)*.

Die Unzulänglichkeiten dieser Methode liegen auf der Hand: Die Wahrheit – oder was man dafür hält – steht am Anfang der Überlegungen, nicht am Ende. Wird man also Argumente finden, welche die vermeintliche Wahrheit unterhöhlen? Und: Man verläßt sich auf Schlußfolgerungen, wo man eigentlich nach Fakten suchen müßte; man baut auf Logik, wo Beobachtung und Experiment geboten wären. Die Folgen: Die scholastische Logik verfeinert zusehends, bis die filigranen Verästelungen zersplittern, bis sich das Ganze verirrt in Definitionen, hirnsprengenden Syllogismen, aberwitzigen Haarspaltereien und Wortklaubereien, während zugleich die Fähigkeit zur Beobachtung verkümmert.

Nur von wenigen wird dieses Problem damals erkannt; aber es wurde gesehen, in Oxford vielleicht schärfer und früher als anderswo. Roger Bacon, ein Franziskaner des 13. Jahrhunderts, Theologe und Naturwissenschaftler, war einer der frühen Kritiker der Scholastik. Er klagte darüber, daß die freien Künste allzusehr eingeengt würden auf Fragen der Logik und der Dialektik. Bacon beschäftigte sich zuvörderst mit naturwissenschaftlichen Forschungen, mit Mathematik und Optik. Durch ihn bekommt Oxford in den naturwissenschaftlichen Fächern den gleichen Rang, den Paris in der Theologie innehat. Er betreibt seine Forschungen nicht mit der Methode des Nachdenkens allein, sondern er experimentiert und er beobachtet; er arbeitet mit Spiegeln und Linsen, und in seiner Zeit unterstützen erstmals Augengläser das menschliche Auge.

Bacon ist es auch, der die Bedeutung der alten griechischen Sprache erkennt. Im Jahrhundert zuvor waren mehr und mehr griechische Originale, Schriften des Aristoteles, in den Westen gebracht werden. Diese Bücher bewirken ein völlig neues Verständnis des Aristoteles, denn sie sind frei von neoplatonischen Zusätzen einer späteren Zeit; es sind die unverfälschten Texte des Aristoteles, die nun dem Abendland vorgelegt werden. Dies führt zu einem neuen Weltverständnis, zu einer neuen Vorstellung von der Existenz des Allgemeinen und des Besonderen, kurzum dessen, was man jetzt als den Universalienstreit bezeichnet. Der Idealismus Platos, welcher behauptet, jedes Einzelding existiere nur dank seiner Teilhabe an einer übergreifenden Idee – die Katze existiere nur, weil sie an der Idee ›Katzheit‹ teilhabe, die auch nach dem Aussterben der letzten Katze fortbestehe –, dieser philosophische Idealismus Platos besteht nun nicht länger unangefochten.

Die Frage, was zuerst sei, reales Einzelwesen oder Idee, das Einzelwesen oder die Universalien, beschäftigte die Philosophie das ganze Mittelalter hindurch. Zugegeben: die Philosophie, die analytische wie die spekulative, hat sich immer wieder in ihrer langen Geschichte mit Fragen beschäftigt, deren praktischer Wert nicht immer sofort ins Auge fällt. Noch im Zeitalter der Aufklärung erörtern Philosophen, ob die Dinge, die wir tagtäglich vor unseren Augen sehen, auch unabhängig von unseren – trügerischen – Sinnesorganen existieren. Die Realisten des 18. Jahrhunderts haben diese Frage bejaht; die Idealisten meinten, die Außenwelt sei nur das Produkt unserer unzuverlässigen Wahrnehmungsorgane. Sie hatten ein weiteres Problem: *Existieren* diese Dinge auch dann, wenn sie nicht wahrgenommen werden? Und: Wer kann das behaupten, wenn sie doch nicht wahrgenommen werden? Bischof Berkeley versuchte das Problem durch folgenden Hinweis zu lösen: Die Dinge existieren nur, weil und solange sie wahrgenommen werden – *esse est percipi* –, da sie aber ständig wahrgenommen werden, von ihrem Schöpfer nämlich, existieren sie auch ständig. Dieses Problem gilt heute noch als keineswegs befriedigend gelöst.

Bleiben wir bei der Scholastik. Zwei Denkschulen versuchen, den Universalienstreit zu lösen. Die einen behaupten im Anschluß an Plato, diese Universalien existierten, und ihre Existenz gehe sogar den Einzeldingen voraus *(ante rem)*, denn bevor eine Katze real entstehe, sei sie im Bewußtsein Gottes bereits als Idee und damit als Realität vorhanden. Ein Scholastiker des 11. Jahrhunderts, Roscellinus von Compiègne, wollte dieses Argument nicht gelten lassen. Er hielt dagegen, das Universalium existiere nur dem Namen nach, sei Worthauch, leerer Schall: ein *flatus vocis;* real existiere nur das Einzelwesen. Seine Position wird daher als Nominalismus bezeichnet. Nimmt es wunder, daß besagter Roscellinus mit der Kirche in Schwierigkeiten geriet? Wenn das Ganze sich nur in seinen Einzeldingen realisiert, wie steht es dann mit der Dreieinigkeit Gottes? Existieren die Drei nur als Einzelwesen oder auch als Dreieinigkeit? Auf der Synode von Soissons, 1092, mußte Roscellinus widerrufen; der Nominalismus galt seither als Ketzerei.

Seit diesem Widerruf war freilich viel Wasser die Themse hinuntergelaufen, und der vom Neoplatonismus gereinigte Aristoteles erhitzte aufs neue die Gemüter. Die Anhänger der älteren Schule hielten daran fest, daß etwas um so realer sei, je näher es bei Gott stehe; Gott selber aber sei das Allerrealste, *ens realissimum,* und er sei auch das Größte, ja er sei so groß, daß etwas Größeres nicht einmal gedacht werden könne. Daraus folgerten diese Philosophen, daß damit auch die Existenz Gottes bewiesen sei, denn um groß zu sein, müsse er zumindest existieren. Bis zu Immanuel Kant galt dies in der abendländischen Philosophie als der ontologische Gottesbeweis, obwohl bereits ein englischer Mönch im 12. Jahrhundert darauf hinwies, daß man mit dieser absurden »Beweisführung« ebensogut die Existenz von Hexen oder von Einhörnern belegen könne.

Die Scholastik fand damals noch nicht ihr Ende, aber es traten seit dem 13. Jahrhundert mehr und mehr Philosophen auf, welche die Fragestellungen und die Auflösungen der Scholastik für widersinnig hielten. Die Scholastik hatte sich überlebt, ihre Methode war unfruchtbar geworden, sie erstarrte zu geistigen Turnübungen, die zu keinem greifbaren Ergebnis führten. Es ist unmöglich, ohne feine Unterscheidungen zu philosophieren; aber es ist ebenso unmöglich, mit künstlichen, unnötigen und unzutreffenden Unterscheidungen zu arbeiten. Der Totengräber in Shakespeares »Hamlet«, der seinen Kollegen zu belehren sucht mit dem Hinweis, eine Tat bestehe aus drei Handlungen: aus Handeln, Tun und Verrichten, ist kein Philosoph, sondern ein Dummkopf. Die Scholastiker aber trafen am Ende ganz ähnliche Unterscheidungen.

Nicht minder irreal waren ihre Probleme. Sie versuchten herauszufinden, ob die Auserwählten im Himmel miteinander sprechen können. Ob der Allgemeinbegriff ›Engel‹, um sich in einem Einzelwesen zu personifizieren, zwangsläufig Fleisch annehmen müsse? (Um dieser Schwierigkeit auszuweichen, hatte der hl. Thomas behauptet, jeder Engel sei eine Spezies für sich und damit ein Universalium.) Ob Engel gebären könnten? Ob ein Engel von einer Seite auf die andere gelangen könne, ohne durch die Mitte zu passieren? Ob sich ein Engel durch ein Vakuum fortbewegen könne? Wie lange sich Adam im Paradies aufgehalten habe? Ob alle Menschen männlichen Geschlechts wären, wenn Adam nicht gesündigt hätte? Ob die Verstorbenen, selbst wenn sie heiliggesprochen seien, sogleich beim Eintreffen im Himmel Gott von Angesicht zu Angesicht sehen könnten oder erst am Jüngsten Tag? Ob der Leib Mariens dem Einfluß der Gestirne ausgesetzt gewesen sei? Ob der Himmel sphärisch sei oder die Gestalt eines Fasses habe? Ob die Taufe auch dann gültig sei, wenn der Priester die gesprochenen Silben vertauscht und statt ›Patris, Filii et Sanctu Spiritu‹ sagt: »Trispa, Liifi te Ctisan Tuspiru«? Oder wenn er einfach spricht: »Biff, baff, buff«?

Es wurde gefährlich, auf diese Fragen Antworten zu geben, denn es gab päpstliche Verlautbarungen, gegen die man nicht verstoßen durfte. Und gefährlich wurde es auch, Stellung zu nehmen zu diesen Problemen, weil die neugegründeten Bettelorden, namentlich Franziskaner und Dominikaner, die ja auch als Hochschullehrer Einfluß hatten, in den Universalienstreit eingriffen und konträre Positionen bezogen.

Die Dominikaner beriefen sich auf Thomas von Aquin, der zwar die Auffassung des heidnischen Plato zurückgewiesen hatte, Ideen könnten losgelöst vom Geist Gottes existieren, der aber trotzdem in der Tradition des philosophischen Realismus stand. Da die Dominikaner Realisten waren, neigten die Franziskaner dem Nominalismus zu. 1284 erwarb sich ein franziskanischer Hochschullehrer zu Oxford, William de la Mare, den Ruf eines Anti-Thomisten, was zwei weitere Franziskaner dazu bewegte, sich gleichfalls mit dem hl. Thomas anzulegen. Der eine davon war Duns Scotus, *doctor subtilis,* wie man ihn nannte, vielleicht der scharfsinnigste Vertreter der Spätscholastik überhaupt. Er eröffnet den neuen Weg, die *via moderna,* und von da an spaltet sich die Scholastik in die Thomisten und die Scotisten, die Anhänger der *via antiqua* und die der *via moderna.* Da die Dominikaner 1286 ihre Ordensangehörigen bei Strafe der Exkommunikation auf den hl. Thomas festlegten, mußten sich die Franziskaner auf Duns einschwören lassen.

Duns Scotus legte die Axt an die Wurzeln der mittelalterlichen Philosophie; durch seine Kritik am Thomismus beraubte er sie ihrer Grundlagen. Er trennt Gottesglauben von Vernunft: Vernunft müsse sich an sinnlich Wahrnehmbarem orientieren; Glaube bestehe losgelöst von der Vernunft, ja manchmal sei er sogar widersinnig. Hatte ein Anselm von Canterbury geglaubt, um zu verstehen – *credo ut intellegam –,* so wurde jetzt noch weiter zurückgegriffen in die vorchristliche Antike: *Credo quia absurdum* – ich glaube, obwohl es absurd ist. Duns führt die Scholastik an ihr geistiges Ende; wiewohl sie, über Jahrhunderte hinweg, bis zur Reformation, noch künstlich beatmet wird und daher am Leben bleibt.

Der andere bedeutende Franziskaner in Oxford war William of Ockham. Auf den ersten Blick erscheint sein Standpunkt wie ein Kompromiß zwischen dem thomistischen Realismus und dem scotistischen Nominalismus. Bei näherem Hinsehen zeigt sich freilich, daß er dem Nominalismus bedeutend näher steht. Ockham hielt die Allgemeinbegriffe, die Universalien, für Abstraktionen, für Konzepte des menschlichen Geistes, die nur im Verstand Realität besitzen. In die Philosophiegeschichte ging seine Auffassung als ›Konzeptualismus‹ ein.

Aber Ockham interessiert sich für diese Fragen nur noch am Rande; er steht am Anfang eines neuen philosophischen Zeitalters. Hier beginnt ein Faden, der bis zur Philosophie der Aufklärung reicht, an den Beginn einer neuen, modernen Erkenntnistheorie. Ockham unterscheidet zwischen Wissen und Glauben; was nicht dem Härtetest der Erfahrung standhält, verweist er in den Bereich des Glaubens, den er loslöst von Vernunft und Wissen. Dogmen hält er für unbeweisbar. Die Einheit von Glauben und Vernunft, wie sie in Thomas' »Summa Theologiae« ihren höchsten Ausdruck gefunden hatte, zerbricht. Allmählich wird man sich des Unterschiedes bewußt, ja der Spannung, des Widerspruchs.

Die Lehren eines Ockham waren zu seiner Zeit revolutionär, so selbstverständlich manches davon heute erscheint. Zwischen 1339 und 1347 wurde Ockham von der rechtgläubigen Universität von Paris nicht weniger als 47mal verurteilt. Am päpstlichen Hof von Avignon wollte man von dieser Ketzerphilosophie nichts wissen. In Oxford hingegen, wo die Franziskaner stark waren, die Dominikaner eine unbedeutende Minderheit, da war auch der Konzeptualismus Ockhams beliebt.

Eine weitere Fragestellung, an der sich die philosophischen Köpfe erhitzten, brachte Duns Scotus in die Diskussion der Zeit ein: Ob Gott die Welt erschaffen mußte, oder ob er – wenn er so gewollt hätte – sie auch nicht hätte erschaffen können? Und: Ob sie die beste aller Welten sei? Duns selber war Determinist, er leugnete den freien Willen des Menschen. Darin folgte er also eher dem hl. Augustinus als dem hl. Thomas. Aber in bezug auf den freien Willen Gottes erklärte er, es habe in Gottes freiem Belieben gestanden, die Welt zu erschaffen oder sie nicht zu erschaffen, weil er sie aber erschaffen habe, darum sei sie – zwangsläufig – auch die beste Welt. Als sich Thomas mit dem hl. Bonaventura über diese Frage auseinandersetzte, vertrat Thomas die Auffassung, die Erschaffung der Welt sei einer inneren Notwendigkeit Gottes entsprungen, der er sich nicht hätte entziehen können, und er habe sie zwangsläufig als die bestmögliche erschaffen müssen, größer und schöner hätte er sie nicht machen können.

So und ähnlich lauteten die Fragen, die die Köpfe der Philosophen des späten Mittelalters beschäftigten. Welche Position wird Wyclif in diesem Streit einnehmen? Bezeichnend für sein ganzes Leben wird, daß er seine ureigenste Auffassung vertritt und daß er sie kompromißlos vertritt, ohne Klauen und Zähne, ohne taktische Finessen, ohne weitere Überlegungen, die sich auf anderes gründen als auf seinen Intellekt und sein Gewissen. In Oxford dominieren die Franziskaner. Wyclif kennt sie gut, und er schätzt sie; die Verbindung zwischen dem Balliol College und den Franziskanern ist eng. Aber Wyclif wird gemäßigter Realist wie der hl. Thomas. Wyclif ist Realist, und je älter er wird, desto heftiger bejaht er die Frage, ob die Universalien reale Existenz besitzen. Hier folgt er Augustinus und Plato, obgleich er sonst immer Aristoteles als *den* Philosophen bezeichnet. Für Wyclif gewinnen die Universalien ihre Existenz aus Gott, Gott ist ihm wie ein Spiegel, in dem sich alles spiegelt, und dieses Spiegelbild ist die Welt, die wir kennen. Alles hat seinen Ursprung in Gottes Denken. Die Welt, das ist eine Ausstrahlung Gottes, wie die Sonnenstrahlen von der Sonne ausstrahlen, ohne die Sonne selber zu sein. Wyclifs Realismus setzt die Existenz Gottes an seinen Anfang. Und was Gott geschaffen hat, das hat er mit Verstand geschaffen, nicht zufällig und nicht zwangsläufig; dem Geschaffenen liegen Gottes Wille und Vorstellung zugrunde.

Geistig lebt Wyclif in dem Spannungsverhältnis zwischen Thomas von Aquin und Duns Scotus, zwischen Dominikanern und Franziskanern. Er wird zum Erben des Dunsschen Skeptizismus, aber er folgt dem großen Kirchenheiligen, dem hl. Thomas, wenn es um den freien Willen des Menschen geht. Der junge Wyclif wird gemäßigter Determinist. Für Gott läßt er freilich diese Vorbestimmung nicht gelten, Gott ist frei von den Regeln der Vernunft und kann gemäß seinem allerhöchsten Willen frei handeln; verursacht – und daher unfrei – ist nur der Wille des Menschen. Wyclifs philosophische Stellung wird nicht beeinflußt vom mönchischen Parteiengezänk, sie ist nur dem verpflichtet, was er für die Wahrheit hält. Aber er schwimmt von Anfang an gegen den Strom der Zeit. Er beschreitet den Weg der Alten, obgleich es eine *via moderna* gibt, einen Weg, der in die Zukunft weist. So steht er von Anfang an im Widerspruch zum Künftigen. Da unterscheidet er sich von Luther: Der Deutsche wählt die *via moderna,* und seine Universität Erfurt ist die Hochburg dieser Lehre.

Fragen wir nach den persönlichen Einflüssen, denen der junge Wyclif in seinen Studienjahren in Oxford ausgesetzt war, so stoßen wir bald auf zwei große Namen: auf Robert Grosseteste und Thomas Bradwardine. Grosseteste erlebte er nicht mehr persönlich, der war lange tot, als Wyclif nach Oxford kam; aber Bradwardine war seinerzeit Kanzler der Universität. Anno 1349, im Pestjahr, wurde er Erzbischof von Canterbury und damit Primas der englischen Kirche; er starb kaum drei Monate nach seiner Ernennung an der Pest.

Grosseteste war im 13. Jahrhundert Lehrer in Oxford, ein universell gebildeter Geist, Freund der Franziskaner übrigens, was ihn nicht daran hinderte, gegen die Ansprüche der römischen Kurie zu wettern. Durch sein Interesse an den alten Sprachen, namentlich am Griechischen und am Hebräischen, gelangte er zu einer neuen Einstellung gegenüber der Heiligen Schrift. Wenn sie die Wahrheit besaß, dann war die philologische Methode der beste Weg zur Wahrheit. Was allerdings den jungen Wyclif beeindruckte, das war weniger Grossetestes Hinwendung zu den alten Sprachen, sondern die hohe Autorität, die er der Bibel zusprach.

Auf Thomas Bradwardine beruft sich Wyclif unzählige Male als seinen *doctor profundus.* Auch Bradwardine blieb der *Via antiqua* verhaftet, er lehnte Ockham und seinen neuen Weg ab. Bradwardines Theologie fußte auf einer mathematisch-deduktiven Methode, und er vertrat in Anlehnung an Augustinus eine derart radikale Prädestinationslehre, daß er dafür im England seiner Zeit berühmt wurde. Geoffrey Chaucer, der größte englische Dichter des Jahrhunderts, hat ihn und seine strenge Auffassung von der Vorherbestimmung in der Erzählung des Nonnenpriesters verewigt:

So wie der heilge Doktor Augustin,
Boetius und Bischof Bradwardin,
Ob ich durch Gottes heilgen Vorbeschluß

Ganz schlechterdings jedwedes tuen muß,
Das heißt, Notwendigkeit mich dazu treibt,
Oder zur Tat die freie Wahl mir bleibt,
Und Tun und Lassen steht in meiner Hand,
Obschon mein Handeln Gott vorher bekannt;
Und ob vielleicht sein Wissen nur bedingt,
Doch nicht notwendig mich zur Sache zwingt.

(»Die Canterbury Tales«, in der Übertragung von Adolf von Düring)

Daß Bradwardine großen Einfluß auf Wyclif hatte, steht außer Zweifel. Bradwardine bestätigt ihn in seinem Determinismus, den er schon bei Augustinus erfahren hat. Bradwardine hängt einer starren Prädestinationslehre an; er nimmt den Buchstaben des Römerbriefes wörtlich, in dem es heißt: »Also liegt es nicht an jemandes Wollen und Laufen, sondern an Gottes Erbarmen«. (9,16)

In diesem Spannungsfeld von freiem Willen und Gottes Allmacht und Allwissenheit bewegt sich Wyclifs Denken sein Leben lang. Die Kirche hat den rigiden Determinismus des hl. Augustinus zu mildern versucht, indem sie in ihrer offiziellen Lehre verkündete, Gott sei zwar allmächtig, aber er rede dem Menschen nicht drein; Gott wisse zwar, wie der Mensch sich entscheide, aber dies beeinträchtige die menschliche Entscheidungsfreiheit nicht. Selten wurde das Widersprüchliche in dieser Position augenfällig gemacht. Wyclif hat den Widerspruch dieser Auffassung ebensowenig aufzulösen vermocht wie andere. Er hat, wie Philosophen vor und nach ihm, zwischen verschiedenen Positionen eine Stellung zu beziehen versucht, oftmals auch eine, die selbst nicht frei war von Widersprüchen. Einmal neigte er stärker der menschlichen Freiheit zu; ein andermal – und später immer mehr – glaubte er an die Allmacht Gottes, die dem Menschen die Selbstbestimmung raube. Wir werden später auf dieses Problem zurückkommen.

Von einem war hier noch nicht die Rede, der erwähnt zu werden verdient, weil er den jungen Wyclif maßgeblich beeinflußte, und das war Richard Fitzralph, akademischer Lehrer in

Oxford, später Bischof von Armagh. Stärker noch als sein Schüler fühlte sich Fitzralph von der Hohlheit der scholastischen Philosophie abgestoßen. Auch er entdeckte für sich die Autorität der Heiligen Schrift, die damals kaum allgemein gelesen wurde. Er führte den jungen Wyclif zum Studium der Bibel, und Wyclif entdeckte unter seinem und Grossetestes Einfluß die Bedeutung der Heiligen Schrift, und das hatte Folgen für sein ganzes Leben. Ein Zweites noch übernahm er von Fitzralph, und auch das blieb nicht ohne Folgen: die Lehre von der zeitweiligen Verfügung über Besitz; die Auffassung, die Verfügung über Besitz sei an bestimmte Voraussetzungen gebunden, deren Nichterfüllung den Verlust der Güter zur Folge habe. Wyclif entnahm dies einem Buch von Fitzralph, »De Pauperia Salvatoris« (Von der Armut des Heilands). Diese Lehre sollte ihn später mit der Kirche in Konflikt bringen.

DAS GROSSE STERBEN

Ein folgenschweres Ereignis fällt in die Jahre, die der junge Wyclif in Oxford verbringt: der Schwarze Tod, die Pest, die ein gut Teil der englischen Bevölkerung auslöscht. Die Zeitgenossen sprechen vom großen Sterben (*great mortality*) oder von der großen Pestilenz (*great pestilence*).

Die Pestwellen des 14. Jahrhunderts sind ein Ereignis von einschneidender Bedeutung. Es war kein einmaliger Ausbruch; die Seuche läßt sich eher mit einem Waldbrand vergleichen, dessen mächtiges Feuer, wenn es erst einmal verebbt ist, da und dort im Unterholz glühende Asche hinterläßt, die, vom Wind angefacht, dann und wann erneut auflodert, später immer seltener, bis schließlich die Asche gänzlich erkaltet. Ähnlich verhielt es sich mit der Pest. Auf die große Seuche der Jahre 1348/49 folgten in den sechziger und siebziger Jahren einige kleinere Epidemien.

Die Pestepidemien des 14. Jahrhunderts haben insgesamt, Schritt für Schritt, etwa die Hälfte der englischen Bevölkerung vernichtet. Die Folgen waren beträchtlich, aber man darf sie auch nicht überbewerten. Gewiß, in Oxford mußte einige Jahre lang der Lehrbetrieb unterbrochen werden, aber insgesamt sind die gesellschaftlichen Auswirkungen des Massensterbens dergestalt, daß sie eher die bereits bestehenden Tendenzen beschleunigen und verstärken und nicht so sehr völlig neue gebären.

Ein amerikanischer Soziologe, James Westfall Thompson, hat unmittelbar nach dem Großen Krieg versucht, die Folgen der Pest mit denen des Ersten Weltkriegs in Beziehung zu setzen. In Deutschland liebt man solche Vergleiche nicht; aber Thompsons Aufsatz ist aufschlußreich, weil er zeigt, daß das

51

Massensterben infolge der Pest im 14. Jahrhundert und des Krieges im 20. Jahrhundert ähnliche gesellschaftliche Erscheinungen zeitigte: wirtschaftliches Chaos, soziale Unruhen, Absinken der Preise, die alsbald wieder in die Höhe schnellen; Profitgier der einen, Verschwendung der anderen; Furcht und überschwengliche Lebensfreude; moralischer Verfall, Schwund der industriellen Produktion; Ausgelassenheit neben Todesangst, religiöse Hysterie; Ziellosigkeit, Mißwirtschaft der öffentlichen Verwaltung; Verfall der Sittlichkeit und der Umgangsformen; geographische und soziale Mobilität, Hemmungslosigkeit, Flagellantentum. Diese Phänomene konstatiert er für die Nachkriegszeit wie für die Zeit nach den mehrmaligen Pestepidemien des 14. Jahrhunderts. Es sind dies die Jahre, in denen Wyclif seine Bücher schreibt und seine Ideen in Umlauf setzt, die soviel Aufregung verursachen.

Die Pest und andere Seuchen, die Menschen und Tiere trafen, dazu Hungersnöte und Klimawandel, Erdbeben und die Schrecknisse des Hundertjährigen Krieges, sie machen das 14. Jahrhundert zu einem »calamitous century« (Barbara Tuchman), zu einem »tragischen Jahrhundert«, ja einem »Zeitalter der Katastrophen« (Jacques LeGoff).
Die Zahl der Todesopfer der beiden Weltkriege kennen wir. In einigen Ländern starben mehr als zehn Prozent der Bevölkerung – ein riesiger Anteil! –, in den meisten Ländern blieben die Toten weit unter fünf Prozent der Einwohnerzahl (während etwa die weitgehend unbekannte Grippe nach dem Ersten Weltkrieg mehr Menschen ins Grab brachte als das Völkermorden). Weit weniger bekannt sind die Verluste durch die Pestepidemien des 14. Jahrhunderts; vor allem für ländliche Gebiete sind genaue Zahlen nicht zu bekommen. Es hat Generationen von Historikern erstaunt, wie wenig die Archive über diesen Gegenstand hergeben. In den Annalen des Klosters Durham findet sich kein Sterbenswort über die reiche Ernte, die der Tod hielt – aber anläßlich einer kurz darauf erfolgten Visitation des Klosters erfahren wir so nebenbei, daß die Zahl der Mönche vor kurzem um die Hälfte abgenommen hat. Die Folgerungen bleiben dem Historiker überlassen. Nicht einmal die

zeitgenössischen Dichter Chaucer und William Langland haben das einschneidende Ereignis in ihren Dichtungen ausgiebiger gewürdigt. Chaucer spricht in seinen »Canterbury Tales« nur zweimal davon, einmal, ganz kurz, im Prolog; und an anderer Stelle wirft er einem Arzt vor, er habe sich an der Pest bereichert:

Doch war er kein Verschwender und hielt fest,
Was er gewonnen bei der Pest.
Herzstärkende Arznei ist Gold, und drum
Liebte das Gold er als Spezifikum.

Die Sterblichkeit war unglaublich hoch in den Seuchenjahren, aber die Zeitgenossen schweigen dazu, weil andere Schläge auf sie herabprasseln, die zudem länger dauern und daher schmerzhafter sind: Krieg, Hungersnöte und vielerlei andere Seuchen. Die Pest ist schnell vorbei, und die Toten sind rasch begraben; der Hunger hingegen bohrt lange im Gedärm, und der Krieg gegen Frankreich zieht sich hundert Jahre und länger hin. Was ist dagegen schon ein gnädiger schneller Tod? Das Leben war ohnehin kurz, und mit Seuchen war der mittelalterliche Mensch vertraut. Außerdem wurde zwischen den verschiedenen Epidemien keineswegs so klar unterschieden, mit *pestilence* bezeichnete man durchaus verschiedene ansteckende Krankheiten. Auch war die Pest in England nicht ganz so neu: Beda Venerabilis, der gelehrte Abt von Jarrow, hat beschrieben, wie sie anno 664 n. Chr. den Süden des Landes heimgesucht hat und sich dann über Northumbria nach Irland ausbreitete. Auf das klinische Erscheinungsbild geht Beda leider nicht ein. Gleichwohl wissen wir heute ziemlich sicher, daß es die Pest war.

Werfen wir einen Blick auf die Bevölkerungszahl Englands, bevor wir nach den menschlichen Kosten des großen Sterbens fragen. Der englische Staat hat eine lange Schrifttradition: Das Domesday Book von 1086 erlaubt eine ziemlich genaue Schätzung; in England lebten damals etwa eineinviertel Millionen Menschen. Die zweite halbwegs genaue Angabe können wir der Kopfsteuer von 1377 entnehmen, da lag die Bevölkerungszahl bei zweieinhalb Millionen. Für die Jahre dazwischen sind wir auf Vermutungen angewiesen, aber auch sie können mit einiger Zuverlässigkeit gewonnen werden.

Wir glauben, daß die Bevölkerung Englands während des 12. und 13. Jahrhunderts ziemlich gleichmäßig zunahm und zwischen 1300 und 1320 einen vorläufigen Höhepunkt erreichte, der erst zweihundertfünfzig Jahre später, in der zweiten Hälfte des 16. Jahrhunderts, unter Elisabeth I., übertroffen wurde. In den ersten beiden Jahrzehnten des 14. Jahrhunderts wird sie bei vier Millionen gelegen haben.

Fragt man nach den Ursachen der Pest, so muß man mehrere variable Faktoren berücksichtigen. Wir denken dabei vornehmlich an klimatische Veränderungen, an mangelnde Hygiene, an die schlechte Ernährungslage der Bevölkerung und schließlich an die notwendige Ursache: den Pesterreger und sein Vordringen.

Das Klima verändert sich im Lauf des 14. Jahrhunderts ganz entscheidend: Es kommt zu einer langfristigen Abkühlung, die weit ins 19. Jahrhundert hinein dauert; die mittlere Jahrestemperatur sinkt um ein halbes oder vielleicht sogar ein ganzes Grad Celsius ab.

Wir betrachten das Klima gern als eine Konstante, als etwas Unveränderliches; aber in Wirklichkeit gibt es eine Geschichte des Klimas, wie es eine Geschichte der Erde und der Menschheit gibt, und Geschichte heißt ja immer: Veränderungen unterworfen zu sein. Dieser Wandel trifft nicht nur England, er betrifft zumindest die ganze nördliche Halbkugel: an den nördlichen Polarkappen und in den Alpen nehmen die Gletscher zu; der Meeresspiegel des Kaspischen Meeres steigt; die Ostsee friert im Winter öfter ein; in Island kann kein Getreide mehr angebaut werden, auch in Skandinavien wächst es nur noch im Süden; der Weinbau in England wird aufgegeben; die Moldau im schönen Land Böhmen – eine Region von ungewöhnlich mildem Klima – bleibt von Andreas (30. November) bis Ende März gefroren. An den riesigen alten Koniferen im Südwesten Nordamerikas läßt sich durch Bohrungen der Nachweis führen, daß die Jahresringe im frühen 14. Jahrhundert dünner werden, was auf geringeres Dickenwachstum der Bäume infolge niedrigerer Temperaturen schließen läßt. Die damals beginnende »kleine Eiszeit« erreicht ihren Höhepunkt im 17. und 18. Jahrhundert, wobei besonders das erstgenannte ein Kriegs- und Seuchenzeitalter ersten Ranges war.

Die klimatischen Veränderungen zeitigen nicht überall und sofort die gleichen Folgen. Die Sommer der Jahre 1316 und 1317 waren in Nord- und Mitteleuropa – England eingeschlossen – außerordentlich kühl und naß. Für die Britischen Inseln gibt es einzelne regionale Untersuchungen zur Klimageschichte, die man wohl – für den englischen Raum – verallgemeinern darf. J. Titow, ein englischer Sozialhistoriker, hat für die Jahre 1209 bis 1350 für den begrenzten Bereich der Diözese Winchester sorgfältige klimageschichtliche Untersuchungen angestellt. Titow errechnete zuerst ein langfristiges Durchschnittsmittel aller Ernten und unterscheidet sodann zwischen guten und schlechten Ernten; das sind also die Ernten, deren Erträge knapp um das Mittel schwanken. Als ›sehr gut‹ beziehungsweise ›sehr schlecht‹ bezeichnet er die Ernten, die mehr als 15 Prozent nach oben oder nach unten von diesem Mittel abweichen. Für das 13. Jahrhundert kommt er zu sechs sehr guten und vier sehr schlechten Ernten – die vier sehr schlechten liegen allesamt in den letzten dreißig Jahren des Jahrhunderts. Für die erste Hälfte des 14. Jahrhunderts listet er zehn sehr gute und acht sehr schlechte Ernten auf: 1310, 1315, 1316, 1339, 1343, 1346, 1349, 1350.

Die unergiebigen Ernten sind die Folge der nassen, kalten Sommer und der nachfolgenden kalten Herbste. 1314 sind die Niederschläge hoch, obschon nicht so hoch wie im Jahr darauf, als der Regen zu Pfingsten (11. Mai) begann und den ganzen Sommer und Herbst über anhielt. Die kalte Witterung und die sturzflutähnlichen Regengüsse verhindern die Ausreifung des Getreides, entsprechend verheerend fallen die Weizen- und die Roggenernte aus. In unreifem Zustand wird das Korn zur Mühle gebracht. Auf die schlechten Ernten folgen hohe Preise für Feldfrüchte: kostet Weizen 1313 im Jahresdurchschnitt fünf Schillinge, so zahlt man für die gleiche Menge 1315 zwanzig Schilliinge, also das Vierfache, und am Johannistag 1316 wiederum das Doppelte davon. Diese Preise entnehmen wir den »Annales Londonienses«, auf dem Land lagen die Preise jedoch ähnlich hoch, vor allem aber waren die Teuerungsraten die gleichen. Selbst der königliche Haushalt wurde von der Nahrungsmittelknappheit betroffen: Als Eduard II. an Lorenzi (10. August) 1316 in St. Albans abstieg, war es unmöglich, für den König Brot aufzutreiben. Privathaushalte entließen ihr Personal, weil sie die Dienstboten nicht mehr verköstigen konnten. Die Ärmsten der Armen aßen alles, worauf sie Hand legen konnten: Hunde und Katzen, selbst ihre eigenen Kinder. Nachrichten über Kannibalismus müssen immer mit Skepsis aufgenommen werden, doch in dieser Stunde kannte die Not kein Gebot.

Blicken wir nun auf eine weitere Variable, auf die Bevölkerung und die Relation zu den Bodenerträgen, einfacher gesagt: die Ernährungslage. Die Bevölkerung wuchs im 12. und 13. Jahrhundert schnell. Im gleichen Zeitraum war auch die landwirtschaftliche Nutzfläche gewachsen, wenn auch nicht so schnell wie die Bevölkerungszahl. Die beackerte Bodenfläche war nie so groß wie im frühen 14. Jahrhundert, und mancher Acker an den Randzonen des Landes, der damals unter den Pflug genommen wurde, liegt seither brach. Wichtiger ist die Feststellung, daß seit dem Domesday Book im 11. Jahrhundert zunehmend Böden mit abfallenden Agrarerträgen erschlossen wurden, was deutsche Agrarhistoriker als »Fehlsiedlung« (Hans Beschorner) bezeichnet haben. Dieser Begriff ist etwas irreführend, weil die Landwirtschaft infolge des Bevölkerungswachstums auf zusätzliche Böden ausweichen mußte, wenn sie mit dem Zuwachs Schritt halten wollte; es fand damals übrigens nicht nur eine Extensivierung statt, sondern auch eine Intensivierung des Landbaus. Die landwirtschaftliche Produktivität (also der Ertrag pro Einheit Land) nahm seit dem hohen Mittelalter ab; auch die Relation Nahrungsmittel pro Kopf sank, und dies zu einer Zeit, als die landwirtschaftlichen Erträge ohnehin äußerst dürftig waren: von einem Zentner Weizen, den der Bauer aussäte, erntete er (zum Beispiel in Winchester) lediglich 3,83 Zentner, bei Hafer nur 3 Zentner, wobei der

Landmann daran denken mußte, einen Zentner davon als Saatgut für das nächste Jahr aufzubewahren. Im Durchschnitt brachte ein Hektar Boden 6,3 Doppelzentner Weizen (heute bringt er in Großbritannien im Schnitt 56,9 Doppelzentner, also das Neunfache davon). Die Bevölkerung wuchs zusehends, so daß selbst unter Einbeziehung der neuerlich erschlossenen Zonen die Nahrung kaum gewährleistet war. Eine Verschlechterung des Klimas mußte drastische Folgen haben, selbst wenn man den Pesterreger für einen Augenblick beiseite läßt. Lange vor der großen Pest in der Jahrhundertmitte sprechen die Chronisten von *caristia* (Nahrungsmangel), *fames* (Hungersnöte), *pestilentia* (Pestilenz, Seuchen), *mortalitas* (Sterblichkeit).

Nicht nur Menschen wurden von den Seuchen betroffen, auch das Vieh litt unter *the great murrain,* der großen Viehseuche. Schon im 13. Jahrhundert finden wir im Gesetz Einhegungen (*enclosures*); mit anderen Worten: die für die Allgemeinheit nutzbaren Flächen, die Almende – in der Regel waren es Weiden – werden umzäunt, die Allgemeinheit davon ausgeschlossen. Als Folge davon nahm der Viehbestand stark ab, was zu einer Knappheit an Dung führte, zu einer schlechteren Versorgung des Bodens mit Stickstoff, zu kleiner werdenden Erträgen – ein Teufelskreis.

Verschlechterung des Klimas, Mißernten, Hungersnöte: Anfälligkeit für Krankheiten. Bleibt noch zu behandeln die spärliche Hygiene. Vielleicht sollte man von Hygiene überhaupt nicht sprechen, das klingt so hochgestochen und erweckt überhöhte Erwartungen; sagen wir lieber: die erbärmlichen Wohn- und Lebensbedingungen der großen Mehrheit. Wohnhäuser aus Stein waren selbst in den Städten die Ausnahme, sie waren den Reichen vorbehalten. Die Burgen und Schlösser aus festem Stein, mit undurchlässigen Ziegelsteinen gedeckt, die Gutshäuser des Adels auf dem Lande, von Wassergräben umgeben, sie alle waren für die Ratten und für die Pest so gut wie unzugänglich. Die Pest konnte dem englischen Adel kaum etwas anhaben. Das große Sterben traf die Armen, nicht die Reichen auf ihren Schlössern und Gutssitzen.

In den Städten, selbst in London und in Oxford – wo sich Wyclif in diesen Jahren aufhielt – waren Häuser aus Stein selten. Die meisten Wohnhäuser waren aus Holz und einem Lehmgemisch erbaut, bestenfalls mit einer gemauerten Wand als Feuerschutz. Der Raum im Erdgeschoß öffnete sich auf die Straße, darüber lag in etwa drei Meter Höhe, eine weitere Etage, *solar* oder *soller* genannt, die in die Gasse hinausragte. Die wenigsten Fenster konnte man mit Glas verschließen, des Nachts wurden sie mit hölzernen Läden versperrt. Einbrecher fanden es häufig bequemer, sich einen Weg durch die morsche Wand zu kratzen, statt an den Läden herumzufummeln. In der großen Stadt London ging man allmählich dazu über, die Dächer mit gebrannten Ziegeln zu decken statt mit Stroh. (Im 13./14. Jahrhundert, als sich die heutigen Familiennamen durchsetzten, entstand der Beruf – und der Name Tyler, Ziegelbrenner.) Auf dem Land hatten die meisten Häuser weiterhin *thatched roofs* – die wohl erst in unseren Tagen als malerisch gelten –: Dächer aus Roggen- oder Haferstroh, in Moorlandschaften aus Schilfrohr. Innen waren diese Häuser dunkel, verräuchert, feucht. In London fing man langsam an, mit »Seekohle« zu heizen; Seekohle hieß sie, weil sie aus dem Norden Englands, aus Wyclifs Heimat, auf dem Seeweg herbeigeschafft wurde. Aber in den kleineren Städten und auf dem Lande wurde im Winter einfach mit Holz geheizt. Der Fußboden bestand aus gestampfter Erde. Die Bewohner dieser Häuser schliefen auf Strohsäcken, sofern sie ein hölzernes Bettgestell ihr eigen nannten; manch einer schüttete einfach auf den Boden sein Stroh hin und verbrachte dort die Nacht.

Soviel zu den Wohnbedingungen, welche die meisten Menschen tagtäglich vorfanden. Nicht besser war es bestellt, wenn wir die privaten Behausungen der großen Masse verlassen und hinaustreten auf die öffentlichen Straßen und Plätze. Nehmen wir einen Ort mittlerer Größe wie Oxford, wo John Wyclif den größeren Teil seines Lebens verbrachte. In dieser Stadt wohnten sicherlich viel mehr Wohlhabende als anderwärts, sie zählte bestimmt nicht zu den schmutzigen. Es gab Weisungen des Kanzlers der Universität und selbst solche des Königs, die Stadt sauberzuhalten und die Taubenhäuser außerhalb der Stadtmauern aufzustellen. Diese Verfügungen brachten wenig Erfolg. Die Bäcker und die Brauer verwendeten zum Brotbacken und zum Bierbrauen weiterhin das schmutzige Wasser der Trillmill, obschon die Abwässer vieler *houses of easement* (heute würde man sie weniger blumig als Bedürfnisanstalten bezeichnen) einfach in den Bach geleitet wurden. Abfälle aller Art, insbesondere Tierknochen, engten den Wasserlauf im 14. Jahrhundert von fünf auf zwei Meter Breite ein. Noch in den siebziger Jahren des Jahrhunderts fand man unweit des neuerrichteten New College, achtlos hingeworfen, ganze Tierkadaver, die dort verfaulten. Den Schlächtern von Oxford wurde von 1339 an befohlen, ihrem Handwerk nicht mehr am Carfax, sondern außerhalb der Stadtmauern nachzugehen.

Die mangelnde öffentliche Hygiene hat immer wieder die Aufmerksamkeit der Sozialhistoriker gefunden. Sie haben sich allerdings in der Regel damit zufriedengegeben, den Schmutz zu registrieren und den Menschen dieses fernen Zeitalters unterschwellig vorzuwerfen, sie seien allesamt unglaubliche Schmutzfinken gewesen. Das waren sie sicherlich, aber man sollte nicht vergessen, daß im 14. Jahrhundert nicht nur Umweltverschmutzung betrieben wurde, sondern daß es auch schon Versuche zur Müllbeseitigung gab. Unrat fiel auch damals an, er wurde freilich nicht in solchen Mengen wie heute produziert, und er wurde auch weggeschafft. Ein amerikanischer Historiker, Ernest L. Sabine, hat sich in der Zwischenkriegszeit einmal die Mühe gemacht, die Akten der Londoner Stadtverwaltung aus dem späten Mittelalter durchzusehen, um zu erfahren, wie es mit der Müllbeseitigung stand:

London war gegen Ende des Mittelalters eine Stadt von 40 000 Einwohnern, vergleichbar also mit vielen mitteleuropäischen Städten des 19. Jahrhunderts. Es gab dort nicht nur Häuserzeilen, sondern auch große Freiflächen, wo Pferde, Rinder, Schweine und Geflügel aller Art gehalten wurden. Zwangsläufig gab es also auch Misthaufen in der Stadt; die Besitzer der Tiere mußten sich darum kümmern, daß diese Haufen nicht ins Riesenhafte wuchsen.

Verunreinigung der Stadt wurde bestraft. Schon im 13. Jahrhundert hatte Londons Bürgermeister Gregory Rocksley verfügt, daß jeder, der Unflat auf die Straße warf, eine Geldbuße von vier Pence bezahlen mußte, bis 1345 war das Bußgeld auf zwei Schillinge angestiegen – gemessen am Realeinkommen eine empfindliche Strafe. 1372 wurde erneut festgelegt, das Ausgießen von unreinlichen Flüssigkeiten, namentlich Spülwasser und die flüssigen Inhalte der Nachttöpfe, mit zwei Schillingen Strafe zu ahnden, obschon es für viele Stadtbewohner, deren Wohnung nicht den Luxus einer Toilette hatte, nicht einfach war, darauf zu verzichten, es sei denn, sie besuchten des Nachts in den unbeleuchteten Gassen einen der öffentlichen Aborte.

Die Verfügungen der Stadtverwaltung betrafen in erster Linie die Handwerkerberufe, bei denen zwangsläufig große Abfallmengen entstanden. Dies traf für Färber und Gerber zu, die in London unweit der Fleet Street ihrem Gewerbe nachgingen, nicht minder auch für Fleischer. 1343 erlaubte die Stadt den Schlächtern, das Gedärm des Schlachtviehs an der Themse, gleich neben dem Fleet-Gefängnis, zu reinigen und die Abfälle auch dort in den Fluß zu werfen. Darüber beklagte sich der Prior des Johanniterordens, der dem Gefängnis vorstand und um die Gesundheit der ihm anvertrauten Gefangenen fürchtete.

Überhaupt wurde der Strom, der sich durch London zieht, als die ideale Müllbeseitigungsanlage betrachtet. Abfälle in die Themse zu kippen war gestattet. Dies führte gegen Mitte des 14. Jahrhunderts dazu, daß nicht nur der Fluß, sondern bereits die Gassen, die zu ihm hinabführten, mit Unrat verstopft waren, den man unterwegs aus Achtlosigkeit verloren oder aus Faulheit weggeworfen hatte. An den Flußbänken türmten sich übelriechende Haufen, so daß die Stadtverwaltung befahl, Unflat künftig nur noch außerhalb der Stadt, östlich davon, in den Fluß zu werfen oder ihn den Knechten der Stadtreinigung anzuvertrauen, die ihn in Strommitte versenkten.

Diese guten Geister von der Müllabfuhr mußten sich nicht nur um die Abfälle der einzelnen Handwerkergruppen kümmern, sie mußten auch dafür sorgen, daß die Jauchegruben der öffentlichen und der privaten Toiletten geleert wurden, und sie waren für die Sauberhaltung der Straßen und Plätze zuständig. Wenn die Bewohner die schmutzigen Sägespäne aus ihren Wohnstuben zum Fenster hinausbeförderten oder das Stroh aus den Schlafsäcken, Küchenabfälle und dergleichen zur Tür hinauswarfen, immer mußten die Reinigungsknechte für Sauberkeit sorgen. Gelegentlich nahmen Bürgermeister und Ratsherren der Stadt höchstpersönlich einen Lokaltermin vor, um die Reinlichkeit eines Ortes in Augenschein zu nehmen und um widrigenfalls für Abhilfe zu sorgen. Die Sheriffs in den Bezirken hatten den Auftrag, Bürger bei Zuwiderhandlungen zu verwarnen und nötigenfalls Bußgelder zu erheben; besonders Widerspenstige konnten sie sogar in Gewahrsam nehmen. Wenn Not am Mann war, mußten sie auch selber einmal Hand anlegen; aber die Beseitigung von Müll blieb im großen und ganzen den Knechten der Stadtreinigung vorbehalten, die mit Hilfe zweirädriger Karren, von denen man nach hinten abkippen konnte, ihrem Beruf nachgingen. In der Mitte des 14. Jahrhunderts waren in London zwölf solcher Müllkarren im Einsatz.

Es gab also etliche gesetzliche Maßnahmen gegen die Stadtverschmutzung. Gleichwohl kam es immer wieder zu unbeschreiblichen Zuständen. Wurden die Verfügungen einmal eine Zeitlang nicht wiederholt, so kümmerte sich niemand mehr darum. Zur Zeit der Seuchen fehlte es nicht an Protesten der Bürger gegen den Schmutz. Der lauthals geäußerte Unmut in den Jahren 1348 und 1349 deutete darauf hin, daß die Menschen den Zusammenhang zwischen Verschmutzung und Seuchengefahr besser erkannten als die zeitgenössische Medizin, die dafür blind gewesen sein muß. Boccaccio schreibt in seinem »Decamerone«, wohl dem bedeutendsten Kunstprodukt der Pest, daß »die Stadt Florenz durch die vielen dazu bestellten Personen gereinigt und allen Kranken der Eintritt verboten ward«, als ob er es nicht fassen konnte, daß trotzdem die Pest ausbrach. In England schrieb der König persönlich an den Bürgermeister der Stadt London und beklagte sich, daß jedermann

61

einfach alles auf die Straßen werfe, selbst menschliche Exkremente, und daß dies die Stadtluft vergifte und die Gesundheit seiner Bürger gefährde.

Die allgemeine Unsauberkeit und die mangelhafte Bauweise der Häuser boten ideale Lebensbedingungen für Ratten, die sich in vertrauter Nähe der menschlichen Siedlungen aufhielten. Die Ratten beherbergten den Rattenfloh, und wenn der Floh vom Pesterreger, *pasteurella pestis,* infiziert war, kam es unweigerlich zu Pestausbrüchen. Der Wirt des Flohs war seinerzeit noch die schwarze Ratte, *rattus rattus,* nicht die braune, *rattus Norvegicus,* oder Hannover-Ratte, wie die Engländer sagen, als ob das königliche Haus Hannover sie höchstpersönlich ins Land gebracht hätte. Die braune Ratte verdrängte die schwarze erst gegen Ende des 17. Jahrhunderts; sie war auch widerstandsfähiger gegen die Infektionen des Flohs. Inzwischen waren allerdings auch die menschlichen Behausungen besser.

Über die Verteilung, Bevölkerungszahl und -dichte der schwarzen Hausratte im England der 1340er Jahre ist wenig bekannt; dies zu wissen wäre aber ein wichtiger Faktor zur Erforschung der Seuche und ihrer Ausbreitung. Die Hausratte ist für gewöhnlich seßhaft, der Spielraum ihrer Flöhe ist begrenzt. Da die Pest seltener von Mensch zu Mensch direkt übertragen wird als vom Rattenfloh über die Ratte, mußte die Ausbreitung durch den Transport von Ratte samt Floh geschehen. Das eher scheue Nagetier ließ sich nur in großen Warenbehältern befördern, etwa in Schiffen oder auf großen Wagen, in Wollballen oder ähnlichem. Die Seehäfen und andere wichtige Verkehrsknotenpunkte waren daher besonders gefährdet. Natürlich konnte auch ein Mensch zeitweise eine Anzahl infizierter Rattenflöhe mit sich führen.

Krieg, Pilgerfahrt, Handel, die Suche nach Arbeit waren die häufigsten Anlässe einer Reise in dieser Zeit. Es tobte ja gerade der Krieg gegen Frankreich, und da zog so mancher junge Brite in Richtung Kontinent. Die Monarchie und die Kirche ließen etliche Bauten errichten; auch das brachte Menschen auf die Straßen. Genaue Zahlenangaben darüber gibt es nicht, aber es ist sicher, daß die Straßen voller Leben waren. Von London aus gab es regelmäßige Schiffsverbindungen zum Kontinent und zu den wichtigsten englischen Häfen.

Im Norden Englands, beispielsweise in Yorkshire, gab es große, menschenleere Räume. Dort verbreitete sich die Pest kaum, weil die menschlichen Siedlungen zu verstreut lagen. Wo es keinen Handel gab, gab es auch keine Pestepidemien.

Ein wichtiger Verbreitungsfaktor war der Wollhandel. Es gab mehr Schafe in England als Menschen, und Wolle war ein ausgezeichnetes Transportmittel für Ratten und ihre Gäste. Namentlich die Klöster betrieben Schafzucht, sie wurden daher von der Pest besonders hart getroffen.

Als man das Jahr 1348 schrieb, erfüllte England alle Voraussetzungen für eine Pestepidemie: unhygienische Lebensverhältnisse, schlecht ernährte, krankheitsanfällige Menschen, Verbindungen mit dem pestverseuchten Ausland und genügend Verkehr im Landesinneren, unzulängliche medizinische Kenntnisse. Das Land war für die Pest vorbereitet.

Woher kam aber der Pesterreger nach Europa? 1345 belagerten die Tataren eine Handelsstation der Genuesen auf der Krim. Da sie die Stadt mit den üblichen Belagerungsmethoden nicht nehmen konnten, entschlossen sie sich, Pesttote über die Mauern hinweg in die Stadt zu katapultieren – ein frühes Beispiel biologischer Kriegführung. Die Ratten in der Stadt infizierten sich mit dem Pesterreger, und von da trat die Pest ihren tödlichen Siegeszug durch Europa an.

Boccaccio schreibt, in seinem Heimatland habe die Pest besonders schrecklich gewütet, weil es sich in größter Nähe zu den Infektionsherden der Levante befand und weil es viel Handel treibe. Er hat völlig recht. England lag am Rand dieses Handelsnetzes, die Pest traf dort später ein als in den Häfen des westlichen Mittelmeeres. Graue Brüder berichten, sie sei »vor Johanni« 1348 aufgetreten. Das ist fraglich, aber zumindest in der zweiten Jahreshälfte wütete sie in England. Sie soll durch die Häfen im Südwesten eingedrungen und von dort über Oxford nach London geschleppt worden sein. In der Hauptstadt gab es im Spätherbst 1348 die ersten Opfer. Die Einberufung des Parlaments wurde sofort vom 1. Januar 1349 auf den 10. März verschoben, dann aber erneut vertagt, diesmal auf unbestimmte Zeit. Die Seuche breitete sich in den Wintermonaten weiter aus, was auf einen ungewöhnlich milden Winter schließen läßt, denn in unseren Breiten hält der Rattenfloh gewöhnlich Winterschlaf, so daß es im Winter normalerweise nicht zu einer Verbreitung der Seuche kommt.

Die Pest tritt in zwei – genauer: drei – klinischen Erscheinungsbildern auf, wobei die dritte Form damals nicht klar erkannt wurde. Bei der Beulenpest, der häufigsten Form, kommt es zu starken Anschwellungen der Lymphknoten in der Leiste, »Pestbeulen«; in 50 bis 80 Prozent der Fälle stellt sich nach fünf, sechs Tagen der Tod ein. Wer jedoch urplötzlich anfing, Blut zu spucken – Symptom der Lungenpest –, der war binnen 48 Stunden tot. Dann die dritte Form, übertragen durch Tröpfcheninfektion von Mensch zu Mensch. Das waren die Fälle, wo sich einer am Abend gesund zu Bett legte und am nächsten Morgen nicht mehr aufwachte. Es wird von Fällen berichtet, wo ein Arzt einen Kranken besuchte und leblos niedersank, bevor er seine Kunst zur Anwendung bringen konnte.

Der theoretische Stand der medizinischen Wissenschaft war so unzulänglich wie der praktische. Die römische Kirche behinderte Forschung und Lehre. Die medizinischen Vorlesungen an den neugegründeten Universitäten bestanden im wesentlichen aus antiken Texten, mit einigen kurzen, nicht selten unsachgemäßen Erläuterungen des Professors. In puncto Medizin hatte es seit der Antike kaum einen Fortschritt gegeben. Die Araber, denen die Hohe Schule der Medizin zu Salerno so viel verdankte, hatten durch empirische Forschungen Einsichten über die Pestursache gewonnen; aber die Muselmanen hatten ihren kulturellen Einfluß in Europa eingebüßt, und die Verbindungen zu ihnen waren nicht die besten. Es war ein arabischer Gelehrter, Ibn al Khatib, der schrieb, die Übertragung der Pest geschehe durch Infizierung, was durch »unsere Erfahrungen und Forschungen sowie durch die Autopsie der Leichen klar bestätigt« werde. Doch wie stand es mit der Öffnung der Leichen im christlichen Europa? Bonifaz VIII. hatte sie 1300 erneut verboten. In Montpellier, dessen medizinische Fakultät sich soviel auf ihre Aufgeklärtheit zugute hielt, gab es nur in jedem zweiten Jahr eine praktische Unterrichtsstunde in der Anatomie des Menschen, wobei sich diese Demonstration auf die Öffnung einer Bauchhöhle und einer schnellen Erläuterung ihrer Organe beschränkte. Die medizinischen Kenntnisse des Abendlandes waren armselig. Christliche Gelehrte wie Alfonso de Coreoba machten den Stand der Sterne für die Pest verantwortlich.

Obgleich also die medizinische Wissenschaft von der Möglichkeit der Ansteckung keine Notiz nahm, bewiesen die Menschen durch ihr Verhalten, daß sie diesen Zusammenhang ahnten: Sie gingen einander aus dem Weg. Boccaccios junge Leute gingen in Quarantäne – der Begriff war damals freilich noch unbekannt –; sie zogen hinaus aufs Land, mieden andere und erzählten sich vergnügliche Geschichten.

In Oxford, wo Wyclif studierte, wütete die Pest ganz besonders heftig. Binnen zweier Monate sah die Stadt drei Bürgermeister. Der Tod hielt reiche Ernte. An einem einzigen Tag wurden allein aus der Universität 16 Tote hinausgetragen. Der Lehrbetrieb wurde für die nächsten Jahre eingestellt, den Studenten nahegelegt, nach Hause zu gehen. Das war die einzige vernünftige Maßnahme; sicherlich verdankten ihr viele das Leben. John Wyclif, keine zwanzig Jahre alt, scheint längere Zeit in Yorkshire verbracht zu haben, auf dem Gut der Eltern.

Heftig betroffen von der Pest war die Diözese Winchester. Im Januar 1349 war die Sterblichkeit derart groß, daß die Kirchhöfe nicht mehr ausreichten. Die Laienbevölkerung wollte die Pesttoten außerhalb der Stadt einscharren, in einem Massengrab, doch der Klerus bestand auf Beisetzung in geweihter Erde. Das Begräbnis pestinfizierter Leichen erregte die Gemüter der Überlebenden derart, daß Gläubige gegen einen Pfarrer handgreiflich wurden. Der Bischof exkommunizierte die Raufbolde.

In der Diözese Lincoln ermächtigte der Bischof seine Geistlichen, allen Sterblichen – mit Ausnahme der Schuldner! – die Absolution zu erteilen, und ein päpstliches Dekret gewährte sogar allen Opfern der Beulenpest den vollständigen Ablaß. In

Exeter, so berichtet ein Chronist, kam »der Bau des Kirchenschiffes unserer Kathedrale zum Stillstand (. . .) Der Wollhandel ist wie gelähmt, und alle Handelsunternehmen und jegliche landwirtschaftliche Tätigkeit ruhen.« In Winchester war kurz zuvor die Westfassade des Kirchenschiffes niedergerissen worden. Aber die Sterblichkeit war derart hoch, daß nach der Epidemie die Bauleute fehlten und auch die Steuergelder nur spärlich flossen, so daß man sich mit einer provisorischen Konstruktion zufriedengeben mußte. Sie steht heute noch. Mit dem Tod vieler Baumeister konnte sich durch ihre Nachfolger ein neuer Baustil durchsetzen, der Perpendicular Style, der die vertikalen und horizontalen Elemente betont und sich in schlanken Stützen und großen, senkrecht unterteilten Fenstern offenbart. Das 14. Jahrhundert ist die Zeit der unvollendeten Kathedralen. Nicht nur in England, auch auf dem Kontinent, wo immer die Pest ihre Opfer fand – in Siena, Köln, Narbonne –, wurden die begonnenen Bauten provisorisch zu Ende geführt oder ganz eingestellt, weil die alten Kirchen nach Abklingen der Seuchen die Gläubigen ohnehin wieder leicht aufnehmen konnten und weil jetzt die Mittel für den Bau fehlten.

Vermutlich hat ein Drittel der englischen Bevölkerung diese erste Pestseuchenwelle mit dem Leben bezahlt. Die allgemeine Lebenserwartung sank von 35 auf 27 Jahre. Weitere Epidemien folgten: zu Beginn und am Ende der sechziger Jahre, eine weitere im folgenden Jahrzehnt. Die Sterblichkeit in den siebzehn Diözesen Englands ist höchst unterschiedlich, auf dem Kontinent ist es nicht anders, so daß jede Verallgemeinerung, selbst wenn sie sich nur auf eine bestimmte Diözese bezieht, stark vergröbern muß. Aber soviel läßt sich mit Sicherheit sagen: die Randzonen des Landes waren weniger stark betroffen als die Midlands und der Südosten. Insgesamt verschwand etwa ein Fünftel aller Ortschaften für immer von der Landkarte, wurde zur Flurwüstung, weil seine Bewohner gestorben oder geflohen waren: Geisterdörfer. Wo heute zwanzig leben, hauste nach der Pest ein einziger. Im südlichen Norfolk kann man an einem einzigen Nachmittag an fünf Dorfwüstungen aus dem 14. Jahrhundert vorbeiwandern. Mancher Ort hatte

Jahrzehnte später noch nicht die Hälfte seiner früheren Einwohnerzahl. Hatte man zuvor Neuland erschlossen, auch weniger ergiebiges, so wurde jetzt Land aufgegeben.

Wer die Mittel hatte, entfloh den großen Städten, so waren die Wohlhabenden vom großen Sterben weniger betroffen als die Armen. Dies traf auch für den Klerus zu: achtzehn Prozent aller englischen Bischöfe überlebten die Seuche nicht, wohingegen etwa vierzig Prozent der niederen Geistlichkeit ihr Leben verloren. Daß der höhere Klerus seltener befallen wurde als der niedere, hat nichts damit zu tun, daß er vielleicht reiner gelebt hätte. Er lebte bestenfalls reinlicher, beherbergte weniger Ratten, war besser genährt, bisweilen sogar gemästet, und er konnte sich bessere Ärzte leisten. Der Herr Bischof konnte sich zurückziehen; der kleine Dorfpfarrer mußte Tag für Tag seinen Pflichten als Seelsorger nachkommen, was ihn zwangsläufig mit Pestkranken in Berührung brachte. Anzunehmen ist, daß nicht alle Pfarrer ihre Aufgaben so ernst nahmen. Bei den Gläubigen setzte sich jedenfalls schnell der Eindruck fest, daß der Pfarrer zwar seinen Kirchenzehnten beanspruchte, man aber in Notzeiten vergeblich auf ihn warte. Nun begriff die Laienschaft auch, daß die Männer Gottes keineswegs unsterblich waren, sondern von der Seuche dahingerafft wurden wie alle anderen.

Welche Folgen hatte das Massensterben für das Bewußtsein der Menschen? Der Mensch des Mittelalters stand mit dem Tod auf vertrautem Fuß, aber Angst vor den Schrecknissen des Todes hatte auch er, vor allem wollte er nicht der *mors subitana* erliegen, dem plötzlichen, unvorbereiteten Tod, ohne das Sakrament eines Priesters erhalten zu haben. Das allgemeine Sterben bewirkte eine inbrünstige Hinwendung zu den Tröstungen des Glaubens. In zeitgenössischen Liedern und Gebeten drückt sich die Todesangst aus:

> When I shall die know I no day
> Therefore this song sing I may;
> In what place or country can I not say,
> Timor mortis conturbat me.

Wer bislang in den Tag hinein gelebt hatte, schrieb plötzlich sein Testament. Viele vermachten Hab und Gut der Kirche – bot das nicht die beste Gewähr, ruhigen Gewissens vor den Richterstuhl Gottes hintreten zu können? *Manus mortua,* die tote Hand der Kirche, wurde zum größten Nutznießer des Massensterbens: Sie besaß schließlich ein Drittel der gesamten Bodenfläche des Landes. Überhaupt profitierte der Großgrundbesitz von der hohen Sterblichkeit: Starb ein erbuntertäniger Bauer, so mußte die Familie des Verstorbenen das Besthaupt, das beste Tier im Stall, dem Grundbesitzer überlassen. In einem bekannten Fall fiel einem Besitzer nach der Pest folgendes Vieh zu: 26 Pferde, 1 Fohlen, 57 Ochsen, 1 Bulle, 54 Kühe, 26 junge Stiere, 9 Hammel und 26 Schafe.

Womit hatte die Menschheit diese Seuche verdient? Zweifellos haben sich viele Menschen diese Fragen gestellt – bei Chaucer und bei Langland klingt sie an –, und so mancher fand keine Antwort. Offenbar war auch der Dorfpfarrer nicht minder anfällig für den Tod als andere – wo blieb die göttliche Kraft des frommen Mannes? Warum mußte nach dem Massenelend der Pest so viel Besitz der Kirche zufallen? Nicht der Glaube an Gott litt durch die Pest – Gottes Wege waren den Sterblichen ohnehin verschlossen –, aber der Glaube an die Kirche und an den Klerus wurde erschüttert. Der große Vorteil, den die Kirche bis zu den Folgen der Pestzeit gehabt hatte, nämlich daß sie die einzige Institution mit relativ guten Aufstiegschancen für jedermann gewesen war, das traf jetzt nicht mehr zu. Jetzt gab es auch andere Wege des Emporkommens, denn plötzlich gab es freie Stellen in Hülle und Fülle, jetzt wurden Kräfte gesucht, wo man sie vorher abgewiesen hatte.

Nicht die große soziale Harmonie folgte auf den schwarzen Tod und das Massensterben, sondern soziale Spannungen und die Entladung irrationaler Ängste. Judenpogrome gab es allerdings in England nicht, denn es gab keine Menschen mosaischen Glaubens, und auch die anderen Minderheiten, die man anderwärts ersatzweise totschlug, die Mauren in Spanien, die Leprakranken in Südfrankreich, sie scheinen in England nicht verfolgt worden zu sein. Auch Flagellanten, herumziehende

Pilger, die sich geißeln und Klagelieder singen und zur Buße aufrufen, werden in den englischen Quellen nicht erwähnt.

Verzerrungen im Sozialgefüge, Spannungen, Unzufriedenheit, schließlich ein großer Bauernaufstand: Das waren die Folgen der Pestepidemien in England. Die Verzerrungen im Sozialgefüge haben mittelbar mit der hohen Sterblichkeit zu tun: Die Agrarprodukte waren weniger gefragt, folglich sanken die Preise für Feldfrüchte. Umgekehrt war es auf dem Arbeitsmarkt: Durch die stetig wachsende Zahl offener Stellen stiegen die Löhne – so wäre es zumindest nach den Gesetzen der freien Marktwirtschaft gewesen. Aber es kam anders: Die Regierung griff ein und erließ, 1349 und zwei Jahre später noch einmal, ein Gesetz über die Höchstgrenze der Löhne; sie setzte Beamte ein, die überwachten, daß diese Grenzen nicht überschritten wurden. Darüber waren die Arbeitskräfte verbittert, die jetzt einmal ihre Chance sahen. Allerdings bemühten sich die Beamten der Gewerbeaufsicht in den nächsten Jahren vergeblich um die Einhaltung dieser Gesetze. Arbeitskräfte waren so knapp, daß die Arbeitgeber oft freiwillig höhere Löhne zahlten, unter der Hand versteht sich, denn die Aufträge mußten erledigt werden, und den höheren Lohn konnte man vielleicht auf das Produkt abwälzen. Herumziehende Bauern, die um Arbeit nachsuchten, wurden nicht lange gefragt, ob sie *glebae adscripti* seien, an die Scholle Gebundene, die irgendwo entlaufen waren; man war froh, wenn man starke Arme fand, die zupacken konnten.

Dies alles förderte nicht gerade die Rechtssicherheit und das Rechtsempfinden. Zuhauf trieb es die Menschen auf die Straßen, sei es, weil sie vor der Pest in ihrem Dorf flohen, sei es, daß sie von Ängsten getrieben wurden und nur noch auf und davon wollten, weil zuhause alles tot lag. Ernähren mußte man sich unterwegs, die Flurdiebstähle nahmen zu. Dies war nicht das einzige Delikt, das nun häufiger begangen wurde. Der kalte Tod erschreckte die Gemüter, und was waren zeitliche Strafen angesichts solch tödlicher Bedrohung? Die Furcht, mit dem Leben abschließen zu müssen, verführte dazu, noch einmal nach Leibeskräften zu sündigen. Besonders in der Hauptstadt gab man sich dem guten Leben hin, sie genießt seither den Ruf, ein Ort zweifelhafter Lustbarkeit zu sein.

Während die Bereitschaft zur Sünde zunahm, verloren die Behörden während der Pest so viele Beamte, daß Strafverfolgung und Bestrafung nicht mehr gewährleistet waren. Kirche und Staat verloren an Autorität. Im Angesicht des Todes läßt sich der Mensch nicht so leicht von weltlichen Gewalten in die Knie zwingen – und die Kirche war eine weltliche Gewalt; das große Sterben in der Pestzeit hatte es bewiesen. Die unmittelbar auf Gott bezogene Frömmigkeit nahm nicht ab; aber die Pest förderte eher die religiösen Bewegungen neben der Kirche, ja selbst gegen die Kirche.

Die große Pest in der Mitte des Jahrhunderts war nicht die letzte große Seuche in England, die John Wyclif erlebte und überlebte. Endemisch tauchen immer wieder schwere Krankheiten auf, die damals nicht selten zum Tod führten: Masern, Pocken, Typhus, Ruhr, Tuberkulose, Lungenentzündung, Keuchhusten, Grippe, Diphtherie, das St. Antoniusfeuer – so nennt man das Erysipel, eine zumeist tödlich verlaufende Krankheit, die immer dann auftritt, wenn der Winter sehr kalt oder der Sommer sehr naß ist –, ferner die Poliomyelitis und die Cholera. In den frühen sechziger Jahren überzog erneut die Pest das Land; zumindest stimmen die meisten Historiker darin überein, daß es eine neue Pestwelle war.

Diese späteren Pestwellen der sechziger und siebziger Jahre verfestigten erst die wirtschaftlichen Folgen: Preisverfall der Nahrungsmittel und folglich Rückzug aus der Landwirtschaft; Landflucht; höhere Löhne für Stadtleute; Freisetzung erbuntertäniger Bauern, weil es billiger wurde, mit freien Pächtern zu wirtschaften; schließlich die Verpachtung von Gutsland an Bauern gegen Geldzahlungen. Diese Entwicklungen werden in den siebziger Jahren infolge des erneuten Massensterbens deutlicher, und sie werden beharrlicher wirksam als nach der ersten Pestwelle zur Jahrhundertmitte.

Auch die zweite Pestwelle suchte das dicht besiedelte Oxford heim und tötete viele Einwohner, diesmal auch eine Anzahl hoher Kleriker, darunter Michael Northburgh, den Bischof von London, ferner Reginald Bryan, Bischof zu Worcester, und die Äbte von Chertsey, Shrewsbury, Cirencester, Reading und Abingdon, obschon sie diesmal insgesamt etwas weniger tödlich verlief als die erste Pestepidemie. Wyclif erlebte die Seuche von 1360/61 gerade noch in Oxford; vielleicht hat er ihr sogar seine erste Pfarrstelle zu verdanken. Des einen Tod ist des andern Brot. Er war kurz zuvor zum Geistlichen geweiht worden und trat im Frühjahr 1361 in Fillingham als junger Pfarrer an.

Die geistesgeschichtliche Wirkung der Pest in Wyclifs England läßt sich weniger leicht bestimmen als die Phänomene der Wirtschafts- und der Sozialgeschichte, zumal das Niederschreiben von Gedanken und Sehnsüchten zu dieser Zeit nicht sehr verbreitet war. Was sich damals ausbreitet und unter dem Eindruck des langen Krieges mit dem katholischen Frankreich und dem Verhalten der in Avignon ansässigen Päpste noch vertieft wird, das ist eine breite, zutiefst antiklerikale und antipäpstliche Haltung des englischen Volkes. Auf diesen fruchtbaren Boden fallen später Wyclifs Lehren.

DER HUNDERTJÄHRIGE KRIEG

»Ein Volk lernt wirklich seine volle Nationalkraft nur im Kriege«, schreibt Jacob Burckhardt in seinen »Weltgeschichtlichen Betrachtungen«, und wenn dies stimmt, dann hat England im 14. Jahrhundert ganz gewiß diese Kraft erfahren. Auf das friedliche 13. Jahrhundert, ein Zeitalter des Bevölkerungswachstums und des wirtschaftlichen Aufschwungs, folgte ein Jahrhundert der Kriege und Seuchen. Nach allen Seiten liegt England im Krieg: Die Einfälle aus dem Norden der Insel häufen sich, sie nehmen zeitweise die Form eines regelrechten Krieges an, und zwei Drittel des Jahrhunderts liegt England im Kampf mit Frankreich, einem mächtigen Gegner. Zugleich befehden sich im Innern Adel und König, Stadt und Land.

Die Könige des 14. Jahrhunderts wollten sich wieder erstreiten, was sie in früherer Zeit verloren hatten. Unter König Johann I. war es so weit gekommen, daß der englische König – zumindest formalrechtlich – sein Land vom Papst zu Lehen genommen hatte, daher »Johann Ohneland«. Den Baronen hatte er in der Magna Charta umfängliche Freiheitsrechte verbriefen müssen. Erst unter Eduard I. gelang es den englischen Königen wieder, die Großen des Reiches zurückzudrängen. Der König machte sich zum Oberbefehlshaber über das Heer; er wurde zum unangefochtenen Herrn über das englische Recht; er durfte seine Untertanen zu Zahlungen und zur Wahrnehmung von Verteidigungsaufgaben heranziehen. Unter Eduard I. wuchs die Zentralgewalt zusehends. Zwar wurde sein Nachfolger, Eduard II., wegen seiner Unfähigkeit abgesetzt, und so ging es auch seinem Urenkel, Richard II., aber der Monarchie tat dies keinen Abbruch: Die Königsgewalt wuchs.

Den englischen Königen gelang es – anders als dem Kaiser im

Herzen Europas –, die Großen des Reiches fest an die Kandare zu nehmen und die nachgeordneten Kräfte für ihre eigenen zentralistischen Ziele einzuspannen. Der niedere Adel wurde zum Beamtentum der Krone und mit örtlichen Aufgaben in der Verwaltung betraut. Die Adeligen entwickelten sich nicht zu selbständigen Landesherren; der König setzte sie vielmehr für seine Zwecke ein, auch wenn er immer wieder Zugeständnisse machen mußte. Die Macht der Krone wuchs; aber das ging nicht auf Kosten des Landes, im Gegenteil: das Land erhielt die Wohltat der königlichen Ordnung. Die Monarchie wurde in England ziemlich früh zum starken, von oben her die widerspenstige Gesellschaft einigenden Band. Streit gab es, immerhin, aber er besaß nicht die zerstörerische Kraft wie anderwärts. Der Adel stritt um die Krone, aber wer einmal in ihrem Besitz war, suchte die Macht der Zentralgewalt zu stärken.

Die Herrscher ihrerseits mußten sich nicht nur mit den aufsässigen Baronen herumschlagen, sie mußten auch am Rande ihres Herrschaftsbereiches für Ordnung sorgen, mußten einer anschwellenden Menschenflut – wir sprechen vom 13. und frühen 14. Jahrhundert – Lebensraum schaffen. Zwei oder vielmehr drei Gebiete sind es, die uns hier angehen: Schottland und Wales und – jenseits der irischen See – die Insel Irland. Das sind nicht einfach Randzonen der britischen Insel im geographischen Sinne; das ist mehr als ein *Celtic fringe* oder ein *lunatic fringe,* wie man heute sagt; das sind andersgeartete Volksstämme mit eigener Sprache, eigener Kultur und eigenen Traditionen – und diese Völker sind weit davon entfernt, sich bereitwillig zu unterwerfen.

Die Geschichte Englands wird meist als eine besonders glückliche Geschichte beschrieben und als Idealfall einer europäischen Nationalentwicklung dargestellt. In mancher Hinsicht ist sie das sicherlich. Zumindest ist es in diesem Land gelungen, schwierige Dinge – das Zusammenschweißen eines Nationalstaats, die Entmachtung der alten Gewalten, die Industrialisierung und schließlich das Übertragen von Bürgerrechten an jedermann – zu bewältigen, indem man sie der Reihe nach erledigte, während man in der Mitte Europas in einem

74

späteren Zeitalter plötzlich alle auf einmal zu meistern hatte. Die Engländer haben diese Probleme nacheinander und leichter gelöst, weniger schmerzhaft für die Beteiligten; aber richtig ist auch, daß die nationalstaatliche Abrundung, die in England im späten Mittelalter abgeschlossen zu sein schien, in Irland und nicht nur dort eine kaum heilbare Wunde hinterließ, die immer dann, wenn es anderswo im Nationalkörper zu Spannungen kam, wieder aufplatzte und zu bluten begann. Keine sehr glückliche Geschichte!

Die politische Selbständigkeit des Fürstentums Wales endete in den 1280er Jahren mit der Übergabe von Harlech Castle. Eduard I. baut ein festes Fortifikationssystem auf, um die neuerworbene Provinz zu überwachen. 1301 wird Eduards Sohn, der nachmalige Eduard II., auf Caernarvon Castle zum Prince of Wales gekrönt. Seit dieser Zeit ist es Brauch, daß der englische Thronfolger den Titel eines Prince of Wales trägt. (Auch die Franzosen schenken dem Thronfolger den Titel einer Randprovinz, der Dauphiné, um des Reiches Mitte mit seinen Außenteilen zusammenzuschmieden.)

Formal hatte die Unabhängigkeit des Fürstentums damit aufgehört. Aber noch immer gab es in Wales mehr als einhundert einflußreiche walisische Magnaten, die vielleicht weiterhin mit der Loslösung von England liebäugelten. So blieb das Land im Westen ein Gefahrenherd, den man nicht aus den Augen lassen durfte, vor allem dann nicht, wenn es anderswo brannte. Diese entlegene und unzugängliche Region entwickelte sich damals zu einer Ausweichzone für Rebellen und wirtschaftlich Unzufriedene, die von einem Freiraum träumten, in dem sie ihre Kräfte entfalten konnten.

Lange Regierungszeiten begünstigen die Zentralgewalt, kurze Amtszeiten stärken eher die Widersacher an der Peripherie. Eduard I. regierte 35 Jahre lang, sein Sohn 20 Jahre und dessen Sohn genau ein halbes Jahrhundert. Die drei Monarchen regierten länger als hundert Jahre: die Bilanz liegt auf der Hand. Aber dank seiner militärischen Erfolge und seines Hochmuts verprellte der erste Eduard seine Großen im Land. Er wurde ihnen zu mächtig, daher erlegten sie seinem Nachfolger, einem Schwächling, einen stark einschränkenden Krönungseid auf, und Eduard II. war nicht der Mann, sich gegen sie durchzusetzen.

Die Tragödie Eduards II. leitet uns hinüber zum Krieg gegen Frankreich, der die nächsten hundert Jahre toben wird. Politischer Erfolg war Eduard versagt. Er scheitert militärisch gegen die Verbündeten Frankreichs, die Schotten; er scheitert an seinen Baronen und an seiner Königin wegen seiner Beziehung zu seinem »süßen Gaveston«. Historiker des viktorianischen Zeitalters haben versucht, das halbseidene Zwielicht aus dieser Verbindung herauszuhalten. Aber Christopher Marlowe, Shakespeares Vorgänger in der Bühnenkunst, der von Eduard zeitlich so weit entrückt war wie Friedrich Schiller vom Aufstand in den Niederlanden, kommt in seiner Tragödie »Edward the Second« der historischen Wahrheit vermutlich näher.

In seinem Stück war Gaveston der Geliebte des Königs. »Der König ist vor Liebe toll nach seinem Geliebten«, klagt Eduards Königin Isabella, die Schwester des französischen Königs. Eduard überließ zeitweise die Herrschaft über England seinem Gaveston. Die Königin ging bald zurück nach Frankreich, mit ihr gingen Eduard, ihr Sohn, und Mortimer, ihr Geliebter. Die Barone haßten Gaveston wegen seiner Gier und seines Hochmuts. Es gelang ihnen, Eduard dazu zu bewegen, Gaveston ins Ausland zu schicken, aber bald war er wieder da, und das folgende Weihnachtsfest feierten Eduard und Gaveston wieder gemeinsam in Windsor. Doch im Jahr darauf, als die beiden sich gegen die Schotten auf den Weg machten, erhob sich Lancaster, nahm Gaveston gefangen und enthauptete ihn. Bevor Eduard das Verbrechen ahnden konnte, fiel der schottische König Robert Bruce in den Norden Englands ein, schlug Eduard im Mai 1314 südlich der Grenze, bei Bannockburn, und plünderte Durham und Yorkshire bis tief hinein in das Tal des Tees. Zwei Jahre später ließ sich Bruce sogar zum König von Irland krönen.

Infolge dieser schweren militärischen Niederlage sah sich Eduard einer zunehmenden Opposition des Adels gegenüber.

Nun ergriff seine Gemahlin, vom französischen Hof aus, offen gegen ihn Partei. Eduard leistete zwar ihrem königlichen Bruder den Lehnseid, aber dies hinderte die Königin nicht, sich an die Spitze eines Heeres zu stellen, angeführt von aufsässigen englischen Baronen, und damit gegen England zu ziehen. Sie ließ ihren Gatten Eduard festnehmen und setzte ihren Sohn Eduard als Regenten ein, den späteren König Eduard III.

Das war im Januar 1327. Im September desselben Jahres, war König Eduard II. tot, umgebracht von den Händen eines Meuchelmörders. Praktisch herrschten jetzt Isabella und ihr Geliebter Mortimer über England. Sie schlossen Frieden mit Schottland und anerkannten Robert Bruce als König von Schottland. Doch wenig später, 1330, verschwor sich Eduard, kaum 18 Jahre alt, gegen seine Mutter und ihren Geliebten. Er ließ Mortimer verhaften und exekutieren, Isabella ließ er einsperren. Eduard nahm selber das Heft in die Hand.

Im Jahr zuvor hatte Robert Bruce das Zeitliche gesegnet. Er hinterließ einen fünfjährigen Sohn namens David. Eduard zögerte nicht: Er unterstützte die stets unzufriedenen schottischen Barone, stellte Eduard Balliol an ihre Spitze und erkannte ihn als den König von Schottland an. Dafür erhielt Eduard größere Gebiete der schottischen Lowlands. Zugleich griff Eduard auf seiten Balliols in den schottischen Bürgerkrieg ein, der nun begann.

Es dauerte nicht lange, und der König mußte sein Augenmerk wieder auf die französischen Besitzungen lenken, die ihm noch verblieben waren: Bordeaux, Bayonne und ein Streifen Landes an der Atlantikküste. Wie so oft in der Geschichte suchte man Hilfe beim feindlichen Nachbarn des Nachbarn. Frankreich verbündete sich mit Schottland, Englands nördlichem Nachbarn, und England tat sich mit Flandern zusammen, dessen volkreiche Städte der beste Abnehmer seiner Wolle waren, was den französischen König immer wieder zu Übergriffen gegen die flandrischen Städte verführt hatte. Die Konstellation für den Hundertjährigen Krieg war perfekt, und diese Allianz selbst war es, die den Fortgang des Krieges begünstigte.

Als die Ursache dieses nimmer enden wollenden Völkerringens wurde lange Zeit der Anspruch des englischen Königs auf die französische Krone angesehen. Die Mutter Eduards III., Isabella, war die Tochter des französischen Königs Karl IV., des letzten Capetinger auf dem französischen Thron. Das in Frankreich gültige salische Recht sah eine weibliche Thronfolge nicht vor. »La couronne ne tombe pas en quenouille«, hieß es – die Krone fällt nicht an den Spinnrocken. Nach dem Tod des letzten Capetinger ging die Krone an seinen Vetter aus dem Haus Valois, der als Philipp VI. den Thron bestieg. Eduard III. erhob zwar formal Anspruch auf die französische Königskrone, soviel ist richtig, aber das geschah erst einige Jahre, nachdem die Kämpfe in vollem Gang waren, und auch dann nur, um den flandrischen Bundesgenossen zu gefallen, die sich nunmehr einreden konnten, sie wollten im Grunde nur dem rechtmäßigen französischen König auf seinen Thron helfen.

Die neuere Forschung sieht die Ursache für den Hundertjährigen Krieg eher in Eduards Eingreifen zugunsten der flandrischen Städte, die sich gegen den Anspruch ihres Oberherrn, des Königs von Frankreich, zur Wehr setzten; und im Eingreifen der französischen Krone zugunsten von König David von Schottland, der ein von England unabhängiges Königtum führen wollte. Unmittelbarer Anlaß für diesen langen Krieg waren die englischen Besitzungen in Frankreich, die letztlich auf die Zeit zurückgingen, als sich Eleonore von Frankreich von ihrem französischen Gemahl trennte und sich mit dem englischen König Heinrich II. vermählte.

Als der lange Krieg ausbrach, schwelte der Streit um die Gascogne schon seit beinahe hundert Jahren, seit der Mitte des 13. Jahrhunderts. Damals hatten die beiden königlichen Parteien im Vertrag von Paris festgelegt, daß der französische Monarch in der Gascogne der Suzerän (Oberherr) des englischen Königs sei. Für einen Menschen von der Selbstherrlichkeit Eduards III. war dies ein unerträglicher Gedanke: im eigenen Land selber ein König, dort aber nur der Vasall eines andern zu sein. Zu seinem Glück enthielt der Vertrag von Paris eine Anzahl von Unklarheiten bezüglich der gegenseitigen Verpflichtungen und der Grenzen. Man braucht gar nicht anzunehmen, daß der Valois den Plantagenet übervorteilen und ihm seine französischen Besitzungen abnehmen wollte, auf die England ein klares Recht besaß. Aber der französische König wollte sein Recht bestmöglich ausnützen, und gerade das wollte auch der Engländer. Die Plantagenets hingen an der Gascogne: Sie brachte der Krone in manchen Jahren höhere Einkünfte als ganz England. Sie wollten sie am liebsten allodifizieren, wie das Lehnsrecht dazu sagt, also zu ihrem vollen Eigentum machen und keinen feudalen Oberherrn anerkennen. Unter den ersten beiden Eduards war es zu zwei kurzen Kriegen gekommen, die aber bald beendet werden konnten, obschon die Ursachen des Zwistes nicht ausgeräumt waren.

Daß es während der ersten Regierungsjahre Eduards II. nicht erneut zu einem Ausbruch des alten Streites kam, hat eher mit den sonstigen Verwicklungen zu tun, denen sich die beiden Königshäuser damals ausgesetzt sahen: die Engländer in Schottland, die Franzosen in Flandern. Der aufgestaute Ärger brach erst wieder durch, als Karl IV. zu Lichtmeß 1324 Eduard II. nach Amiens lud, damit er ihm dort mit dem Lehnseid huldige. Eduard ließ durch Gesandte vortragen, er könne zum gegenwärtigen Zeitpunkt sein Reich nicht verlassen, er wolle an einem späteren Tag kommen. Seine Barone machten ihm damals viel Kummer, wir wissen es bereits. Doch nun kam es in der Gascogne selber zum Aufruhr, als Karl im benachbarten Agenais, das ist das Land zwischen der Dordogne und der Garonne, eine neuerrichtete Stadt befestigen ließ und ihm der Seneschall der Gascogne, Sir Ralph Basset, das Recht dazu bestritt. Von der englischen Gascogne aus wurde die französische Stadt angegriffen. Da sich Eduard weiterhin dagegen sperrte, das Homagium (Lehnseid) zu leisten, mußte es Karl vorkommen, als ob er nicht nur diesen kriegerischen Akt guthieß, sondern auch seine lehnsrechtlichen Verpflichtungen mißachtete. Daraufhin erklärte der französische König die Gascogne für beschlagnahmt. Der Krieg konnte vorerst nur abgewendet werden, weil Prinz Eduard mit seiner Mutter Isabella auf französischem Boden weilte und der Prinz sich bereit erklärte, dem französischen König für die Gascogne zu huldigen.

Karl von Frankreich starb 1328, im Jahr nach der Ermordung Eduards II. Der neue König entstammte einer verwandten Linie, dem Hause Valois. Er wurde im Mai 1328 in Reims zum König gekrönt. Ihm leistete der junge Eduard den Lehnseid. Kniend legte er seine gefalteten Hände, in denen er einen Halm hielt, in die seines Suzeräns. Auf die Frage von dessen Sprecher: »Sire, wollt Ihr der Vasall des Königs von Frankreich werden, als Herzog der Gascogne und Peer von Frankreich? Wollt Ihr und versprecht Ihr, dem König Lehnstreue und Loyalität entgegenzubringen?« antwortete er mit den Worten: »Ich will.«

Damit hatte Eduard III. den französischen König als seinen Oberherrn für die Besitzungen Englands in Frankreich anerkannt. Ungeklärt blieben Fragen zu den Grenzen zwischen ihren Territorien, ferner Währungsfragen und das Problem des Schadensersatzes aus den jüngsten Streitigkeiten. Doch der junge Eduard war aus anderem Holz geschnitzt als sein Vater. Als es im Agenais wieder einmal zu Spannungen kam, hieß er seinen Seneschall den Verteidigungszustand ausrufen und sandte Schiffe aus, Richtung Normandie. Daraufhin erklärte Philipp die Gascogne endgültig für sein eigen: »Wegen der zahlreichen Übergriffe, Aufstände und Akte des Ungehorsams, welche der König von England, Herzog von Aquitanien, gegen Uns und Unsere Königliche Majestät gerichtet hat«. Daraus hätte nicht ein Hundertjähriger Krieg werden müssen, hätten nicht die Bündnissysteme mit ihrer Eigengesetzlichkeit die lange Dauer begünstigt.

Eduard III. konnte nicht mehr auf ein Feudalheer zurückgreifen, das ihm die Großen seines Landes preisgünstig überließen. Schon zur Zeit seines Großvaters, Eduards I., gab es den vom König entlohnten *solidarius*. Der König mußte selber für seine Soldaten aufkommen, mußte sie bewaffnen, einquartieren, verköstigen und sie auf seine Kosten ins Feld schicken. Neu war, daß Eduard III. zum allergrößten Teil Söldner aussandte, die – mit Ausnahme der höchsten Offiziere – Geldzahlungen erhielten. Zugleich versuchte Eduard, nicht über ein stehendes Heer zu befehligen, sondern über eine bewaffnete Gesellschaft zu herrschen: Jeder Laie zwischen dem 15. und dem 60. Lebensjahr mußte militärisch ausgerüstet sein, die Ritter mit Helm und Schwert, der gemeine Mann mit Messer, Pfeil und Bogen. Der König mußte nicht unbedingt auf Gepreßte zurückgreifen, denn er fand genügend Freiwillige: Der Kriegsdienst wurde vorzüglich bezahlt. Und dieses neue Heer war dem königlichen Kommando leichter zu unterstellen, es war besser diszipliniert als die alten Feudalheere, denn das waren nicht mehr die Untertanen des Grafen von Soundso, über die der Monarch nunmehr befehligte, das waren seine eigenen Soldaten, die ihm jetzt unterstanden. Die alten, bunt zusammengewürfelten Feudalarmeen waren kaum zu bewegen, jenseits des Meeres ihr Leben aufs Spiel zu setzen, ihre Dienstpflicht beschränkte sich auf vierzig Tage im Jahr. Das alles behinderte die Kriegführung. Wenn Eduard aber mit seinem neuen Heer nach Frankreich zog, wußte er, daß seine Soldaten keine Sorgen mit ihren zurückgelassenen Höfen und Familien hatten, da sie keine wirtschaftliche Not litten. Wo und gegen wen er kämpfte, ging sie nichts an – solange er nur bezahlte und ihnen das Plündergut überließ.

Krieg ist teuer. Eduard mußte gleich in den dreißiger Jahren hohe Anleihen machen. Er wandte sich an italienische Bankhäuser, denn seine englischen Untertanen nahmen die Gebote der Kirche betreffs Wucher überaus ernst; sie waren, mit anderen Worten, mit der Kunst des Borgens gegen Zins wenig vertraut, und Juden gab es in England nicht mehr. Aber es lebten jetzt genügend Florentiner in England; die meisten von ihnen verdienten mit Geldgeschäften ihr Geld. »Sie gingen nach London«, schreibt Boccaccio in der dritten Erzählung des zweiten Tages, »mieten da ein Häuschen, machen wenig Aufwand, fingen stark an, auf Zinsen zu leihen, und ein günstiges Glück ließ sie in wenigen Jahren ein ansehnliches Vermögen zusammenbringen. Mit diesem kehrten sie allmählich einer nach dem andern nach Florenz zurück.«

Wir werden sehen, daß nicht alle Florentiner so gut fuhren. Vor dem Krieg lieh Eduard von den großen Bankhäusern der Bardi und Peruzzi jährlich zwischen 12 000 und 20 000 Pfund. Nach Kriegsausbruch steigerte sich der Geldbedarf des Königs.

Er zog die Steuerschraube an, zusätzlich lieh er von den beiden genannten Banken binnen dreier Monate 100 000 Pfund. An der Jahreswende 1338/39 stand er bei ihnen mit 300 000 Pfund in der Kreide. Gemessen an den regulären Einkünften der Krone – 30 000 Pfund im Jahr – war das eine riesige Summe. Lange konnte das nicht gutgehen, denn die Sicherheiten, die der Monarch geben konnte, waren gering, und Sicherheiten wurden verlangt, weil man die Könige kannte. Spätestens als Eduard versuchte, seinen ehemaligen Mentor, den Staatskanzler und Erzbischof John Stratford, mit dem er sich nun nicht mehr vertrug, als Sicherheit anzubieten, wurde deutlich, wie groß die Verlegenheit war, in der sich der König befand. Die Commons im Parlament spürten die Geldknappheit so stark, daß sie als Steuern nur noch Wolle anbieten wollten, kein Geld. Der Herrscher stand vor dem finanziellen Ruin – und so erklärte er den beiden italienischen Bankiers souverän, er sei nicht länger gewillt, seine Verbindlichkeiten anzuerkennen. Die beiden Banken fallierten infolge dieses königlichen Aktes. Englische Geldleute lernten daraus freilich nur eins: daß man als guter Christ für Geldborgen Zins nehmen darf. Also sprangen sie jetzt ein, vornehmlich de la Pole, ein Kaufmann aus Hull, und halfen ihrem König mit ihren Geldern aus der Verlegenheit. Dem Land selber ging es in den dreißiger und vierziger Jahren gar nicht so schlecht, nur der Hof war hochverschuldet. Es kam so weit, daß der König dem Erzbischof von Trier, einem Verwandten des Königshauses, seine Krone verpfänden mußte, denn der deutsche Kurfürst war auch ein Gläubiger des Königs, offenbar einer von den argwöhnischen, die echte Sicherheiten verlangten. Die Mehrzahl der englischen Gläubiger Eduards III. ging irgendwann in Konkurs; einige von ihnen freilich wurden durch den Geldverleih an die Krone nicht nur reich und mächtig, sie stiegen sogar in die englische Aristokratie auf.

Mit der Seeschlacht von Sluys (1340) verschaffte sich England für kurze Zeit die Herrschaft über den Kanal und den Schutz seiner Küsten. Es wäre eine Übertreibung, von einem »Trafalgar des Mittelalters« (George Coulton) zu sprechen; eine ernst

82

zu nehmende Seemacht wurde England erst unter Elisabeth I. Sluys ist für den Militärhistoriker nur deshalb von Interesse, weil es zeigt, wie »unterentwickelt« England als Seemacht damals war. Seine Marine war winzig. Sie bestand aus einem *servitium debitum,* das waren 57 kleine Schiffe mit je zwei Dutzend Männern an Bord, die von den Cinque Ports – so nannten die Engländer die fünf wichtigsten Häfen des Landes – gestellt wurden. Alle anderen waren private Schiffe, die von der Londoner Kaufmannschaft und aus anderen Händen stammten. Taktisch wurde eine solche Seeschlacht seinerzeit wie eine Landschlacht geschlagen: Die Regeln des Seekrieges waren noch nicht erdacht. Man schlug sich mit dem Schwert, falls man nahe genug an den Feind herankam, oder man schoß mit dem Bogen nach ihm – und das war nun wirklich eine Neuerung. Eduard III. setzte seine Bogenschützen zu Wasser wie zu Lande ein, und sie waren eine wirkungsvolle Waffe.

Nach dem – kurzzeitigen – Waffenstillstand von Espléchin brach der Krieg bald wieder aus, als sich in der Bretagne Erbfolgegeschwierigkeiten einstellten und die beiden Parteien auf verschiedenen Seiten eingriffen. Eduard griff freudig zu, denn er konnte von der Bretagne und von der Gascogne her die Ile de France in die Zange nehmen. Sodann lösten Kriegshandlungen und Waffenstillstandsverhandlungen einander ab. Erst die Schlacht von Crécy, August 1346, brachte einen Durchbruch. Interessant ist sie nicht so sehr wegen der politischen Folgen als vielmehr wegen des Einsatzes von Bogenschützen.

Der Langbogen war keine ganz neue Waffe: Eduard I. hatte in der Schlacht von Falkirk gegen die Waliser seine Reiterei mit Bogenschützen kombiniert und einen brillanten Sieg errungen. Von da an ließ der Langbogen die Gemüter nicht mehr los. Eduard III. machte das Bogenschießen buchstäblich zum Volkssport, weil er die hohe militärische Bedeutung dieser Waffe erkannte. Der Bogen hatte viele Vorteile: Er war einfach zu handhaben, billig, und man brauchte nur viel Übung, um ihn wirkungsvoll einzusetzen. Der Bogen revolutionierte nicht nur den Krieg, er erschütterte auch die ständischen Vorstellungen: Plötzlich konnte ein einfacher Bogenschütze aus dem Volk einen gutgerüsteten adeligen Ritter aus dem Sattel schießen. Die berittenen Armbrustschützen des französischen Heeres mußten absteigen, um zu schießen; und sie konnten nur zwei Schüsse pro Minute abgeben. Die englischen Bogenschützen hingegen, einfache Fußsoldaten, schossen in der gleichen Zeit zehn bis zwölf Pfeile ab. Diese Geschosse flogen etwa dreihundert Meter weit und waren von großer Durchschlagskraft. Ein Pfeil konnte den Kettenpanzer eines Reiters durchdringen. Der Bogen wurde aus dem Holz der Eibe, des Ahorns oder von der Eiche geschnitten. In Crécy schossen die englischen Bogenschützen Salve um Salve ab und brachten die französische Kavallerie zum Stehen. Sie schossen die Reiter aus dem Sattel, und die englischen Fußsoldaten hieben die hilflosen Ritter nieder. In Crécy wurden auch zum erstenmal Kanonen eingesetzt, das sei hier so nebenbei vermerkt, denn strategisch waren sie unbedeutend; sie verwirrten durch ihren Lärm nur die Pferde. Das zahlenmäßig überlegene französische Feudalheer unterlag dem englischen. Frankreich kämpfte mit einem Stück Vergangenheit, England hatte die Zukunft auf seiner Seite.

Kaum konnten die Engländer einen Augenblick lang Atem schöpfen, da griffen die Schotten schon wieder an, um ihren Verbündeten auf dem Festland durch einen Angriff aus dem Norden zu entlasten. Schon in den Kriegsjahren zuvor hatten sie unaufhörlich kleine Einfälle in den Norden Englands gemacht und geplündert; der englische König machte zeitweise York zum Sitz seiner Regierung, weil er von dort aus die Einsätze gegen die Schotten besser leiten konnte. Die Schotten verwüsteten weite Teile von Durham und Yorkshire und machten die Burg von Richmond beinahe völlig dem Erdboden gleich. Sie zerstörten die Burg von Bowes Castle, und die leibeigenen Bauern des Dorfes, die verpflichtet waren, ihrem Herrn jährlich sechs Hühner abzuliefern, waren nach diesen Überfällen so bettelarm, daß sie nicht einmal mehr diese paar Hennen aufbringen konnten. Doch im Jahr nach Crécy, in der Schlacht bei Neville's Cross, mußte der junge Schottenkönig eine böse Niederlage einstecken. Er selbst geriet in Gefangenschaft und fand sich im Tower von London wieder. Auch auf dem Festland operierten die Engländer erfolgreich: sie nahmen die Stadt Calais. Damit – und mit dem Ausbruch der Pest im folgenden Jahr – fand der Krieg zeitweilig ein Ende.

Was war dieser Krieg schon gegen die Pest, die jetzt kam? Bei Crécy, einer Entscheidungsschlacht, verloren die Franzosen viertausend Tote; in der großen Pestepidemie in der Jahrhundertmitte starben allein in England mehr als eine Million Menschen.

Der Krieg war noch nicht vorbei, noch lange nicht. Er dauerte das ganze Leben Wyclifs über, und er wurde, je länger er dauerte, immer verheerender für England. In den fünfziger und sechziger Jahren mußte sich England tüchtig seiner Haut wehren. Der Krieg gegen Frankreich, mit dem Papsttum von Avignon im Hintergrund, das als ein französisches Anhängsel galt und damit als ein Feind Englands, das ist die eine Seite von Wyclifs Erfolg als Kritiker von Papst und Kirche.

Die Kämpfe setzten Mitte der fünfziger Jahre wieder ein. Die Initiative kam diesmal eindeutig von englischer Seite. Eduards ältester Sohn Eduard, der Schwarze Prinz genannt, war im Kampf so draufgängerisch und so ruhmesbegierig wie sein Vater. Er verbündete sich mit dem König von Navarra, Karl dem Bösen, und gemeinsam zogen sie, der eine vom Süden, der andere vom Norden her, gegen Paris. Bei Poitiers schlug der Schwarze Ritter die Franzosen mit den gleichen Waffen, die einst sein Vater bei Crécy eingesetzt hatte, und der französische König machte die gleichen Fehler wie vordem. Johann II. ließ zwar diesmal die Reiterei absitzen – als ob das der Schlüssel zum Erfolg gewesen wäre –, aber er setzte keine Bogenschützen ein. Der König geriet in Gefangenschaft und mußte fortan den Tower mit dem Schotten teilen, während der Schwarze Prinz sengend und brandschatzend durch sein Land zog, bis hinunter zu den Pyrenäen. Die englische Krone brauchte Geld, also forderte sie für Johann 500 000 Pfund, eine stattliche Summe. Für David verlangte sie nur 100 000, sei es, weil sie wußte, wie arm dessen Königreich war, sei es, weil sie seine Landsleute kannte. Das Aufbringen dieser Summe führte in

Schottland zu ständischen Auseinandersetzungen, die sich zu bürgerkriegsähnlichen Wirren zuspitzten, was dem englischen König wohl gefiel. Großzügiger verfuhr Eduard mit dem französischen Souverän: Er ließ ihn laufen, als ein Neuntel des Lösegeldes bezahlt war. Auch in Frankreich herrschten jetzt schlimme Zustände, seit die Bauernschaft sich 1358 in einem großen Aufstand, der Jacquerie, gegen ihre Obrigkeit erhob. In Bretigny wurde erneut ein Vertrag abgeschlossen. Eduard gab seinen Anspruch auf den französischen Thron auf, er behielt aber Calais, Ponthieu und ganz Aquitanien. Der französische König mußte sich verpflichten, den Rest des Lösegeldes zu bezahlen.

Die äußere Entlastung durch diesen vorläufigen Friedensschluß machte England übermütig. Mit Unterstützung von Pedro dem Grausamen fiel eine englische Armee unter dem Schwarzen Prinzen jetzt in Kastilien ein und besiegte Pedros Halbbruder samt seinen französischen Verbündeten. Es dauerte nicht lange, und die beiden großen Streithähne lagen wieder im Kampf miteinander. Wechselvolles Kriegsglück, endloses Gerangel, Debakel über Debakel. Der Schwarze Prinz brachte von seinen Feldzügen eine Krankheit mit nach Hause, die ihn langsam tötete. Frankreich verließ sich nunmehr auf die Kunst des Guerillakrieges, des Kleinkrieges, während England teure, aber letztlich ergebnislose Feldzüge führen mußte. Die Franzosen hatten kurze Nachschublinien hinter sich, und sie kämpften im eigenen Land. Sie hatten etwas zu verlieren. Englands Heer hingegen war in Frankreich weit von seinen Machtbasen entfernt. Häufiger sah man nun französische und spanische Kriegsschiffe im Ärmelkanal, die sich nicht von den englischen Schiffen zurückdrängen ließen. An den englischen Küsten tauchten plündernde fremde Soldaten auf und äscherten manches Dorf in Sussex ein. Ein größerer Seesieg der Spanier, und die Engländer mußten befürchten, eine Invasionsarmee werde ins Land einfallen. Dann wieder bangte man in London, ein schottisches Heer werde von Norden her das Land verwüsten, ja sogar die Waliser im Westen drohten mit Erhebungen und Einfällen. Zu allem Überdruß brach in diesem Jahrzehnt auch noch zweimal die Pest aus: zu Beginn und am Ende der sechziger Jahre.

Was wußte die Gelehrtenschaft in Oxford, was wußte der gemeine Mann in England von all diesen schrecklichen Dingen? Wenig genug, das dürfen wir annehmen. Es gab so etwas wie Kriegsberichterstatter – denken wir nur an den Chronisten Froissart und an die echte oder vermeintliche Romantik des Krieges in seinen Aufzeichnungen. Aber wer erfuhr das schon, und was ging es ihn an? Es gab auch andere Kunde, und die war deutlicher, auch sie teils eine Folge des Krieges, und sie hieß Teuerung, hohe Arbeitslöhne für Arbeitnehmer, denn da die Krone für ihre Söldner gut bezahlte, mußte auch der freie Arbeitsmarkt mithalten, wenn er überhaupt jemanden anlocken wollte. Kritik an der Obrigkeit war damals noch wenig zu hören, an der Kirche häufiger als am König. Noch war der Krieg im Lande populär, zumindest in den frühen sechziger Jahren empfand man so etwas wie Bedauern für jeden, der nicht daran teilnehmen durfte. Man fühlt sich an das Diktum von Dr. Johnson erinnert: »Jedem Mann, der nicht Soldat war oder zur See fuhr, fehlt es an Selbstachtung.« Auch der König wurde in den sechziger Jahren noch gefeiert, obwohl er, ehrgeizig im Krieg und verschwenderisch, seinen Pflichten ohne Verantwortungsgefühl nachkam. Aber solange er gesund und tatkräftig war, gehörte ihm die Loyalität seiner Untertanen. Er war der letzte Ritter Englands. Seine Tragödie war es, daß sein ältester Sohn früh verstarb, daß sein Enkel Richard unfähig war und daß ihm selber in den letzten Jahren seines Lebens die Zügel zusehends aus der Hand glitten. Andere Kräfte setzten ein, in der Gesellschaft wie in der Kirche, im Parlament wie unter den Prälaten, und griffen nach der Macht.

ST. SCHOLASTICA

Den größeren Teil der 1350er Jahre verbrachte John Wyclif als Student in Oxford. Er stand inzwischen im dritten Jahrzehnt. Er muß ein wortkarger, verschlossener junger Mann gewesen sein; gesprächig und gewandt war er nur dann, wenn es um tief geistige Fragen ging. Der Krieg, der immer noch außerhalb Englands Grenzen wütete, was ging er die Jungen an? Die Studenten engagierten sich nicht in den Fragen der Tagespolitik, die sich auf Gebiete erstreckten, welche jenseits ihrer alltäglichen Kümmernisse lagen. Sie waren genug beschäftigt mit ihren eigenen Nöten und Händeln.

Erst in späteren Jahren, als erwachsener Mann, hat sich Wyclif über diesen Krieg geäußert. Eroberungen halte er für falsch, so schrieb er, unmoralisch sei es, Söldner ins Feld zu schicken, die nicht einmal wüßten, wofür sie eigentlich kämpften; ein König solle nicht Herr sein wollen über zwei Nationen. Goldene Worte! Die Maxime, man könne der Gewalt nur durch Gewalt begegnen, hielt Wyclif für ein Argument des Antichrist; für besonders verwerflich hielt er Kriege, die von Priestern angestiftet wurden. Das traf für den Hundertjährigen Krieg zwar nicht zu, aber an der Kriegführung hatten die höchsten Kirchenmänner großen Anteil, denn sie saßen ja gleichzeitig in den obersten Positionen des Staates. Die englischen Bischöfe waren tatkräftige Staatsmänner und Kriegsherren.

Krieg und blutige Händel wurden nicht nur in Übersee geführt, gestritten wurde auch innerhalb der Universitäten und zwischen Universität und Stadt, *town versus gown,* wie man sagte, wobei sich das *gown* auf das im Mittelalter übliche Gewand des Scholaren bezog. Die Anlässe waren oft banal genug, aber wann sind Menschen je einem Streit aus dem Weg gegangen? Und die Menschen waren seinerzeit, in diesen Tagen ohne freudvolle Abwechslungen, sicherlich nicht weniger streitbar als zu anderen Zeiten. Der Umstand, daß Studenten und Magister, relativ junge Menschen also, in der Stadtverwaltung der Universität ein wichtiges Wörtchen mitzureden hatten, wirkte sich bei den Zusammenstößen kaum dämpfend aus.

Bei diesen Streitereien ging es nicht um profunde philosophische oder gesellschaftspolitische Fragen, etwa um das Problem, welche Rolle der Universität innerhalb der Gesellschaft zukomme. Die Fragen, um die man sich stritt, waren deutlich geprägt von der Unbeantwortbarkeit scholastischer Fragespiele. Wem sollten beispielsweise mehr Ehren und Vorrechte zukommen, den Australes oder den Boreales? Anno 1334 kam es darüber zu einer Abspaltung, zur Gründung einer »kritischen Gegenuniversität« – so hätte die Generation von 1968 sie wohl genannt. Ein halbes Jahr lang konnte sich der Spaltpilz in Stamford halten, dann wurden Lehrer und Studenten mit Hilfe des Königs zurückgeholt. Künftig mußte jeder neugebakkene Magister – auch John Wyclif – bei seinem Examen schwören, dort draußen in Stamford keine Vorlesungen zu halten. Zu Wyclifs Zeit wäre es beinahe wieder zu einer Abspaltung gekommen, und Southampton wäre fast zur Universitätsstadt geworden, als ein Prokurator von Oxford, Robert Ingram, ein Nordlicht wie Wyclif, von den Australes ein Schimpf zugefügt wurde. Eine Handvoll Magister von Merton drohte abzuwandern, wenn nicht einer der ihren zum Kanzler der Universität ernannt würde. Es kam zu blutigen Zusammenstößen zwischen den beiden Parteien, Tote und Verletzte blieben auf der Strecke. Die Südländer vertrieben Ingram, bis sich Eduard III. persönlich einschaltete und ihn wieder in seine alten Rechte einsetzte.

Vielleicht der wichtigste Zankapfel im Leben der Universität Oxford waren die Bettelorden. Anders als ihre Vorgänger waren sie nicht ländliche Orden, sie ließen sich von Anfang an in den Städten nieder. Ein bevorzugtes Ziel ihres Wirkens waren die neugegründeten Universitäten; an etlichen davon setzten sich die Bettelorden gleich nach ihrer Gründung fest. An der

Universität von Paris kam es ihretwegen zu derart heftigen Störungen, daß zeitweise der Lehrbetrieb unterbrochen werden mußte. Die großen Geister der Scholastik im 13. und 14. Jahrhundert waren samt und sonders Angehörige der Bettelorden, vorwiegend Dominikaner und Franziskaner. In Paris nahmen sie eigene Lehrstühle ein. Auch in Oxford saßen auf etlichen Lehrstühlen Angehörige der Bettelorden, sorgsam ausgesuchte, wissenschaftlich hochgebildete Lehrer. Nicht selten waren es »Ausländer«. Ihre Vorlesungen waren besser besucht als die der anderen Professoren, ihre Studenten waren fleißiger. Vor der großen Pest waren nicht weniger als 120 Universitätsangehörige Bettelmönche, nach 1360 waren es 270, ein knappes Drittel davon Studenten.

Der Streit mit den Bettelorden hatte gleich mehrere Ursachen, wie könnte es anders sein. Die Orden waren gut organisiert, ihre Mitglieder waren fleißig; aber sie scheuten kein Mittel, junge Scholaren auf ihre Seite zu ziehen, wir haben schon davon gehört. Die Bettelmönche lebten von der Arbeit anderer, soweit sie nicht durch Seelsorge oder Lehrtätigkeit Geld für ihren Orden verdienten. Und sie lebten nicht schlecht, das war bekannt, und dies zu einer Zeit, als jedermann mit beiden Händen zupacken mußte, um seinen Unterhalt zu verdienen.

Die Bettelmönche eckten überall an: bei den Päpsten ebenso wie bei den Laien, bei der Weltgeistlichkeit wie bei der Universität. Papst Johannes XXII. hatte ihr Ideal apostolischer Armut, dem sie – theoretisch – noch immer huldigten, sogar für ketzerisch erklärt. Mit den Laien gerieten sie oft wegen ihres rüden Verhaltens und ihrer Habgier in Streit. Andererseits ging die Laienschaft gerne zu ihnen zum Beichten, weil die Bettelbrüder, wenn man ihnen ein saftiges Trinkgeld gab, leichter von den Sünden lossprachen. Das wußten die Weltgeistlichen – und deswegen waren sie den Bettelorden gram. William Langland, der Dichter, der selber in den Genuß der niederen Weihen gekommen war, läßt in seiner Dichtung von »Piers the Ploughman« (Peter der Pflüger) einen Bettelbruder zu einer Dame sagen: »Macht Euch wegen der Männer keine Sorgen, mit denen Ihr zu tun hattet, ob Kleriker oder Laie. Ich werde

Euch die Absolution erteilen, für eine kleine Anerkennung, versteht sich – sagen wir eine Pferdelast Weizen?«

Die häufig geäußerten Klagen gegen die Orden waren gewiß nicht unbegründet. Die Bettelorden waren nach ihrer Gründung im frühen 13. Jahrhundert außerordentlich schnell verweltlicht. Man warf ihnen vor, was man anderen Orden schon seit langem zur Last legte: weltliche Lebensweise, pfäffische Geilheit, Mißachtung ihrer Ordensregeln, unerhörten Wohlstand verbunden mit Müßiggang, Eitelkeit und Prunksucht. Geoffrey Chaucer hat im Prolog seiner »Canterbury Tales« eine köstliche Sammlung von Personentypen vorgestellt, darunter auch einen Bettelmönch:

> Ein Bettelmönch, ein liederliches Haus,
> War gleichfalls da. Er stand der würdge Mann
> In den vier Orden jedem weit voran,
> Was Scherz betraf und schöne Redensart.
> Auf eigne Kosten war von ihm gepaart
> Wohl manches junge Weibsbild schon geworden,
> Und eine Zierde war er für den Orden.
> Gar wohl beliebt und sehr genau bekannt
> War er bei den Gutsbesitzern auf dem Land
> Und würdgen Frauenzimmern in der Stadt er;
> Denn mehr Gewalt in seiner Beichte hatt er
> – So sprach er selbst – als ein Vikarius hat.
> In seinem Orden war er Lizentiat.
> Gemütlich war bei ihm die Konfession,
> Und angenehm gab er Absolution.
> Leicht war die Buße, die er zudiktierte,
> Vorausgesetzt, daß man ihn reichlich schmierte.
> Denn Geld zu geben einem armen Orden,
> Beweist, daß gründlich abgebeichtet worden.
> Drum, gab man ihm, so durft er auch verkünden,
> Er wisse, man bereue seine Sünden.
> Denn mancher Mann ist also hart von Herzen.
> Drum laßt das Beten und die Heulerei,
> Und Silber gebt der armen Klerisei!

Daß die Orden andauernd mit der Universität im Streit lagen, hatte gewiß nicht nur mit ihrer akademischen Tüchtigkeit zu tun. Ihre Proselytenmacherei überschritt oft die Grenzen zum Kidnapping, und das war nur eines der Vergehen, dessentwegen Wyclifs akademischer Lehrer Fitzralph den Papst bat, Abhilfe zu schaffen. Es gibt ein Schreiben von Fitzralph, in dem er sich über das Treiben der Bettelmönche beklagt: »Angelockt von den Versprechungen und den kleinen Geschenken der Bettelbrüder treten Knaben in den Orden ein – reife Männer zum Eintritt zu bewegen gelingt den Brüdern nicht! Später wird dann diesen Jugendlichen nicht einmal mehr erlaubt, den Orden wieder zu verlassen. Sie werden bis zur Profeß gegen ihren Willen festgehalten; man erlaubt ihnen nicht einmal, mit ihren Eltern unter vier Augen zu sprechen, sondern nur unter der Aufsicht eines der Ihren. Erst in diesen Tagen wurde mir wieder ein solcher Fall geschildert! Ich verließ gerade mein Wohnhaus, als ein ehrbarer Bürger mich aufsuchte, um mich um Abhilfe zu bitten. Er erzählte mir, die Bettelmönche der Universität Oxford hätten seinen knapp 13jährigen Sohn unmittelbar nach Ostern entführt, und als er ihn besuchen wollte, habe er nur unter der Aufsicht eines Bettelmönches mit ihm sprechen dürfen.«

Wyclif lernte die Schattenseiten dieser Mönchsgemeinden von den Skandalen in St. Frideswyde kennen, dessen Augustinerchorherren über ein altes angelsächsisches Kloster verfügten. Dieses altehrwürdige Haus brachte ihnen jährlich die stolze Summe von dreihundert Pfund ein, ferner die stattlichen Spenden der Pilger und die Gaben der Lahmen und Blinden, die an ihrem Schrein um Heilung beteten. Aber ihr Haus war so schlecht geführt, daß sich eine riesige Schuldenlast über den Häuptern der Mönche zusammenzog. Sie konnten sie unmöglich abtragen, ohne ihren Lebensunterhalt zu gefährden. Daraufhin nahm der König das Kloster in eigene Regie und vertraute es seinem jüngeren Bruder John of Gaunt an, der in den folgenden drei Jahren die Kanoniker gegen ihre aufgebrachten Gläubiger beschützen mußte.

Wyclif hielt anfangs viel von den Bettelorden, besonders von den Franziskanern. Er wurde erst dann zum Kritiker dieser Orden, als er sah, wie weit sie von den Regeln ihrer Gründer abwichen. Nicht ihre vorgebliche apostolische Armut störte ihn – das hatte ihnen der Papst zur Last gelegt –, ihm gefiel es nicht, daß diese Brüder bettelten, wo sie doch auch durch Arbeit hätten ihr Brot verdienen können. »Der heilige Petrus«, schrieb Wyclif, »war so arm, daß er weder Silber noch Gold besaß, und der heilige Paulus arbeitete mit seinen Händen, um seinen Lebensunterhalt zu verdienen.« Christus und seine Apostel seien zeitlebens so arm gewesen, und dennoch seien sie nicht bettelnd von Haus zu Haus gezogen. Als Student stimmte Wyclif seinem Lehrer Fitzralph nicht zu, als dieser die Bettelorden angriff; später übertraf er ihn noch in seiner Kritik.

Der blutigste Streit in Oxford spielte sich aber zwischen der Universität und der Stadt ab. Das Zerwürfnis war einfach schicksalhaft vorgegeben, unausweichlich. Da hausten zwei Körperschaften beieinander, räumlich sogar ineinander – die Colleges waren ja über die ganze Stadt verstreut –, jede ausgestattet mit einem hohen Maß an Rechten und Freiheiten, doch diese Vorrechte waren andererseits noch zu verschwommen und keineswegs so festverwurzelt, als daß nicht jede Partei versucht hätte, ihre eigenen Rechte zu befördern und die der anderen Partei auszuhöhlen. Die Stadt machte ihr Alter geltend – im Mittelalter ein gewichtiges Recht. Daraufhin verwies die Universität auf ihre königlichen Privilegien, die sie gegenüber der Stadt in Vorteile brachte. Zwar gab es enge Kontakte zwischen Universität und Stadt, aber die waren vielleicht sogar allzu eng, um nicht ihrerseits Unfrieden zu stiften: Viele Studenten lebten irgendwo in Untermiete bei Bürgersleuten, und das war für die Beziehungen zwischen den beiden Körperschaften nicht immer förderlich; man lese nur in den »Canterbury Tales« nach, was der Student alles mit der Frau des Müllers trieb, und man wird verstehen, warum Literaturhistoriker behaupten, Boccaccios »Decamerone« hätte Chaucer als Vorlage gedient.

Studenten und Bürger hatten zu allen Zeiten ihre liebe Not miteinander, und nicht selten endeten gemeinsame Saufereien mit blutigen Raufereien. Biertrinken aber war eine Lieblingsbeschäftigung der Oxforder, was sonst hätten sie auch treiben sollen? Fast die Hälfte aller Haushalte in der Stadt braute und verkaufte ihr eigenes Bier. An der Carfax wimmelte es von Kneipen. Wo sollten die jungen Leute sich austoben? Die meisten Freizeitvergnügungen, die wir heute kennen, waren damals unbekannt, oder sie waren verboten. Wyclif spricht in einer der wenigen privaten Äußerungen in seinen Schriften davon, wie gesund es sei, spazierenzugehen. Da hat er völlig recht, und südlich der Stadtmauern, jenseits der großen Weiden unten am Fluß, wo damals wie heute universitätseigenes, schwarz-weiß geflecktes Vieh weidete, kann man schöne Spaziergänge machen. Aber auch dort drohten blutige Keilereien, wenn Stadtleute mit wilden Studenten zusammenstießen. Nicht selten endete ein Wortgefecht mit einer Straßenschlacht, die mit Dolchen und Schwertern, ja selbst mit Pfeil und Bogen ausgetragen wurde. »Es gibt historische Schlachtfelder«, schreibt ein englischer Historiker, der sich vor allem der Erforschung der Universitätsgeschichte gewidmet hat, »auf denen weniger Blut floß als in den Straßen von Oxford.«

Die hl. Scholastica war eine Schwester des hl. Benedikt. Das fromme, zurückgezogene Leben ihres gottgefälligen Bruders hatte in ihrem unschuldigen Herzen einen solch tiefen Eindruck hinterlassen, daß sie freudig der Welt entsagte und ihre Jungfräulichkeit Gott weihte. Ihr Ehrentag, der 10. Februar, war für die Universität ein Feiertag. An diesem Tag des Jahres 1355, einem Dienstag, betraten Walter de Springheuse, Roger de Chesterfield und ein paar weitere Scholaren eine Oxforder Kneipe, die einem John de Croyden gehörte, und bestellten Wein. Die Studenten begannen, an der Güte des Weines herumzumäkeln. Ein Wort gab das andere, bis ihnen der Wirt einen Krug an den Kopf warf. Die Angehörigen des Wirtes eilten hinzu, ein paar Passanten, Stadtbürger, ermunterten ihn, sich die Frechheiten dieses jungen Volkes nicht länger bieten zu lassen, und schon war die schönste Prügelei in Gange.

So oder ähnlich mögen viele Streitigkeiten begonnen haben, die aber schnell wieder beigelegt waren. Aber diesmal kam es anders. Die Freunde des Wirtes eilten zur Stadtkirche, St. Martin, und läuteten die Glocken, um Hilfe zu rufen. Im Nu ist ein Menschenauflauf versammelt. Der Kanzler der Universität erscheint und versucht zu schlichten. Vergebens – er wird mit Pfeilen beschossen und muß sich auf das Territorium der Universität zurückziehen. Nun läßt er die Glocken der Marienkirche läuten. Sofort strömt ein Heer von Bogenschützen herbei. Doch der Kanzler hält sie, wie auch seine Studenten, im Zaum. So berichten zumindest seine Chronisten.

Tags darauf dringen Bürger in den Konvent des verhaßten Augustinerordens ein, wo gerade ein öffentliches Examen stattfindet; am Nachmittag des gleichen Tages werden friedliche Studenten, die auf den Wiesen von Beaumont Sport treiben, von Stadtleuten angegriffen. Unter den Studenten gibt es die ersten Toten. Wieder ertönen die Kirchenglocken. Diesmal strömen Bauern aus der Umgebung herbei, die weniger an den Studenten als vielmehr an der Oxforder Geistlichkeit ihr Mütchen kühlen wollen, und die Bildungsstätte wird ja nicht zu Unrecht als eine Stätte geistlicher Bildung angesehen. Die wilden Bauern dringen in die Kollegienhäuser ein, nehmen mit, was nicht niet- und nagelfest ist, zerfetzen Bücher, setzen etliche Möbelstücke in Brand und töten einige Studenten.

Die Studenten sind bereit nachzugeben. Sie sind ja auch in der Minderheit. Tags darauf ziehen Angehörige der Bettelorden, Studenten, in feierlicher Prozession, ein Kreuz vor sich hertragend, friedvoll durch die Stadt, Versöhnung heischend, ein Gebet auf den Lippen. Da tauchen Stadtbürger auf: Das Kreuz und die Monstranz samt geweihter Hostie fliegen in den Dreck, die Bürger fallen über den Zug her, stechen einige Studenten nieder. Wer fliehen kann, rennt davon, stürzt in eine nahegelegene Kirche, aber nicht einmal dort verschonen die Bürger ihre Opfer. Sie zerren sie vom rettenden Altar hinweg, prügeln sie hinaus auf die Straße und dreschen dort unbarmherzig auf sie ein. Einigen Studenten gelingt die Flucht ins Merton College. Viele Studenten verlassen nun die ungastliche Stadt; Wyclif wird einer von ihnen gewesen sein. Als die Kämpfe schließlich ihr Ende finden, zählt man 63 tote Studenten; ihre

Leichen sollen die Stadtbürger in die *houses of easement*, die Latrinen, geworfen haben. Der König läßt zweihundert Bürger festsetzen und legt ihnen eine Buße von 250 Pfund auf, auch muß die Bürgerschaft für den Schaden geradestehen. Ende Juni verfügt der Monarch, die der Stadt verbliebenen Vorrechte an die Universität zu übertragen.

Die obige Darstellung stützt sich weitgehend auf die Annalen der Universität.

Über die Stadt wurde nun das Interdikt verhängt, es blieb bis März 1356 in Kraft, also ein gutes Jahr. Das war nur ein Teil des Strafgerichts. Der König ordnete die genaue Untersuchung der Vorfälle an und die Bestrafung der Schuldigen. Der Sheriff von Oxford und einige andere hohe Amtspersonen wurden aus ihren Ämtern entfernt. Der König erließ ein allgemeines Pardon, ausdrücklich beide Seiten betreffend, so daß wir annehmen dürfen, daß auch die Studentenschaft ihr gerüttelt Maß an Schuld beigebracht hat. Es dauerte aber einige Zeit, bis sich die Studierenden wieder an die Universität zurückwagen. Am 11. Juni 1355, also vier Monate nach diesen Kämpfen, schrieb der König an die Magister und bat sie, den Vorlesungsbetrieb wieder aufzunehmen.

Gewonnen hat an diesem Streit letztendlich die Universität. Ihr wurden etliche Vorrechte und Freiheiten zugeschlagen, auch solche, die sie vormals nicht besessen hatte. Die Verbrauchssteuern auf Brot, Wein und Bier, die Steuer auf Maße und anderes Geeichte, die niedere Gerichtsbarkeit, die Aufsicht über die Straßen inklusive deren Reinhaltung, die Steuereinschätzung und der Steuereinzug, das alles wurde jetzt dem Kanzler der Universität Oxford anvertraut. Die Stadt Oxford war künftig jahrhundertelang der Universität unterstellt. Außerdem mußten die Bürger dem Kanzler und den Scholaren eine saftige Geldbuße zahlen. Bürgermeister, Magistrat und sechzig Bürger der Stadt mußten künftig am Tag der hl. Scholastica in der Universitätskirche der hl. Jungfrau Maria erscheinen und auf ihre Kosten für die getöteten 63 Studenten Seelenmessen lesen lassen. Diese Bestimmung wurde einige Jahre später gemildert; in der neuen Form blieb sie allerdings lange in

Kraft, und als die Bürger von Oxford im Jahr 1800 – eine schöne runde Zahl, werden sie gehofft haben, außerdem lag das Blutbad inzwischen fast 450 Jahre zurück – darum baten, ihnen diese Demütigung künftig zu ersparen, gab die Universität noch immer nicht nach. Erst ein weiteres Vierteljahrhundert später, nach Abfassung einer weiteren untertänigen Bittschrift von seiten der Bürger, gewährte ihnen die Universität großmütig ihren Wunsch.

Wyclif hat nach allem, was wir über die ersten dreißig Jahre seines Lebens wissen, diese Jahre in Oxford verbracht und muß Augenzeuge dieses Bürgerkrieges geworden sein – aber in seinen Schriften geht er mit keinem Sterbenswörtchen auf die Ereignisse am Tag der hl. Scholastica 1355 ein. Bedarf es eines weiteren Beweises, daß er ein verschwiegener, in sich zurückgezogener Mensch war, dessen ganzes Sinnen und Trachten nicht den Dingen dieser Welt zugewandt war?

PFRÜNDEN

Vom Jahr 1360 an ist John Wyclifs Leben recht gut dokumentiert. Das hat damit zu tun, daß jetzt die Universität ihr Augenmerk auf ihn richtet und er in den folgenden Jahren einige Pfarrstellen innehat, was natürlich in den Kirchenbüchern vermerkt ist. Zuvor schon, zwischen 1356 und 1360, war er einer der Verwalter von Balliol College, in einer Ehrenstellung. Seine scharfsinnigen Betrachtungen hatten die Aufmerksamkeit seiner Oberen gefunden. 1361 schließlich schlug ihn sein College für die Pfarre von Fillingham in Lincolnshire vor, einem kleinen Dorf in der Nähe von Lincoln. Am 30. Mai dieses Jahres wird ihm die Pfarrstelle zugewiesen. Der Amtsantritt verzögert sich etwas; es wütet wieder einmal die Pest in England.

Nach einer Bestimmung des Erzbischofs von Canterbury mußte jeder Priester von dem Bischof der Diözese geweiht werden, in der er geboren war. Natürlich konnte man davon befreit werden, Ausnahmen gab es immer. Für Wyclif hieß das, daß er nach York pilgern und sich dort vom Erzbischof weihen lassen mußte. Das war damals John Thoresby, ein Mann übrigens, der Wyclif geistig durchaus nahestand.

Das neue Amt, die Seelsorge, fesselte Wyclif nicht lange. Er wollte höher hinaus, das Studium fortsetzen und den Doktorgrad der Theologie erwerben. Er blieb also der Universität weiterhin verbunden; Wyclif blieb Student in Oxford, und die Archive zeigen, daß er sich nach 1363 fast ständig an der Universität aufhielt. Im Balliol College konnte er jetzt allerdings nicht mehr wohnen, denn dessen Statuten verlangten, daß jeder ausscheiden mußte, der eine Pfründe, ein Benefizium, im Wert von zehn Pfund sein eigen nannte. Für John Wyclif traf dies jetzt zu.

Spätestens im Sommer 1363 suchte er darum nach, zeitweise von Fillingham abwesend sein zu dürfen, damit er in Oxford seinen Studien nachgehen könne. Geistliche gab es seinerzeit im Überfluß, und so bewilligte man vielen Pfarrern, sich anderweitig zu betätigen und nur einige Male im Jahr, etwa an den hohen Feiertagen, in ihrer Pfarrei nach dem Rechten zu sehen. Ansonsten konnte er sich von einem Hilfsgeistlichen vertreten lassen. Der zuständige Bischof, John Buckingham, wir werden ihm später noch begegnen, erteilte Wyclif die gewünschte Erlaubnis. Nicht ganz so locker stand es mit der Residenzpflicht an der Universität: Studenten durften jährlich nicht länger als zwei Monate abwesend sein. Aber insgesamt ließ es sich vereinbaren, hier Pfarrer und dort Scholar zu sein.

Vorher schon, Ende November 1362, hatte die Universität Oxford bei dem wenige Tage zuvor eingesetzten Urban V. nachgesucht, John Wyclif eine Domherrenpfründe und ein Kirchenamt in York zu übertragen, obschon Wyclif bereits eine Pfründe mit einem Jahreseinkommen von zehn Pfund besaß. Eine Pfründe zu haben, hieß nicht, daß man nicht um eine weitere nachsuchen konnte – es gab Geistliche, die zeitweise mehr als hundert Pfründen hatten. Nicht nur das Papsttum war zuständig für ihre Vergabe – aber gerade in dieser Zeit mehr und mehr –, eine Pfründe konnte auch vom König vergeben werden. Auf jeden Fall erhielt »Wyclif«, wie die Kurie aus Avignon schrieb, keine dieser beiden Stellungen; statt dessen teilte sie ihm eine kleine Pfründe in der Kollegiatskirche von Westbury-on-Trym zu, unweit von Bristol, deren Amtsinhaber soeben an der Pest gestorben war. Der Verstorbene war ein Franzose aus Cahors namens Raymond de Sancto Claro. Diese Pfründe warf jährlich 6 Pfund, 13 Schillinge und 4 Pence ab (also ziemlich genau sechszweidrittel Pfund).

Die Kapelle von Aust – so heißt das Kirchlein von Westbury-on-Trym, das heute zu Bristol gehört –, liegt an einem Nebenfluß des Severn, und in alten Zeiten ging die wichtigste Fähre gerade an dieser Stelle über den Fluß. Vielleicht ist Aust nichts weiter als eine Verballhornung von *Augusti trajectus*, was auf eine Enge des Stromes und eine Überfahrt hinweist.

Hier sollen sich die ersten walisischen Bischöfe versammelt haben. Die Gründung der Kirche selbst geht zurück auf die Zeit des hl. Bonifatius. Wegen ihres geringen Ertrags ist diese Pfründe unbedeutend; sie wird von den Amtsinhabern als Sinekure behandelt, also als etwas, das man *sine cura* erledigt, ohne Sorge.

Das tat auch Wyclif, und deswegen hat Aust immer wieder seine Biographen beschäftigt. John Wyclif, der später die Mißstände der Kirche anprangert, ist damit selbst zum Pluralisten geworden, zum Amtsinhaber mehrerer Pfründen, und Absentist war er ja schon, seit er Fillingham sozusagen links liegengelassen hatte. Manch pietätvoller, protestantischer Biograph des 19. Jahrhunderts hat sich bemüßigt gefühlt zu schreiben, Wyclif habe diese Sinekure schnell wieder abgegeben. Das zu glauben haben wir keinen Grund. Gewiß ist manches an dieser Sache unklar. Wyclif wurde am 6. November 1375 – also viele Jahre danach – in seiner Pfründe zu Aust durch die Krone bestätigt, doch schon am 18. November, also nur zwölf Tage später, überträgt der König diese Pfründe einem Robert de Ferrington, was er aber weitere fünf Wochen darauf widerruft. Dies ist wohl ein Irrtum der Bürokratie; wahrscheinlich blieb John Wyclif bis zu seinem Tod im Amt.

Was man an Wyclifs Umgang mit Aust bemängeln kann, ist nicht die Tatsache, daß er eine zweite Stelle annahm, denn er war arm genug, sondern daß er keinen Vikar ernannte, der ihm das bißchen Arbeit abnahm. Als der Bischof von Worcester, William Whittlesey, im Frühjahr 1366 die Kirche visitieren ließ, traf er dort weder einen Pfarrer an noch einen Vikar. Von Wyclifs fünf Vorgängern hatte nur einer einen Stellvertreter beschäftigt – und das war vor der großen Pest, als man Arbeitskräfte, auch Pfarrer, ziemlich billig bekommen konnte. »Master John Wynkele«, so schreibt der Visitator, habe »sich das ganze Jahr entfernt gehalten und sei seit Erhalt der Pfründe niemals anwesend gewesen«. Das wird wohl so stimmen. Der Bischof wollte Wyclif daraufhin diese Einkünfte entziehen, kam aber nicht mehr dazu, weil er einige Zeit später nach Canterbury versetzt wurde.

Daß Wyclif keinen Stellvertreter einsetzte, läßt sich mit wirtschaftlichen Gründen erklären: 1362 begrenzten Staat und Kirche gemeinsam das Jahresgehalt eines Vikars auf sechs Mark, also etwa drei Pfund. Theoretisch hätte Wyclif also einen Vikar anstellen können, es wäre immer noch etwas für ihn übriggeblieben. Nur: Für dieses sehr niedrige staatlich festgesetzte Gehalt fand sich kein Vikar. Vikare verlangten mindestens zehn Mark. Das Wechselspiel von Angebot und Nachfrage nimmt keine Rücksicht auf die Höchstlöhne einer staatlichen Bürokratie, so respektheischend diese sich auch gebärden mag. In London hätte Wyclif für diese sechs Mark vielleicht einen Stellvertreter gefunden, die Hauptstadt hatte auch für Geistliche ihre Reize, nicht aber in einer gottverlassenen Gegend wie Aust. In den beiden Folgejahren hat er übrigens einen Vertreter für Aust angestellt, und das kostete ihn den größten Teil seines Einkommens aus dieser Pfründe.

Wie ging es ihm finanziell in dieser Zeit? Von Zeitgenossen wird er als ein »armer Kerl« hingestellt, und das ist vermutlich keine Übertreibung. Seit 1362 war er zwar formal Herr von Wycliffe, aber das winzige Gut im wenig fruchtbaren Norden, das seine Mutter für ihn bewirtschaftete, warf nicht viel ab, zumal die Preise für Agrarprodukte in den sechziger Jahren insgesamt ziemlich niedrig lagen, mochte es auch dann und wann einmal einen kurzfristigen Preisauftrieb geben. 1367 verlor er eine kleinere Pfründe in der Canterbury Hall, jährlicher Wert: 15 Pfund, auch einen Teil der anfallenden Gerichtskosten in diesem Streit mußte er tragen; im gleichen Jahr tauschte er seine Pfarre in Fillingham – 30 Mark Jahreseinkommen – gegen eine kleinere Pfarre ein, die den großen Vorteil hatte, in unmittelbarer Nähe von Oxford zu sein, so daß er seine Studien in aller Ruhe zu Ende führen konnte. Ökonomisch bedeutete dies freilich einen Verlust von 20 Mark, denn die neue Pfarre war jährlich nur 10 Mark wert. Dann kamen noch die Kosten für die Feierlichkeiten anläßlich seiner Promotion zum Bacchalaureus theologiae, Dezember 1368 oder ein Vierteljahr später, und 1371 oder 72 die Promotion zum Doctor theologiae. Die Feiern zu diesen Anlässen kosteten viel Geld.

Den größeren Teil der Jahre zwischen 1363 und 1374 verbrachte Wyclif also in Oxford. Anderthalb Jahre lang, von Dezember 1365 bis zum Frühjahr 67, war er Vorstand der Canterbury Hall; dann scheint er sich eine Zeitlang auf seinem Gut in Yorkshire aufgehalten zu haben, vielleicht anläßlich des Todes seiner Mutter. 1369, nachdem er seine Pfarre zu Fillingham bereits mit der neuen in Buckinghamshire vertauscht hatte, ersuchte er erneut darum, für zwei Jahre in Oxford studieren zu dürfen. Das wurde ihm bewilligt.

Während der ersten drei Jahre seines Theologiestudiums besuchte er Vorlesungen über die Heilige Schrift, und zwar über den Text der Vulgata. Dann folgten zwei Jahre, in denen man sich ganz den Lehrsätzen des Petrus Lombardus widmete, die für Theologen etwa das waren, was Aristoteles für die Logiker bedeutete. Wyclifs Werke sind voller Anspielungen auf diese Lehrsätze. (Luther hat sich in seiner Schrift »An den Adel deutscher Nation« darüber beklagt, daß die Lektüre der Heiligen Schrift den jüngeren Semestern vorbehalten blieb, während man den älteren, klügeren Studenten die Lehrsätze gab.) Nach diesen fünf Jahren graduierte man zum *Bacchalaureus theologiae*. Jetzt war er »Cursor« und durfte selbst ein Jahr lang über ein Buch des Alten oder des Neuen Testaments lesen, im Jahr darauf über die Lehrsätze des Lombardus, nachdem er geschworen hatte, keine Meinungen zu vertreten, die zum katholischen Glauben in Widerspruch standen. Nach diesen Vorlesungen war er *Bacchalaureus formatus* und mußte binnen eines Jahres eine Predigt in lateinischer Sprache halten, und zwar in der Universitätskirche St. Mary. Und schließlich mußten alle Doktoren Oxfords seine Befähigung zur letzten Promotion bescheinigen – eine einzige Gegenstimme war tödlich.

Über seinen privaten Lebenswandel wissen wir für diese Zeit nicht mehr als über die verflossenen Jahre. Plaudereien unter Theologen, Fachgeplänkel, so wird man vermuten dürfen, tiefsinnige Gespräche auf langen Spaziergängen. In seiner letzten Pfarrstelle, in Lutterworth, wo Wyclif die letzten zehn Jahre seines Lebens verbrachte, schrieb er einige schöne Worte über Oxford; er war also nicht unempfänglich für die schöne Lage am Fluß, umgeben von welligem Land. Die Baulichkeiten wird er kaum gemeint haben, denn die schönen gotischen Colleges wurden erst in späteren Jahren gebaut, und Balliol und Queen's, wo er viele Jahre verbrachte, erhielten ihren architektonischen Reiz erst in späterer Zeit.

Als Wyclif von Fillingham nach Oxford zurückging, im Herbst 1363, bezog er zwei Zimmer im Queen's College. Das war immerhin ein gewisser Luxus. Die Räume waren erst kurz zuvor von zwei Handwerkern an vier Arbeitstagen zu einem Gesamtpreis von drei Schillingen instandgesetzt worden. Der folgende Winter war streng: In Avignon fror die Rhône ein, bei Lüttich die Maas. Auch Wyclif mußte in seinen unbeheizbaren Zimmern diese Kälte spüren. Damals hielt er sich in Oxford kurzzeitig einen Diener, einen Harry Hoptn oder Upton. Dies ist kein Zeichen von übertriebenem Wohlstand; jeder Gentleman mußte sich bedienen lassen, auch wenn er bettelarm war.

Chaucer beschreibt gleich eingangs im Prolog seiner »Canterbury Tales« einen geistlichen Studiker, die Beschreibung könnte auf Wyclif passen. Die beiden kannten sich vielleicht sogar; es steht zumindest außer Zweifel, daß Chaucer von dem gelehrten Wyclif gehört hatte.

> Es war noch ferner ein Gelehrter dort,
> Der Logik lang studiert in Oxenford.
> Er ritt auf einer klapperdürren Mähre,
> Und auch er selbst war nicht sehr fett, auf Ehre!
> Hohläugig war er, doch voll Nüchternheit,
> Und fadenscheinig war sein Oberkleid.
> Nicht weltlich von Gesinnung, hatt er drum
> Auch weder Amt noch Benefizium.
> Mehr liebt er zwanzig Bücher überm Bette,
> In einem schönen Einband auf dem Bücherbrette,
> Von Aristoteles Philosophei,
> Als Kleiderpracht, Musik und Fidelei.
> War er als Philosoph auch hochgelehrt,
> So hat sein Koffer doch des Gelds entbehrt,
> Da alles, was von Freunden ihm gespendet,

Zum Studium er und Bücherkauf verwendet.
Doch unermüdlich pflegt er Gott zu bitten
Für die, die sein Scholastentum bestritten,
In seinen Studien sorgsam und verständig,
Sprach er kein Wort mehr, als durchaus notwendig.

Am 9. Dezember 1365 wurde Wyclif von Erzbischof Islip zum Warden von Canterbury Hall ernannt.

Bischof Islip war 1361 nach dem Pesttod seines Vorgängers zum Erzbischof von Canterbury befördert worden. Islip war Oxford wohlgesinnt. Er wollte Weltgeistliche und Patres gemeinsam an einem Oxforder College ausbilden lassen und gründete ein kleines College, Canterbury Hall. In den heutigen Colleges leben nicht selten 250 Personen unter einem Dach. Damals waren diese Halls, wie man auch sagte, wesentlich kleiner. Die Gelder, die für diese Gründung vonnöten waren, entnahm der Erzbischof seinem eigenen Besitz. Sein Neffe, William de Islip, steuerte das Gut Woodford bei. Vermutlich reichte aber auch das noch nicht aus. In Sussex besaß Islip kraft seines neuen Amtes einen Landsitz, der bereits anno 1291 110 Pfund im Jahr eingebracht hatte. Dieses Gut gehörte seit langem zu Canterbury. Am 20. Oktober 1361 erhielt der neue Erzbischof die Erlaubnis, dieses Palais in seine Oxforder Stiftung einzubringen. Die Sache hatte aber einen Haken: Da auch die Mönche und das Domkapitel gewisse Rechte an diesem Palais besaßen, wollten sie bei der Stiftung mitentscheiden.

Canterbury Hall öffnete im Sommer 1363 seine Tore. Es war ein bescheidenes Haus, unter dessen Dach vier Mönche und acht weltliche Studenten lebten. Vielleicht gab es finanzielle Unregelmäßigkeiten, auf jeden Fall kam es aber schon im ersten Jahr zu Spannungen zwischen den beiden Gruppen. Die Weltgeistlichkeit in Oxford war selbstbewußt, und in Oxford war sie in der Mehrheit. Warum sollte also die Leitung des Hauses einem Mönch anvertraut sein? Auf jeden Fall übergab Erzbischof Islip am 9. Dezember 1365 die Leitung des Kollegs an »John de Wycliye, auf den wir unser Augenmerk gelenkt haben sowohl wegen unseres Vertrauens in Deine Treue, Um-

sicht und Deinen Fleiß als auch wegen der löblichen Konversa-
tion und der Ehrlichkeit Deiner Lebensführung und Deiner
Kenntnisse«, wie der Erzbischof anerkennend schrieb. Seine
Zimmer in Queen's gab Wyclif deswegen nicht auf, sei es, weil
ihm die Räume in Canterbury Hall nicht behagten, sei es, weil
er in Queen's schon im voraus bezahlt hatte.

Aber Islip ging noch einen Schritt weiter: Er veränderte die
Statuten seines Kollegs, ohne vorher sein Domkapitel anzuhören. Das konnte nicht gutgehen. Wer jetzt in Canterbury Hall
Vorstand werden wollte, mußte in den Studien der freien Künste beträchtlich fortgeschritten sein. Damit waren die Mönche
so gut wie ausgeschlossen, denn sie vernachlässigten gerade
diese Fächer. Islips neue Verfügung paßte zwar vielen Leuten in
Oxford, denn die Bettelmönche hatten gerade wieder einmal
durch ihre brutalen Rekrutierungsmethoden einen Skandal
entfacht, aber den Kanonikern von Canterbury gefiel diese
Veränderung nicht. Wyclifs Amtszeit dauerte gerade so lange
wie Islips restliches Leben, und das nahm bald ein Ende. Ende
April 1366 schloß der Erzbischof die Augen für immer. Nun
appellierten die Mönche an seinen Nachfolger Simon Langham, und der entzog Wyclif nach längerem Hin und Her die
Aufsicht und vertraute sie einem Mönch an. Damit ging Wyclif
auch der 15 Mark Jahreseinkünfte verlustig. Er wollte sich
nicht ohne weiteres absetzen lassen und protestierte gegen diesen Schritt, was aber nur dazu führte, daß Langham auch seine
physische Entfernung aus dem Kolleg verfügte.

Zum ersten Mal sehen wir hier Wyclif eine eigenständige
Entscheidung treffen, mit der er sich in Widerspruch zu einer
Autorität setzt. Wyclif hatte guten Grund, nicht einfach nachzugeben. An der Kurie wurden unzählige solcher Fälle vorgetragen, überhaupt scheinen Kleriker seinerzeit ein empfindli-
ches Rechtsbewußtsein gehabt zu haben. Wyclif vertraute seine
Klage einem Mönch an und bat ihn, die Sache dem Heiligen
Vater in Avignon vorzutragen. Das war damals Urban V. In der
Wahl des Mönches zeigte Wyclif keine glückliche Hand, aber
sein Vertrauen in einen Mönch beweist, daß er nicht generell
schlecht von ihnen dachte.

Urban betraute einen Kardinal namens Androin mit diesem Fall. Dieser ließ die Akte drei Jahre lang liegen, so daß es bei Langhams Entscheidung bleiben mußte. Das erbitterte die weltlichen Theologiestudenten in Canterbury Hall, die sich auf Wyclifs Seite gestellt hatten und sich jetzt an den Prozeßkosten beteiligten. Sie mußten sich binnen sechs Tagen aus dem Kolleg entfernen. Islips Verfügung, der Warden des Kollegs müsse in den freien Künsten fortgeschritten sein, wurde einige Jahre später durch Gregor XI. aufgehoben, und wiederum wenige Jahre später verschärfte Wyclifs Intimfeind Bischof Courtenay die Bestimmung in der Weise, daß Studenten wie Wyclif gänzlich ausgeschlossen waren.

Ein gelehrter Franziskanermönch, William Woodford, hat es als eine allgemein bekannte Tatsache bezeichnet, daß es Mönche und Prälaten waren, die den Reformator Wyclif aus Canterbury Hall vertrieben. Wyclifs Biographen haben den Sachverhalt unterschiedlich gedeutet. Die meisten protestantischen Autoren, darunter ein paar Deutsche, erwähnen den Fall nur kurz, ohne allzuviel Aufhebens davon zu machen. Die anderen, die weniger freundlich von ihm denken, nehmen den Prozeß zum Beweis, daß Wyclif später Kirche und Papsttum aus persönlichen Rachegelüsten angegriffen habe. Eine ähnliche Einstellung klingt auch in einer Bemerkung Luthers an. Der Deutsche meinte einmal in seinen Tischgesprächen, Wyclif – und auch Hus – hätten mehr das Leben der Kirche angegriffen, während er, Luther, gegen ihre Lehre ankämpfe. Luther wußte nur wenig über Wyclif, aber was er da sagte, war falsch. Wyclif hat sehr wohl, wie wir sehen werden, die Lehren der Kirche angegriffen, was nicht heißt, daß er nicht auch aus gutem Grunde Einwände gegen das Leben der Kirche machte.

Der Streit um Canterbury Hall war noch nicht endgültig beigelegt, als die fünf Jahre abliefen, die Wyclif von Fillingham abwesend sein durfte. Er mußte also um eine Verlängerung der Absenz nachsuchen. Im April 1368 erlaubte Bischof Buckingham von Lincoln, daß »Master John de Wyclif zwei Jahre von seiner Kirche abwesend sein darf, um an der Universität Oxford seinen Studien nachzugehen«. Die langen Ferien scheint

Wyclif in seiner alten Pfarrei verbracht zu haben. Kurz darauf vertauschte er die Pfarre von Fillingham mit einer anderen Pfarrstelle in Ludgershall, in Buckinghamshire, das nur 16 Meilen von Oxford entfernt ist.

Die alte Kirche von Ludgershall, mit ihrem von Zinnen bekrönten Turm, steht auf der Spitze eines Hügels. Die Kirche ist der Himmelfahrt Mariens geweiht. Das Patronatsrecht lag bei den Rittern vom Johanniterorden, die auch das Gut Tetchwick in der gleichen Gemeinde besaßen. In Fillingham war Wyclif kaum mit den dörflichen Verhältnissen in Berührung gekommen. Dort, wie in Lincolnshire überhaupt, gab es kaum Leibeigene, und auch in seiner Heimat gab es kaum welche. In Ludgershall hingegen war die Mehrzahl seiner Gläubigen Leibeigene oder erbuntertänige Bauern. Ludgershall bewahrte ihn davor, Armut als ein akademisches Problem anzusehen. Dort erlebte er auch die Pest des Jahres 1369 – schon im Sommer 68 hatte es da und dort Tote gegeben –, die wieder Unzählige dahinraffte, dort erlebte er den großen Regen, der die Ernte zerstörte, so daß ein Bushel Weizen vierzig Pence kostete, das zu anderen Zeiten nur ein Viertel davon oder weniger gekostet hatte. In Ludgershall lernte er erst das englische Dorf richtig kennen. In einer seiner späteren Schriften schildert er mit bewegten Worten das Leben des armen Landmannes, der sich mit geliehenem Geld besäuft, um sein Elend zu ertränken, der sein Weib aus purer Not verschachert.

Die Pfründe von Ludgershall bedeutete für ihn einen finanziellen Verlust. Seinen Kirchenoberen war ein solcher Tausch nicht unlieb: Er brachte ihnen Geld. Natürlich war der Tausch nur gegen die Entrichtung eines Obolus gestattet. Jetzt hatte er eine neue Pfarre, folglich mußte er im ersten Jahr wieder die Hälfte seines Einkommens an den Heiligen Stuhl bezahlen. Diese Zahlungen nannte man die Annaten, die Einkünfte des ersten Jahres; sie wurden auch von niederen Pfründen erhoben, und sie machten einen schönen Anteil an dem goßen Batzen aus, der jährlich von England nach Avignon überwiesen wurde. Der Heilige Stuhl war durchaus geschäftstüchtig.

AVIGNON

Den größten Teil des 14. Jahrhunderts über residierten die Päpste nicht in Rom, sondern in Avignon. Die Verlegung nach Avignon hatte aus der Papstkirche, die seit Innozenz III. zunehmend eine straff geführte Universalkirche geworden war, eine noch energischere Zentralbehörde werden lassen. Papst und Kirche waren von nun an eins: *papa qui et ecclesia dici potest* – der Papst, den man auch als die Kirche bezeichnen kann, so lautete eine gängige, zutreffende Formel des 13. Jahrhunderts. Der Papst war jetzt der meistbeschäftigte Staatsmann Europas. Die Briefe, die uns von der Kurie erhalten sind, mögen als Maßstab dienen: Aus der Amtszeit Benedikts IX. im frühen 11. Jahrhundert ist uns ein Brief je Regierungsjahr erhalten, von Innozenz II. (1130-1143) sind es 72, von Innozenz III. (1198-1215) mehr als das Zehnfache, 730, und von Johannes XXII. (1316-1324) gar 3 646. Diese Zahlen darf man nur mit Vorsicht betrachten, denn es gibt keine Gewähr, daß die Zahl der erhaltenen Briefe den Umfang des tatsächlichen Geschäftsverkehrs exakt widerspiegelt. Dennoch läßt sich ein Trend daran ablesen: eine gewaltige Zunahme der kurialen Tätigkeit. Und der Papst war alles in allem: Er schrieb die Gesetze der Kirche; er richtete nach den von ihm geschriebenen Gesetzen; er vollzog seine Gesetze selbst. Die Kurie nahm den Absolutismus eines späteren Zeitalters vorweg. Ihre Behörden, namentlich die Finanzverwaltung, erfuhren unter Innozenz III. und seinen Nachfolgern einen beträchtlichen Ausbau. Gleichzeitig drängte die Kurie den Einfluß des niederen Klerus und der Laien entschieden zurück; und es gelang ihr auch, Konkurrenz – in Gestalt von Gegenpäpsten – durch einen exakt festgelegten Wahlmodus auszuschalten: zwischen 1059 und 1179 gab es die meisten Gegenpäpste – in den folgenden zweihundert Jahren, bis 1378, gab es keinen einzigen mehr. Der Papst war unumschränkter Herrscher.

Aber gerade die Unumschränktheit des päpstlichen Herrschaftsanspruchs führte zu Konflikten mit den weltlichen Gewalten. Unmittelbar vor dem Umzug nach Avignon war der Papst mit dem französischen König Philipp dem Schönen aneinandergeraten, weil es diesem Papst nicht genügte, der oberste geistliche Herrscher der Christenheit zu sein. Er maßte sich an, auch das Schwert der weltlichen Gewalt sei ihm anvertraut worden, und die Könige müßten es nach seinem Willen führen. Aber Bonifaz VIII., ein gelehrter Jurist Bologneser Schule – »der neuen Pharisäer Herr und Hort«, nannte ihn sein Landsmann Dante –, scheiterte an seinen »unzeitgemäßen, grandios übersteigerten Ansprüchen« (Joseph Lortz). Der König ließ Bonifaz gefangennehmen und verschleppen. Der Papst, der »wie ein Fuchs zur Regierung gekommen war und wie ein Löwe geherrscht hatte, starb wie ein Hund«, so faßte ein Zeitgenosse das Leben Bonifaz' VIII. zusammen.

Seit Clemens V., einem Franzosen aus der Gascogne, residierte der Papst endgültig in Avignon. Clemens' Nachfolger, Johannes XXII., auch er von Haus aus Jurist, ein Franzose aus Cahors, war vor seiner Wahl Bischof von Avignon gewesen, und auch er schlug dort seine Residenz auf. (Besitzer der benachbarten Grafschaft Venaissin war der Heilige Stuhl schon seit langem; jetzt erwarb er die Stadt hinzu, die am östlichen Ufer der Rhône gelegen ist. Sie blieb bis anno 1791 im Besitz des Papstes, dann fielen die Truppen der Französischen Revolution ein.) Für einen italienischen Patrioten wie Dante war das Papsttum damit am Ende; höhnisch rief er den Franzosenpäpsten nach:

Cahorsen schon und Basken sah ich lechzen
nach unsrem Blut. So schmählich soll nun enden
und stürzen, was so hoch am Anfang stand?

(»Die Göttliche Komödie«, Paradies, 27. Gesang, nach der Übertragung von Karl Vossler.)

Hatte Clemens noch als Gast der Dominikaner in deren Kloster gewohnt, so begann Johannes nun, sich einen eigenen Palast errichten zu lassen. Bei den Bettelmönchen wollte er nicht hausen; er war nicht ihr Freund. Die neue päpstliche Residenz wurde ein Riesenpalast – »das festeste und schönste Haus der Welt«, ein »Gemisch von Burg und Kloster, Gefängnis und Palais«, so beschrieb ihn Froissart, ein weitgereister Zeitgenosse und berühmter Chronist. Der Palast verschlang riesige Summen Geldes, und für die öffentliche Meinung besaß er etwa die gleiche Bedeutung wie die Errichtung der Peterskirche knapp zweihundert Jahre später, die gleichfalls das Eintreiben von Geldern aus vielerlei Quellen erforderlich machte.

Mit dem Umzug nach Avignon wurde der Papst beinahe zum »französischen Hofbischof« (Joseph Lortz). Künftig stand der Papst unter der Aufsicht des französischen Königs, dessen Herrschaft am jenseitigen Ufer der Rhône begann. Der Fluß bildete die Staatsgrenze zwischen den beiden Territorien, und wenn er über die Ufer trat und die Stadt Avignon überschwemmte, dann ruderten die Beamten des französischen Königs herüber und erhoben von den Untertanen des Papstes Steuern. In früheren Zeiten, als Kaiser und Papst sich die Weltherrschaft streitig gemacht hatten, hatte der französische König stets den Papst gegen den Kaiser gestärkt; doch jetzt war der Papst wenig mehr als ein Spielball des Königs. Da aber England mit Frankreich im Krieg lag, blickte man von England aus scheelen Auges auf die Kurie, die sich wie ein Anhängsel am französischen Nationalkörper ausnahm. Zwangsläufig wurde der Kaiser nun zum Verbündeten des englischen Königs. Die Bedenken Eduards III. gegen dieses Papsttum wurden von der gesamten Nation geteilt, denn sie bezahlte beträchtliche Summen an den Heiligen Stuhl, und es konnte ihr nicht gleichgültig sein, wer letzten Endes dieses Geld in die Hand bekam. Die Mißstände in der Kurie – wie in der Kirche überhaupt – waren für John Wyclif wichtige Ausgangspunkte seiner Kritik. Die Auspressung der englischen Nation bekümmerte ihn weniger unter nationalen oder fiskalischen Gesichtspunkten; ihn bedrängte die Frage, ob die Kurie wirklich das Recht besaß, für ihre weltlichen Bedürfnisse solche Unsummen zu verschleudern.

Das kuriale Finanzwesen hatte sich seit den längst vergangenen Tagen Innozenz' III. stetig fortentwickelt; und seine maßlosen Ansprüche hatten den Unwillen der Völker erregt. Vor allem die Zahl der Abgaben hatte zugenommen. In Avignon brauchte die Kurie mehr Mittel, also erfand sie neue Abgaben. Den Kreuzungszehnten und die Servitien hatte es schon vordem gegeben; aber ursprünglich waren diese Servitien Geschenke an den Papst und als solche freiwillig, nun jedoch zählten sie zu den festen Taxen. Wer eine Pfründe annahm, deren Besetzung dem Heiligen Stuhl zustand, mußte dafür bezahlen; das waren die Provisionen. Bischöfe und Abteien, deren Bistümer und Klöster der Kurie unmittelbar unterstanden, mußten für diesen Status der Exemtion den Census entrichten. Die Last des Petersprennigs traf namentlich England und die skandinavischen Länder. Bischöfe mußten dem Papst für die Verleihung ihres Palliums das Palliengeld entrichten. Neu waren auch die Ablösungsgelder für Visitationen: Die höhere Geistlichkeit war ursprünglich verpflichtet, den Heiligen Stuhl zu Rom einmal im Jahr zu besuchen; von Ultramontanen – also allen, die jenseits der Alpen wohnten (damit waren auch Engländer gemeint) – wurde erwartet, daß sie zumindest in jedem zweiten Jahr erschienen. Sie konnten sich jetzt diesen Besuch sparen – es war ihnen anheimgestellt, sich durch eine Zahlung von dieser Pflicht zu befreien.

Die Zentralisierung der Kurie zog nicht nur höhere Einkünfte, sondern auch größere Kosten und prächtigere Hofhaltung nach sich. Bald verfügte Seine Heiligkeit über ein Söldnerheer, das bezahlt werden wollte. Alvaro Pelayo, ein zeitgenössischer hoher Kleriker, schildert, wie er bei jedem Besuch der päpstlichen Gemächer dortselbst immer Geldmakler und Geistliche antraf, die gerade mit dem Zählen und Wägen von herumliegenden Geldhaufen beschäftigt waren. Wer war da nicht bestechlich? Pelayo wußte, wovon er schreibt, denn er war lange Zeit Beamter der Kurie. In Avignon versammelten sich die große Welt und die Halbwelt, Gaukler und Spaßmacher, Huren, Taschendiebe, Diplomaten, Höflinge, Bittsteller, Sekretäre, Anwälte, Kuriere – aus allen Teilen der Welt strömten sie nach Avignon, um ein Bittgesuch vorzulegen oder Arbeit zu finden. Die Stadt nahm ein kosmopolitisches Aussehen an, und die Preise stiegen.

Wenn man älteren Schätzungen glauben darf, standen Johannes XXII. im Jahresdurchschnitt 6 400 Gulden zur Verfügung. Als dieser Papst starb, hinterließ er seinem Nachfolger 800 000 Gulden, ein stattliches Sümmchen. Unter Johannes verschlangen Kriegführung und Bestanderhaltung des Kirchenstaates in Italien den Löwenanteil aller Ausgaben: 63,7 Prozent. Die Beamtengehälter machten 12,7 Prozent aus, Almosen und Kirchenbauten 7,2 Prozent. Für Kleidung gab der Papst 3,3 Prozent aus, für sonstige Bauten 2,9 Prozent, und für Küche und Keller wandte er 2,5 Prozent auf. Für neuen Grunderwerb legte er 0,4 Prozent hin, für den Marstall 0,3 Prozent und für Schmuck 0,17 Prozent. Ganz besonders sparsam war der Heilige Vater in Sachen Wissenschaft und Kultur: Die Ausgaben für Bücher betrugen 0,16 Prozent.

Zwar gelang es Clemens VI., die Kunst der Besteuerung noch zu verfeinern und die Erträge damit zu erhöhen, aber seine verschwenderische Lebensweise riß dennoch ein großes Loch in den Staatssäckel. Also mußten neue Geldquellen aufgetan werden. Am schlimmsten betroffen wurden von diesen Maßnahmen die germanischen Länder. Papst Clemens verstand nicht, welchen Schaden sein unstillbarer Geldhunger dort anrichtete. Als er einmal auf die überhöhten Ansprüche der Kurie angesprochen wurde, entgegnete er ruhig: »Meine Vorgänger verstanden es nicht, Papst zu sein.«

Bislang hatte die Kurie hauptsächlich die Inhaber kirchlicher Ämter zur Kasse gebeten; doch jetzt fing sie an, auch die Laien zur Ader zu lassen. Gerade damals begann der Ablaß eine wichtige fiskalische Rolle zu spielen. Ursprünglich, am Ende des 11. Jahrhunderts, anläßlich des ersten Kreuzzuges, war der Ablaß eine Art Belohnung für die Kreuzzugteilnehmer. Dieser Kreis wurde immer größer: Innozenz III. erteilte ihn auch an die Organisatoren und die Finanziers eines Kreuzzuges. Papst

Clemens VI. wies 1343 in seiner Bulle »Unigenitus« ausdrücklich auf diesen Schatz der Kirche hin, den die Kirche, sozusagen gestückelt, zu verkaufen bereit war. Der Papst erklärte auch, auf welch wunderbare Weise er als der Stellvertreter Christi in den Besitz dieses Schatzes gelangt war und wie er ihn zu vertreiben gedachte:

»Ein Tropfen von Christi Blut hätte genügt, um damit die ganze menschliche Art zu erlösen. Aus dem reichen Überfluß von Christi Opfertod ist uns ein Schatz entstanden, welcher nicht in einem Sacktuch verborgen oder in einem Feld vergraben werden darf; er soll verwendet werden. Dieser Schatz wurde von Gott seinem Stellvertreter auf Erden anvertraut, dem hl. Petrus und seinen Nachfolgern, damit sie die Gläubigen, die gebeichtet und bereut haben, ganz oder zum Teil von den zeitlichen Strafen ihrer Sünden befreien.«

Im Jahr darauf gelangten allein in England zweihundert Personen in den Besitz eines solchen Ablasses. Ursprünglich konnte der Ablaß nur die Kirchenstrafen löschen, aber die Kirche räumte Stück für Stück ein, daß er auch Fegefeuerstrafen aufzuheben vermochte. Kirchengeschichtlich liegt die größere Bedeutung des Ablasses freilich in den Erträgen für die Kurie.

Das Ablaß- und Bußwesen war in Avignon streng systematisiert. Es gab eine eigene Behörde, die nur dafür zuständig war. Schon 1338 ließ Benedikt XIII. eine Tafel erstellen, eine Art Preisliste für Sünden, auf der man die Höhe der zu entrichtenden Bußen ablesen konnte. Dieses Buch enthielt ein vollständiges Preisverzeichnis: Ungehorsam gegen ein kirchliches Gebot, die kleinen Pflichtversäumnisse des täglichen Lebens, Diebstahl, Wucher, Betrug, Eid- und Ehebruch, Brandstiftung, Verrat, Verleumdung, Unglaube, Umgang mit Ketzern, unterlassene Bußübungen, vernachlässigte Gelübde – für alles konnte man bezahlen. Ein Kardinal, der gegen Ende des Jahrhunderts selbst Papst wurde, meinte dazu: »Es gibt nichts, was die römische Kurie ohne Geld verliehe. Selbst die Handauflegungen und die Geschenke des Heiligen Geistes werden verkauft.« Jean de Gascoinge schreibt: »Die Kirche wurde dadurch zur

Hure, weil sie sich jedem gegen Geld in die Arme wirft, der sie begehrt.« Es fehlte also keineswegs an kritischen Stimmen im hohen Klerus. »Oh money, money, how much thou canst effect, especially in the Roman court«, rief ein englischer Bischof nach dem Besuch der Kurie aus.

In Avignon war alles käuflich, selbst Würde und Gelehrsamkeit für ein hohes Kirchenamt. Als John Buckingham, ein englischer Bischof – in dieser Eigenschaft sind wir ihm bereits begegnet – und Lordsiegelbewahrer Seiner Majestät, eine größere, würdigere Diözese begehrte, da tauchte am päpstlichen Hofe die Frage auf, ob der Bewerber genügend gelehrt sei, »um eine derart reich bevölkerte und noble Diözese zu leiten«. Der Herr Bischof wurde nach Avignon eingeladen, und siehe da, nach einer schönen Zahlung bestand er die Prüfung. Im Jahr darauf erhielt er die begehrte Diözese von Lincoln, der auch die Pfarrei Fillingham unterstellt war. Was Wunder, daß die Gläubigen nunmehr zu glauben begannen, das Gleichnis vom guten Hirten sei abgewandelt worden, und Christus habe seinem Nachfolger auf dem Stuhl Petri die Schafe nicht zum Weiden anvertraut, sondern zum Scheren. Es gab Flugschriften, welche Christus und den Papst im Zwiegespräch zeigen:

Christus: »Ich habe nichts, da ich mein Haupt hinlege.«
Der Papst: »Sizilien ist mein, Korsika ist mein. Assisi ist mein.«
»Wer glaubt und getauft wird, wird selig.«
»Wer zahlt und Ablaß erhält, wird losgesprochen.«
»Weide meine Schafe.«
»Ich schere meine.«

Die Kritik an der Verweltlichung der Kirche und der Geldgier des Papsttums kam von allen Seiten. Peter von Blois, Erzdekan im englischen Bath, verglich die Kirchenoberen mit Schlangen und Wölfen, und Dante setzt in seiner »Divina Commedia« den Nachfolger Petri gar in die Hölle und fragt ihn:

Nun sag mir doch, wieviel hat unser Herr
dem heiligen Petrus abverlangt, bevor
er ihm die Schlüssel zur Betreuung gab?

(Hölle, 19. Gesang)

115

Immer wieder kommen die Kritiker an der Verweltlichung auf die Konstantinische Schenkung zu sprechen, aus der – wie sie glauben – das ganze Unheil erwuchs·

Weh, wieviel Unheil, Konstantin, erwuchs –
nicht etwa aus der Taufe, aus der Schenkung
des ersten Reichtums an den Heiligen Vater!

Auch Wyclif hat später immer wieder diese – vermeintliche – Schenkung als die Ursache der päpstlichen Verderbnis gegeißelt. Was hat es nun mit dieser »Schenkung« auf sich? Die Schenkungsurkunde wurde während des späten 8. Jahrhunderts getürkt. Aus dieser gefälschten Urkunde geht hervor, daß der christliche Kaiser Konstantin bei seinem Aufbruch nach seiner östlichen Reichshauptstadt Konstantinopel dem Papst das Abendland als Reich überlassen hat. Unter dem tatkräftigen Papst Gregor VII. wurde die Konstantinische Schenkung zum Teil in das kanonische Recht aufgenommen.

Einer der schärfsten Kritiker des avignonesischen Papsttums war Petrarca, der *poeta laureatus*. Petrarca, selbst im Besitz der niederen Weihen, wurde mehrmals von der Kurie eingeladen, in ihre Dienste zu treten, und er lehnte vermutlich nicht ab, weil die Kurie für ihn ein Ort der Verderbnis war, sondern weil er fürchtete, sie lasse ihm zuwenig Zeit für seine Schriftstellerei. Als Papst Clemens VI. ihn an seinen Hof bat, um für die päpstliche Bibliothek gute alte Handschriften der Werke Ciceros zu sammeln, nahm er mit Freuden an.

Für Petrarca – wie für andere patriotische, gelehrte Italiener seiner Zeit – ist die Kurie ein Sündenbabel; seine Satiren auf den päpstlichen Hof atmen den Haß des leidenschaftlichen Patrioten. Bald nennt er die Kurie eine »Quelle des Schmerzes, eine Herberge des Zornes, Schule der Irrtümer, Tempel der Ketzerei, einst Rom, jetzt das falsche, schuldbeladene Babylon, Schmiede der Lügen, entsetzliches Gefängnis, Hölle auf Erden, barbarische Weltkloake«, bald nennt er sie »die Hölle, worin der Zerberus alles verschlingt«; nicht eine Stadt sei dieses Avignon nunmehr, sondern »ein Sitz der Dämonen, ein Pfuhl aller

Laster, die irgend Namen tragen«. In einem vertraulichen Brief, datiert 1350, schreibt Petrarca über den päpstlichen Hof: »Die einzige Hoffnung auf Rettung beruht dort auf Gold; mit Gold wird der Himmel geöffnet, um Gold wird Christus verkauft! Alles Gute geht dort zugrunde, vor allem die Freiheit, dann aber der Reihe nach Ruhe, Freude, Hoffnung, Glaube, Liebe, ungeheure Verluste der Seele! Aber im Reiche der Habsucht wird nichts für Schaden geachtet, wenn nur das Gold gerettet wird. Ich sage, was ich gesehen, nicht was ich bloß gehört habe. Ich weiß aus Erfahrung, wie dort keine Frömmigkeit, keine Liebe, kein Glaube, keine Ehrfurcht vor Gott, nichts Heiliges, nichts Gerechtes ist. Die Sache ist weltbekannt und keines Beweises bedürftig. Ich bitte, ich flehe Dich an, ich beschwöre Dich, wenn Du für Deine Seele Sorge trägst: laß Dir's nie mehr in den Sinn kommen, dorthin zu gehen, wo noch nie jemand durch Beispiel gebessert, wohl aber unzählige aufs äußerste verschlimmert worden sind! Die Hoffnung auf das zukünftige Leben ist dort eine leere Sage; Auferstehung des Fleisches, Ende der Welt und Christi Zukunft zum Gericht wird für eitles Märchen gehalten. Wahrheit ist dort Wahnwitz, Enthaltsamkeit Tölpelei, Schamhaftigkeit ungeheure Schande; dagegen Frechheit im Sündigen ist Geistesgröße und je befleckter ein Leben, desto heller strahlt es, je mehr Verbrechen, desto mehr Ruhm. Wer wollte nicht zürnen und lachen über jene Greise von frechem Gemüt, die so sehr in jede Schande sich stürzen, als wäre ihr ganzer Ruhm nicht im Kreuze Christi, sondern in Schmausen und Trunkenheit, Kammern und Unzucht.«

Freilich hat er, römischer Patriot, der er war, ziemlich übertrieben, weil er es nicht mit ansehen konnte, wie sein Rom unter der Abwesenheit des Papstes leiden mußte. Er hatte keinen Grund, den Päpsten persönlich zu grollen, aber sein Rom sank in dieser Zeit von der Höhe der Weltenherrscherin herab zur italienischen Provinzstadt, ausgeliefert der Willkür seiner Adelsparteien, die sich blutige Scharmützel lieferten. Die Kirchen der Stadt verfielen, und in St. Peter und im Lateran weideten die Schafe bis vor den Altar des Herrn. Cola di Rienzo, auch er ein römischer Patriot, schrieb, die Stadt gleiche eher einer Räuberhöhle als einer Wohnstätte gesitteter Menschen. Das Papsttum war in Avignon seiner Muttererde entrissen, und die entwurzelte Kurie litt daran nicht weniger als das mütterliche Rom. Petrarca erinnerte den Papst an das Jüngste Gericht: »Was wirst Du Petrus antworten, wenn er Dir sagen wird: ich floh aus Rom vor der Wut Neros; mein Meister tadelte meine Flucht, und ich kehrte nach Rom zurück in den Tod; doch sprich, welcher Nero und Domitian hat Dich aus Rom verbannt? Willst Du beim Jüngsten Gericht lieber unter den ruchlosen Sündern Avignons statt zwischen Petrus und Paulus auferstehen?«

Die große Pest zur Jahrhundertmitte traf die päpstliche Stadt noch schwerer als andere Städte vergleichbarer Größe. Der Heilige Vater ließ alle Prozessionen und anderen öffentlichen Veranstaltungen untersagen. Er zog sich auf Anraten seines Leibarztes Gui de Chaculiac in seine Privatgemächer zurück, empfing keine Menschenseele und kauerte den ganzen Tag zwischen zwei großen Feuern. Eine Zeitlang lebte er in seinem Schloß unweit von Valence. In Avignon soll die Pest etwa die Hälfte der Einwohnerschaft ins Grab gebracht haben. Nicht weniger mörderisch verlief die nächste Pestepidemie, die von 1361, der allein in Avignon neun Kardinäle, siebzig Prälaten und etwa 17 000 gewöhnliche Sterbliche zum Opfer fielen.

In den sechziger Jahren entschloß sich Urban V., in den römischen Kirchenstaat zurückzukehren. Mitte Mai 1367 bestieg er eine Galeere, die ihn nach Italien bringen sollte. Am 4. Juni traf er in Corneto ein und reiste nach der heißen Jahreszeit, Mitte Oktober, nach Rom weiter, das seit sechzig Jahren keinen Papst gesehen hatte. Aber bald sehnte sich der Franzose zurück in die heimatliche Stadt an der Rhône. Weder die flehentlichen Bitten seiner Römer noch die Mahnungen Petrarcas oder die Drohungen der hl. Brigida, die ihm baldigen Tod verhieß, sobald er Italien verließe, vermochten ihn davon abzubringen. Er kehrte zurück nach Avignon und verstarb kurz darauf. Der neue Papst, Gregor XI., war kaum 40 Jahre alt.

Von jenseits der Alpen, von Italien her, nahmen die Klagen und Bitten kein Ende, der Papst möge das verhaßte Avignon wieder mit dem vertrauten Rom vertauschen. Die hl. Katharina von Siena pilgerte persönlich nach Avignon, um den Heiligen Vater flehentlich zu mahnen, er möge nach Rom heimkehren. Katharina war die Tochter eines Färbers, geboren im gleichen Jahr, als Cola di Rienzo in Rom die Revolution ausrief; sie war Prophetin und Seherin, tiefsinnig und träumerisch wie der hl. Franz von Assisi. Sie lebte seit früher Kindheit als Nonne bei den Dominikanerinnen.

Während ihres Aufenthalts in Avignon bestand die Färbertochter stets dem Papst gegenüber darauf, er möge in die Ewige Stadt zurückkehren. Aber sie verlangte mehr, sie wollte auch eine Reform der Kirche, namentlich eine sittliche Erneuerung des Klerus. Die hochmütigen und verweltlichten Kardinäle staunten, mit welcher Offenheit dieses einfache Mädchen dem Papst die Mißstände seiner Kirche vorwarf. Am päpstlichen Hof, so schrie sie laut, finde man nicht ein Paradies himmlischer Tugenden, sondern den Lastergeruch der Hölle. Mit einer Hölle verglich auch die andere große Heilige des Jahrhunderts, Brigida, den päpstlichen Hof. Seine Habgier, klagte sie, sei unersättlich, seine Üppigkeit abscheulich, der schlimmste Abgrund sei dort die Simonie; ein Bordell werde dort mehr verehrt als Christus.

Die Mißstände der Kirche waren augenfällig; sie schrien nach einer Reform der Kirche an Haupt und Gliedern.

GRAVAMINA

Die lauthals vorgetragenen Klagen an die Adresse der Kurie betrafen keineswegs nur das Papsttum, sie betrafen auch das tägliche Leben der Kleriker und der Mönchsgemeinschaften. Berühmt wurden die »Gravamina« erst im 15. Jahrhundert; als die Reformforderungen der deutschen Nation wurden sie auf den Konzilien von Basel und Konstanz erstmals formuliert, und es verging bis zur Reformation kaum ein Reichstag, kaum eine Versammlung der Stände, auf der sie nicht vorgetragen wurden. Martin Luther hat viele dieser Forderungen in seine große reformatorische Programmschrift von 1520, betitelt »An den christlichen Adel deutscher Nation von des christlichen Standes Besserung«, aufgenommen. Damit ist nicht gesagt, daß die Mißstände – die echten wie die scheinbaren – die einzige Ursache waren für das Auftreten eines Wyclif oder eines Luther; aber ganz gewiß waren die Mißstände und die jahrzehntelang laut geäußerten Klagen ursächlich daran beteiligt, daß Reformatoren Zulauf aus dem Volk erhielten und daß ihre Stimmen gehört wurden. Die Namen Luthers und Calvins wären unbekannt geblieben, schreibt John Milton in seiner »Areopagitica«, wenn die Oberen der Kirche zu ihrer Zeit auf Wyclif und Hus gehört hätten.

Dabei war das Zeitalter, das auf Hungersnöte, Pest und Massensterben folgte, von einer fieberhaften, inbrünstigen Religiosität erfüllt, von ungestilltem, verzehrendem religiösem Verlangen. Doch diese Kirche konnte die geistlichen Bedürfnisse ihrer Gläubigen nicht erfüllen. Gewiß war die Kirche nicht verderbter als andere Kräfte in der Gesellschaft; aber an die Kirche wurden höhere Ansprüche gestellt, weil sie selber an die Gläubigen die höchsten Ansprüche stellte. Die Kirche konnte ihre eigenen Forderungen nicht erfüllen. Im ausgehenden Mittelalter, vor der Säkularisierung der Gesellschaft, fielen der Kirche die vielfältigsten Aufgaben zu: Bildungswesen, Landwirtschaft, medizinische Versorgung, Kreditbeschaffung, Altersfürsorge, Armen- und Sozialhilfe, ja selbst die Rekrutierung von Staatsmännern, was heute politische Parteien besorgen. Wen wundert es daher, daß die Kirche all die Kritik auf sich vereinte, die heute an einer Vielzahl von Institutionen geübt wird?

Verfall und Erneuerung, Dekadenz und Reformation – mit diesen Leitthemen ließe sich eine Kirchengeschichte des hohen und des späten Mittelalters schreiben. Der Verfall zog die Erneuerung nach sich, die Kirche überlebte. Namentlich die Ordensgründungen dieser Epoche lassen sich als Erneuerungen der Kirche begreifen. Die Wechselwirkung zwischen sozialem und religiösem Wandel zeigt sich nirgendwo deutlicher als bei den Orden; sie machen augenfällig, daß die Geschichte der mittelalterlichen Gesellschaft aufs engste mit der Geschichte der mittelalterlichen Kirche und der Orden verknüpft ist.

Waren es im 10. Jahrhundert die Cluniazenser gewesen, die der Kirche aus ihrem Inneren heraus einen Anstoß zur Reform vermitteln wollten, so waren es im folgenden Jahrhundert die Zisterzienser. Sie gründeten in England berühmte Abteien: Wayerley 1129, im äußersten Süden des Landes, 1131 folgte Tintern Abbey, 1136 Ford, 1138 Bordesley. Doch inzwischen waren beide Orden verfallen – freilich nicht in dem Sinne, daß es ihnen wirtschaftlich schlecht ergangen wäre: weit entfernt davon, sie waren nach wie vor die reichsten Orden auf englischem Boden. Ihren Reichtum verdankten sie der Produktion von Wolle und dem Handel damit.

Die in der Landwirtschaft tätigen Orden, die Cluniazenser wie die Zisterzienser oder die älteren Benediktiner, gewannen an Wohlstand, und die Gestalten ihrer Mönche wuchsen immer mehr ins Rundliche. Diese Orden unterhielten große, aber längst nicht immer gut verwaltete Ländereien. Einen Teil ihres Grund und Bodens – der beständig wuchs, kaum je abnahm – hatten sie verpachtet, und natürlich zogen die Orden auch in ihrer Eigenschaft als feudale Grundherren Kritik auf sich. Je länger sie in der Landwirtschaft tätig waren, desto mehr neigten sie dazu, sich zuvörderst als Wirtschaftsbetriebe zu verstehen, die nutzbringend und wirtschaftlich arbeiten und Güter ansammeln sollten. Von diesem Reichtum profitierten die Mönche. Die Klöster wurden Unternehmen, die ihre Rechte und Vorteile zu wahren suchten; die Ordensregeln gerieten dabei in Vergessenheit:

> . . . meine Regel schwärzt nur das Papier,
>
> die Mauern, die ein Kloster waren, sind
> nun Diebeshöhlen, und die Kutte ist
> ein voller Sacke mit faulem Mehl geworden.
>
> Doch schwerster Wucher ist dem Sinn des Herrn
> nichts grimmiger zuwider als der Zins,
> nach dem das tolle Herz der Mönche schlägt.
> . . .
> und wenn du diese Anfänge betrachtest
> und dann gewahr wirst, wo hinaus sie führen,
> so siehst du, wie das Helle dunkel ward.
>
> (Paradies, 22. Gesang)

Mit diesen Worten geißelte Dante den Verfall der Orden. Sein Landsmann, der hl. Benedikt, hatte in seiner berühmten Regel von seinen Mönchen verlangt, keine Fleischspeisen zu essen. Aber im 14. Jahrhundert war diese Bestimmung in den meisten Klöstern toter Buchstabe. 1316 machte eine päpstliche Bulle gerade in diesem Punkt großzügige Zugeständnisse. Überdies steckte man den Mönchen jetzt ein Taschengeld zu, und sie erhielten bezahlten Urlaub. Benedikts »Ora et labora« übersetzten die pflichtvergessenen Mönche mit »Schlafe und genieße«. Viele Klöster beherbergten mehr Dienstboten und Handlanger als Ordensleute. Diese Laienbrüder, *conversi* genannt – die ›Konversion‹ bezog sich ursprünglich auf den Übertritt von der weltlichen zur klösterlichen Lebensweise –, mußten den Mönchen die schwersten Arbeiten abnehmen, und die Tätigkeiten, denen die Mönche nunmehr nachgingen, waren nicht immer kontemplativer Natur. Sie vernachlässigten Martha, ohne deswegen Maria zu huldigen.

Alle schlechten Eigenschaften sagte man der Geistlichkeit und den Mönchen nach. Wie ein späteres Zeitalter Herz und Schmerz reimte, so verband das 14. Jahrhundert den Affen mit dem Pfaffen. Darf man den Zeitgenossen glauben, dann waren gerade die Mönche ein Ausbund an Lasterhaftigkeit. Es gibt unzählige vergnügliche Geschichten, in denen Mönche und Bettelmönche von Laien kritisiert werden. Chaucer hat uns im Prolog seiner »Canterbury Tales« einen solchen Mönch in aller Farbigkeit gezeichnet:

> Ein Mönch war da, ein würdiger Kumpan,
> Ein großer Jäger und ein Reitersmann,
> Ein ganzer Kerl, gemacht, um Abt zu werden.
> Gar wohl versehen war sein Stall mit Pferden;
> Saß er zu Rosse, wenn es windig war,
> So klirrten seine Zügel hell und klar,
> Als läutete die Glocke zur Kapelle,
> Woselbst der Herr Bewohner seiner Zelle.
> Die Regeln von St. Maur und Benedikt
> Hielt dieser Mönch für reichlich alt und strikt;
> Weshalb er sich mit ihnen nicht befaßte.
> . . .
> Ich kann ihm diese Ansicht nicht verübeln.
> Was? Sollte etwa er verrückt sich grübeln,
> In seinem Kloster über Büchern sitzen,
> Oder gar bei der Arbeit seiner Hände schwitzen,
> Wie Augustin befiehlt? – Die Welt muß treiben,
> Und Augustin mag bei der Arbeit bleiben!
> Darum gebraucht er seine Sporen tüchtig;
> Windhunde hielt er, wie die Vögel flüchtig;
> Das Reiten war ihm und das Hasenhetzen
> Das nie zu teure, liebstes Herzergötzen.
> Die Ärmel, sah ich, hatt er an der Hand
> Verbrämt mit feinstem Pelzwerk aus dem Land,
> Seine Kapuze schloß er unterm Kinne

Mit einer wunderlichen, goldnen Pinne,
An der als Knopf ein Liebesknoten saß.
Rund war sein Schädel und so blank wie Glas,
Und fettig glänzten seine Wangen auch;
Ein feister Herr war er und stark von Bauch.
Sein rollend Augenpaar lag tief im Hirne,
Und wie ein Kessel dampfte seine Stirne.
Die Stiefel waren weich, und herrlich glänzte
Sein Roß. Kein angstgequältes, bleich Gespenste
Konnt nennen man den trefflichen Prälaten;
Ein fetter Schwan war ihm der liebste Braten,
Und brombeerfarben sah sein Leibroß aus.

Mönche wie dieser finden sich in allen Orden, und das nicht
nur im englischen Raum. Die »Carmina burana«, eine wunder-
volle Sammlung lateinischer Lieder aus dem süddeutschen
Raum, schildern ähnliches:

Monachi sunt nigri	Ja, die schwarzen Brüder
et in regula sunt pigri,	sind schlechte Ordenshüter,
bene cucullati	stolzierend wie die Gecken
et male coronati	sie die Tonsur verstecken!
quidam sunt cani	Die graue Kutten tragen,
et sensibus profani.	suchen weltliches Behagen.
quidam sunt fratres	Andere Insassen
et verentur ut patres	sich »Pater« nennen lassen.
dicuntur Norpertini	Sie heißen Norpertiner
et non Augustini,	und nicht mehr Augustiner.
in cano vestimento	In grauer Kutte freuen
novo gaudent invento.	sie ihrer Tracht sich, ihrer neuen.
	(40,7)

Die Cluniazenser und die Zisterzienser waren in ihrer Zeit als
Reformorden angetreten; aber nach ein, zwei Jahrhunderten
waren ihre Anstrengungen erlahmt. Zu Beginn des 13. Jahrhunderts nahmen junge Ordensgründer ihre Fackel auf und
versuchten, durch neue Orden den Reformgedanken wieder zu
beleben und ihn aufs neue der Kirche einzupflanzen. Diese

neuen Orden stellten nicht die mönchische *oboedientia* (Gehorsam) in den Vordergrund, sondern die *paupertas* (Armut), wobei sich die Armut nicht nur auf den einzelnen Mönch beschränken sollte, sondern auch auf die Orden. Durch ihre apostolische Armut wollten diese Ordensgründer ganz in die Fußspuren Christi treten und ihre Mitmenschen zu einem besseren, gottgefälligeren Leben anspornen. Bei den beiden großen Bettelorden, den Franziskanern und den Dominikanern, stand von Anfang an der Reformgedanke im Vordergrund. »Bringe mein Haus in Ordnung, denn es ist, wie du siehst, dabei, gänzlich zerstört zu werden«, das waren die Worte, die der hl. Franz von Assisi hörte und zunächst wörtlich nahm. Also begann er Geld zu sammeln für die Restauration der Kirchen in seiner umbrischen Heimat. Aber dann erkannte er, wie diese Worte zu verstehen waren. Der andere große Ordensgründer, der hl. Dominikus von Calahorra, war Spanier, Kastilier. Er hatte mit ansehen müssen, wie reiche Prälaten in Avignon davon sprachen, sie wollten die Ketzer im Süden Frankreichs persönlich bekehren – und da war es Dominikus wie Schuppen von den Augen gefallen, daß nicht feiste Prälaten, sondern nur Brüder, welche die Kasteiungen Christi nachvollzogen, diese asketischen Ketzer zur Umkehr rufen konnten. Dominikus gründete einen Predigerorden zur Bekämpfung der Ketzerei.

Die neuen Orden wuchsen so schnell, wie die alten sich auflösten. Die alten Orden wurden weniger und weniger: Christ Church, Canterbury, zählte 1120 noch 120 Mönche, 1207 waren es nur noch 64. Schneller war der Verfall auf dem Kontinent: In Fulda, einem der größten deutschen Klöster, gab es im 9. und 10. Jahrhundert an die zweihundert Mönche, im 13. und 14. Jahrhundert waren es zwanzig bis dreißig. Aber die Bettelorden erlebten in der ersten Hälfte des 13. Jahrhunderts einen rasanten Aufstieg; ihnen strömten zahlreiche Laien zu, obgleich die Bettelorden anfangs in dem Ruf der Ketzerei standen. Allein die Franziskaner besaßen 1263, also gut fünfzig Jahre nach ihrer Gründung, 1100 Klöster, zu Beginn des 14. Jahrhunderts waren es bereits mehr als 1400. Der Einfluß der neuen Orden war groß.

Die neuen Orden unterscheiden sich deutlich von den alten. Im Englischen bezeichnet man als *monk* den Angehörigen einer der alten Klostergemeinschaften; der Bettelmönch heißt *friar* (von frz. *frère*, Bruder). Die neuen Orden lassen sich in der Stadt nieder, während die alten auf dem Land saßen und Feldarbeit verrichteten. Die Bettelorden sind besser organisiert als die alten Orden, und sie machen sich zum Instrument des päpstlichen Zentralismus. Die Franziskaner gehen im 13. Jahrhundert soweit, von der Unfehlbarkeit des Papstes zu reden, was freilich die Kirche erst Jahrhunderte später zum Dogma erhebt. Sie richten ihre Aufmerksamkeit auf die Seelsorge. Von Anfang an stellen sie sich auf die Seite der mittellosen Masse des Volkes, teilen deren Leid und Not. Hatte sich die Geistlichkeit bislang damit begnügt, die religiösen Bedürfnisse der Gläubigen mit trockenen Worten und rituellen Handlungen abzuspeisen, so wenden sich die Bettelorden mit bildhaften, drohenden Worten an sie, beschwören mit flammenden Reden die Gefahren des irdischen Lebens für das Jenseits. Sie bringen den Bresthaften und den Sterbenden geistlichen Trost und Hilfe; unerschrocken gehen sie in die Spitäler und nehmen sich der Kranken an. Den Ausgestoßenen der Gesellschaft, den Leprösen, reichen sie die Hand. Starb irgendwo ein Verzweifelter, dann war bestimmt ein Bettelbruder an seiner Seite, um dem Sterbenden ein Bildnis des Heilands auf seine Lippen zu drükken. Wenn diese hageren Prediger mit rotgeränderten, feurigen Augen und ihren knochenbleichen, ausgezehrten Gesichtern vor die Gemeinden hintraten, gezeichnet von Hunger, Entbehrung und Kasteiung, dann lauschten selbst die verstocktesten unter den Zuhörern den leidenschaftlichen Worten dieser Redner.

Als Prediger und als Beichtväter waren die Brüder der Bettelorden anfangs im Volk sehr beliebt. Als Prediger kamen sie an, weil sie ihre Zuhörer zu fesseln wußten, indem sie ihnen nach dem Mund redeten; als Beichtväter waren sie geschätzt, weil sie dafür bekannt waren, nach geringer Buße die Absolution zu erteilen, wenn sie dafür eine kleine Spende bekamen. Weniger beliebt waren sie bei der Weltgeistlichkeit und den hohen Prälaten. Der Klerus setzte beim Papst durch, daß es den Bettelorden verboten wurde, ohne die Erlaubnis des zuständigen Dorfpfarrers in seinem Sprengel zu predigen. Aber der Papst hob diese Bestimmung bald wieder auf und ermächtigte die Orden, in jeder beliebigen Gemeinde sämtliche priesterliche Funktionen zu erfüllen. Kein bischöfliches Auge sollte über ihnen wachen, und wenn es da und dort Schwierigkeiten gab, durften sie sich direkt an den Papst wenden. Die Bettelorden wurden zur geheimen Privatarmee des Heiligen Stuhls, was wiederum den politischen Kräften nicht gefallen konnte.

Bald setzte bei diesen neuen Orden der Verfall ein. Aus Frankreich war schon seit geraumer Zeit zu hören, daß die Bettelorden die Predigt Predigt sein ließen und sich lieber dem Ansammeln von Reichtum, dem Müßiggang und dem Wohlleben hingaben. Sie fingen an – im Widerspruch zu den Geboten ihrer Stifter –, irdische Schätze anzuhäufen. Das alles gehöre nicht ihnen, so beteuerten sie, es sei der Besitz des Papstes. Daß sie die Nutznießer dieser Schätze waren, verschwiegen sie wohlweislich. Hinter ihrer Kutte verbargen sie Sattheit und Laster. Wir wissen von einem englischen Kloster, das jährlich für Nahrungsmittel 1700 Pfund ausgab – gemessen an der Zahl seiner Mönche eine riesige Summe –, etwas mehr noch, 2200 Pfund, für Wein und 300 Pfund für Gerichtsverfahren. (Ziemlich klein nehmen sich daneben die anderen Posten aus: Kleidung 500 Pfund, Instandhaltung der Gebäude 460 Pfund, Heizung 120 Pfund und Licht 120 Pfund.)

Die Bettelmönche sanken in ihrem Ansehen herab und wurden zur Zielscheibe des öffentlichen Spottes. Die Zeitsatire schilderte sie als tölpelhafte Possenreißer, plumpe, gemeine, schmutzige Hausierer, die ihre frommen Redensarten feilbieten und denen keiner glaubt. »He is a friar and therefore a liar«, lautete ein geflügeltes Wort – er ist ein Bettelmönch und daher ein Lügner. Bald wurden sie auch ihrer Bettelei wegen angegriffen, hinter der man nichts als Faulheit vermutete:

Wie, glaubt ihr, wenn mir Gold- und Silbergeld
So leicht durch Predgen in die Hände fällt.
Ich sollte dennoch freiwillig und gern
In Armut leben? – Nein, das liegt mir fern!
Ich predge mich und bettle mich durchs Land
Und tue keine Arbeit mit der Hand,
Vom Körbeflechten brauch ich nicht zu leben.
Ich bettle fleißig – und mir wird gegeben.
Nicht die Apostel ahm ich nach. – Auf Geld,
Korn, Käse, Wolle ist mein Sinn gestellt;
Und schenkt sie mir im Dorf der ärmste Knecht,
Die ärmste Witwe – mir ist alles recht;
Ob ihre Kinder auch verhungern müssen . . .

Nicht nur Geoffrey Chaucer, dem Dichter, auch einer breiten Laienöffentlichkeit kam es so vor, als ob das Betteln nicht
Ausdruck der Nachfolge Christi sei, in der die Mönche sich
wähnten, sondern vielmehr Ausdruck mönchischer Faulheit.
Davon zeugt eine weitere zeitgenössische Quelle: »Eine Art
von Mönchen nennt sich Bettelmönche, obgleich es scheint,
daß sie andere an den Bettelstab bringen, selbst faul, von frem-
dem Schweiße lebend. Von diesen legen sich einige den Namen
Observanten bei. Ich weiß nicht, welches Glück allen diesen zu-
geschrieben werden kann; nur das ist mir bekannt, daß der größere Teil von denjenigen, welche sich Minoriten nennen und
sich diesen Namen Observanten beilegen, aus rohen Bauern
und faulen Söldnern besteht, denen es nicht um die Heiligkeit
des Lebenswandels, sondern um die Vermeidung von Arbeit zu
tun ist.«
Ein konservativer Kritiker der Bettelorden, William of St.
Amour, sagte von ihnen, sie seien schlimmer als der Teufel,
denn während der Teufel nur Steine in Brot verwandeln könne,
verwandelten die Bettelmönche das Brot der Armen zu Stein.
Er spielte damit auf die gewaltigen Bauprojekte an, welche die
Bettelorden seit dem späten 13. Jahrhundert durchführten.
Faulheit und Unzucht waren wohl die Vorwürfe, welche die
Laien am häufigsten gegen Mönche und Geistlichkeit richte-

ten. Die Mönche wurden bezichtigt, sexuelle Beziehungen zu Frauen aus den Gemeinden zu unterhalten; »geil wie ein Bettelmönch« wurde zum üblichen Schlagwort. Jener Abt, der vor aller Augen und öffentlich mehrere Konkubinen hielt, mit ihnen Söhne und Töchter zeugte und wegen dieser und anderer Exzesse in weitem Umkreis bekannt war, war gewiß kein Einzelfall. Gregor X. machte einem Bischof die schlimmsten Vorwürfe, weil der sich nach Tisch gebrüstet hatte, er habe binnen zweiundzwanzig Monaten vierzehn Bastarde gezeugt. William Langland sah auf seiner Wanderschaft durch England genügend fromme Pilger, die ihre Beischläferinnen im Gefolge mit sich führten. Viele, die die Arbeit verabscheuten, zogen sich das Gewand eines Mönches an und machten sich in einem Kloster ein schönes, einfaches Leben.

Sittliche Delikte waren keineswegs die einzigen, deren sich die Geistlichkeit und die Mönche schuldig machten. In einem Zeitalter der Gewalt und der Rechtsunsicherheit waren die Geistlichen, oft die einzigen Menschen mit etwas Bildung und der Fähigkeit, Menschen zu führen, nicht selten Anführer von Räuberbanden. Ende des 14. Jahrhunderts wurden allein in London innerhalb von 25 Jahren drei Priester begnadigt, die wegen Totschlags verurteilt worden waren. Wegelagerei, Münzdelikte und Unzucht waren Verbrechen, die auch der Geistlichkeit nicht fremd waren. Der Klerus, auch der niedere, wurde daher ebensosehr verspottet wie die Mönche. John Gower, auch er ein englischer Dichter des 14. Jahrhunderts, hat in seiner »Vox Clamantis« die Verwahrlosung des Klerus gegeißelt. Die Zeit sei aus den Fugen, sagt er, das Licht des Glaubens verschwinde in der Finsternis; der niedere Klerus sei dumm, streitsüchtig, faul und geil, und die Prälaten griffen nicht durch, weil sie selber keinen Deut besser seien; die meisten Geistlichen seien Trunkenbolde, Raufbolde, Hurenböcke, und noch schlimmer seien die Ordensleute. Und Gower war beileibe kein Anhänger von Wyclif.

Martin Luther wurde in Deutschland bekannt, als er gegen einen theologischen Mißstand der Kirche, den Ablaß, vom Leder zog; ein Dominikaner war es, Tetzel, der in Luthers Deutschland den Ablaß mit niederträchtigen Sprüchen verkaufte. Wie die Kirche ihn seit dem 14. Jahrhundert anbot, bestand der Wert des Ablasses darin, den Sünder durch eine Zahlung von seiner Sündenlast zu befreien. Bald konnte sich der Sünder durch den Kauf eines Ablasses auch von zukünftigen Sünden befreien; er konnte seinen Ablaß verwenden wie einen Jahresfreifahrschein, der zur Sünde einlud.

> For a simple fornication
> Twenty shillings he shall pay,
> And then have a absolution
> And all the year usen it forth he may.

Der Kauf eines Ablasses war beinahe eine Ermunterung zur Sünde, von der man sich ja schon im voraus freigekauft hatte. Der Ablaßkrämer, gewöhnlich ein Bettelmönch, machte mit der Sünde sein Geschäft. Im Prolog seiner »Canterbury Tales« hat Chaucer einen dieser Brüder verewigt:

> So hielt mit Possen und mit Schmeichelworten
> Das Volk zu Narren er an allen Orten.
> Doch, um nicht von der Wahrheit auszuweichen,
> Als Kirchenredner war er ohnegleichen:
> Schön las den Bibeltext er und Historien,
> Jedoch am besten sang er Offertorien,
> Da hinterdrein er gleich den Anfang machte
> Mit seiner Predigt, die ihm Geld einbrachte.
> Zu diesem Zwecke spitzt er seine Zunge
> Und sang vergnügt aus voller Lunge.

Als Gottesleute waren die Mönche unglaubwürdig; aber sie waren gute Vertriebsleute, gerissene Verkäufer, die alles zu Geld machten, was sich irgendwie versilbern ließ. Den gutgläubigen Laien redeten sie ein, sie könnten durch sogenannte Bruderschaftsbriefe an den Verdiensten der Mönche teilhaben. Wer in der Stunde seines Todes im Gewand eines Bettelordens vor dem Throne Gottes erscheine, der könne nicht verdammt werden. Mancher Gläubige schätzte auch das Gebet hoch ein, das ein Bettelmönch – gegen Zahlung einer Gebühr, versteht sich – für ihn hersagen würde. Die Mönche behaupteten, ihre überschüssigen Verdienste könnten, ähnlich denen der Heiligen, an andere arme Seelen abgegeben werden. John Wyclif meinte dazu, der Kunde kaufe hier in jedem Falle die Katze im Sack, denn der Mönch hätte vermutlich später selber die größten Schwierigkeiten, seine Haut vor den Fängen des Satans zu retten, geschweige denn, daß er noch eine zweite Seele mit sich in den Himmel tragen könne.

Wyclif kam es auf die Gesinnung eines Menschen, auf seine Einstellung zur Sünde und auf seine Bußfertigkeit ebensosehr an wie dem deutschen Reformator. Er verwarf die Heilsmechanismen der Kirche, die angeblich wie gut geschmierte Räder funktionierten. Wyclifs Einstellung gegenüber den Orden durchlief einen bemerkenswerten Wandel: Die alten Orden waren ihm schon in jungen Jahren in Oxford verdächtig, mit den Bettelorden geriet er aber erst in späteren Jahren übers Kreuz. Daß die einfachen Mönche zum akademischen Leben der Universität wenig beitrugen, bemerkte er schon als Student in Oxford. Die Mönche waren keine großen Lichter. Er sah, wie reich und wohlgenährt diese Mönche waren, wie losgelöst vom Leben des englischen Volkes ihr klösterliches Dasein verlief. Nicht selten bildete der Abt eines Klosters für das Umland so etwas wie eine Sparkasse, bei der man seinen ersparten Groschen zinslos hinterlegen konnte, um ihn vor Dieben zu schützen. Der Abt ließ das Geld natürlich nicht fruchtlos herumliegen, er ließ es für sich arbeiten. (»Die Leichname der Wucherer wurden einst auf freiem Feld oder in einem Garten verscharrt«, schrieb ein Franziskanermönch verbittert, »heute werden sie vor dem Hochaltar beigesetzt.«) Vom Kloster Oseney in Oxfordshire war bekannt, daß seine 26 Mönche ein Jahreseinkommen von 750 Pfund hatten, dazu noch Steuerfreiheit. Der Abt war nebenbei in Geldgeschäften tätig und verdiente für die Seinen noch ein schönes Zubrot. Kloster Rewley, unweit von Oxford, verfügte über ein Jahreseinkommen von 174 Pfund, davon konnten seine 15 Mönche bequem leben. Trotzdem stritten sie sich wegen der Wasserrechte mit der Stadt herum.

Wyclifs Kritik an der Kirche lag seine eigene Kirchenvorstellung zugrunde; er glaubte an eine »Ordnung Christi« ohne äußere Grade und innere Unterscheidungen. Gewiß durfte es innerhalb der Kirche Ränge geben, aber sie sollten auf der Funktion des einzelnen beruhen. Priester, Mönche und Laien stünden in der gleichen unmittelbaren Beziehung zu ihrem Schöpfer. Er nannte die Klostergemeinschaften »Sekten«, weil sie sich absonderten von der Allgemeinheit der Gläubigen und weil sie, wie er später schrieb, den Leib Christi zerteilten. Und die Regeln ihres klösterlichen Lebens verwarf er – ob sie sie nun einhielten oder nicht –, weil sie sich damit nicht auf die Heilige Schrift berufen konnten. »Wenn Paulus sich nicht anmaßte, solche Sekten zu gründen, warum sollten dann Dummköpfe dies unternehmen?« fragte er. Wyclif mißtraute den Ordensgelübden, weil er wußte, daß sie häufiger aufgrund materieller Not oder Unkenntnis denn aus religiöser Inbrunst geleistet wurden.

Natürlich übersah er die soziale Funktion der kirchlichen Einrichtungen nicht – aber er kannte auch ihren Preis. Sind die Klöster diesen Preis wert? Könnten nicht andere Stellen die Versorgung und Pflege der Armen und Kranken billiger bewältigen? Gewiß übertreibt Wyclif den Reichtum der Klöster, wenn er schreibt, mit ihrem Einkommen könne man die ganze englische Nation ernähren. Sein Vorwurf, die Klöster vergeudeten ein gut Teil ihrer Einkünfte mit allerlei Luxus und Vergnügungen – mit Völlerei, Beiz- und Hundejagden –, ist dennoch nicht von der Hand zu weisen. »Die Religion der fetten Kühe«, so nennt er ihre selbstzufriedene Ungeistigkeit. Was er in späteren Jahren, an den Bettelmönchen ganz besonders widerwärtig fand: daß sie von fremder Leute Arbeit lebten, daß sie konsumierten, ohne zu produzieren, das hat auch viele Zeitgenossen abgestoßen, zumal es in diesem England Armut genug gab und zahllose Unglückliche, die sich ihren Lebensunterhalt aufgrund von Gebrechen – Krankheit, Verstümmelungen infolge des Krieges, Blindheit, Taubheit und dergleichen – ohnehin auf den Straßen erbetteln mußten. Die Bettelmönche hätten das nicht nötig gehabt!

Wyclif wirft dieser Kirche vor, sie ziehe allzu viele Bürger in ihre Arme, sei dann aber nicht imstande, sie zu disziplinieren und für sie zu sorgen. In England gibt es zu dieser Zeit etwa zweieinhalb Millionen Einwohner, davon sind etwa 31 000 Kleriker; in den gut achthundert Klöstern des Landes, Wales eingeschlossen, leben 16 000 bis 20 000 Mönche. Geistliche und Mönche machen also etwa zwei Prozent der Einwohnerschaft aus. Das ist – für das ausgehende Mittelalter – nicht sehr hoch, wenn man es etwa mit Italien vergleicht. Aber die Kirche ist nicht einmal in der Lage, ihre Geistlichen angemessen zu versorgen, denn die Zahl der Pfarreien beläuft sich nur auf etwa 8500, so daß – Vikare einberechnet – weit mehr als 10 000 Geistliche unbeschäftigt sind, zumindest aber unterbeschäftigt. Sie leben von der Hand in den Mund, müssen sich ihren Lebensunterhalt schlecht und recht verdienen – was Wunder, daß sie auf Abwege geraten! Wyclifs wirtschaftliche Vorstellungen mögen im einzelnen übertrieben gewesen sein, aber im Kern hat er recht: es gibt in dieser Gesellschaft zu viele Kleriker und Mönche.

Seine Reformforderungen zielen auf eine moderne, bürgerliche Gesellschaft, in der die weltlichen Aufgaben von Laien, die geistlichen Aufgaben von Priestern wahrgenommen werden. Sie fußen auf einem Nationalstaat, in dem jedermann – auch die Geistlichkeit – der obersten Gewalt des Landes unterworfen ist, daher verwirft er die Freistellung vieler Klöster von der Kontrolle des Bischofs und des Staates. Dabei ist er in seiner Kritik an den Klöstern durchaus gemäßigt; ihre weltliche Nachlässigkeit – Schuldenwirtschaft, schlechte Klosterverwaltung, daß sie keine Bücher mehr kopieren wollen – das sieht er ihnen eher nach als ihre weltliche Gesinnung. Ihre Sattheit und ihre selbstzufriedene Weltlichkeit verzeiht er ihnen nicht: daß sie selber in üppiger Fleischeslust leben wollen und gleichgültig sind gegenüber der Not ihres Volkes.

DAS ERWACHEN DER NATION

England stand im Krieg, und je länger der Krieg dauerte, desto schlechter ging er und desto teurer wurde er. Zugleich mußten die Engländer mit ansehen, wie sie vom Heiligen Stuhl gemolken wurden, und sie begannen zu glauben, der Papst habe ihnen eine allzu schwere Last aufgebürdet. In England behauptete man seinerzeit, das Fünffache dessen in Gold, was dem englischen König Jahr für Jahr zufließe, ginge an den Papst. Das war eine fromme Übertreibung, ganz gewiß; und auch die Summe, die Wyclif nennt – 100 000 Pfund, also gut das Dreifache der königlichen Einkünfte – war übertrieben. (Solche maßlosen Schätzungen gab es überall und zu allen Zeiten: Kaiser Maximilian meinte hundert Jahre später, der Papst beziehe hundertmal mehr an Einkommen aus dem Reich als der Kaiser; Kaiser Karl V. kommt der Wahrheit näher, wenn er sagt, der Papst beziehe »viel mehr als der Kaiser«.) Aber die englischen Gelder, die über den Kanal nach Avignon flossen, waren sicherlich größer als die Summe, die in die königliche Schatulle ging.

Die Frage der Besteuerung des englischen Volkes durch die Kurie war in Kriegszeiten nicht nur eine des Fiskus. Seit England im Krieg gegen Frankreich stand und die Päpste Franzosen waren, gleichsam Anhängsel des französischen Königreiches, war die Besteuerung Englands durch die Kurie ein nationales Problem. Der Papst galt als französische Partei.

Das Recht des Heiligen Stuhles, von der englischen Kirche Steuergelder zu erheben, war Teil der *plenitudo potestatis,* der päpstlichen Vollmacht. Aber seit den vierziger Jahren des Jahrhunderts wehrte sich das englische Volk, vertreten durch sein Parlament, gegen die finanziellen Ansprüche der Kurie. Sie wollten es auch nicht länger hinnehmen, daß Fremde, Ausländer, gar Franzosen, wichtige kirchliche Stellen bekleideten, was ja durchaus nicht immer hieß, daß die Amtsinhaber dieser Pfründen tatsächlich in England lebten. 1343 beklagten sich die Commons über die päpstlichen Ernennungen und baten ihren König, darauf hinzuwirken, daß vakante kirchliche Stellen künftig nicht mehr von der Kurie besetzt wurden. Auch der Umstand, daß nicht selten Unwürdigen Ämter zugeschanzt wurden, weil diese sich in irgendwelchen dunklen Geschäften für die Kurie verdient gemacht hatten, wurde vom Parlament angeprangert.

Das Einkommen, das die Kurie im 14. Jahrhundert aus England bezog, soll größer gewesen sein als der Anteil aus jedem anderen Land. Ob das stimmt, wissen wir nicht so genau – aber die Engländer glaubten es, und darauf kommt es an. Die Nation war nicht länger gewillt, den Abfluß ihrer Gelder klaglos hinzunehmen. Die großen Siege gegen Frankreich, die bevölkerungsreichste Kontinentalmacht, hatten das Selbstbewußtsein der englischen Nation gestärkt. An ihrer Spitze stand ein Monarch, dem seine militärischen Erfolge zu Kopf gestiegen waren; die Aristokratie war selbstbewußt und stolz auf ihre Siege im Feld; und auch das Bürgertum, satt und reich, war entschlossen, seine neuerworbenen Rechte im Parlament auszuspielen. Mehr noch: England begann, seine Wesensart zu entdecken; die Nation sah, wodurch sie sich von den Völkern jenseits des Meeres unterschied. Sie griff zurück auf ihre alte, der Antike entlehnte Tradition, wonach England nicht diesem Erdenkreis angehörte, sondern einem eigenen Inselkreis, *orbis insularum*. Sie wurde sich ihrer Macht und ihrer Eigenständigkeit bewußt. Hatte bislang nur der gemeine Mann sein einfaches englisches Idiom gesprochen, so fingen jetzt auch die höheren Stände an, selbst der König, sich der englischen Sprache zu bedienen, obschon das Französische am Hof weiterhin eine Rolle spielte.

England wurde zum Reich für sich, zum jungen Nationalstaat, dessen Staatswesen und dessen Volk sich deutlich von den festländischen Völkerschaften unterschied. Zwar gab es weiterhin eine christliche Einheit, aber das vereinigende Band des Christentums wurde schwächer, das Trennende stärker. Der Papst zu Avignon war nicht mehr der freundliche Vertreter der Universalkirche; er war nun ein ausländischer Potentat, der mit dem Widersacher des englischen Volkes unter einer Decke steckte. Man mußte sich in acht nehmen vor ihm.

Anno 1353 erließ das englische Parlament das Statutum Praemunire. Darin untersagte die Nation jedem königlichen Gericht unter Androhung schwerer Kerkerstrafen, an die Kurie zu appellieren. Dieses Gesetz wurde ein wichtiger Grundstein der englischen Freiheit gegenüber der Kurie, eine scharfe Waffe, die später noch, im Zeitalter der Reformation, gegen die römische Anmaßung in Rechtsangelegenheiten eingesetzt wurde. Unter den Statuten des 14. Jahrhunderts entwickelte sich die englische Kirche langsam zur Nationalkirche, indem sie sich durch die Akte des englischen Parlaments vor den päpstlichen Zugriffen schützen ließ. Der englische Klerus mußte seinem König den Gehorsam schwören, wodurch die Bischöfe zu Staatsdienern wurden.

Weniger nachgiebig reagierte die Kurie auf den englischen Versuch, die Gelder im Land zu halten. Seit den Tagen von König Johann I., »Johann Ohneland«, hatten englische Könige in unregelmäßiger Folge an den Papst Lehnszins gezahlt, denn gemäß der lehnsrechtlichen Theorie war der englische König Lehnsmann des Papstes. Seit Beginn des Hundertjährigen Krieges verweigerte England diese Zahlungen. Im englischen Calais wurden die Behörden beauftragt, den Verkehr mit der Kurie streng zu beaufsichtigen. Als sich 1365 das englische Parlament entschied, den Peterspfennig einzubehalten, verlangte Papst Urban V. die Zahlung des Jahreszinses von 1000 Pfund und die Nachzahlung des rückständigen Lehnszinses aus den verflossenen 33 Jahren. Er drohte, er werde den englischen König, seinen Lehnsmann, nach Avignon vorladen, wenn er dieser Zahlungsaufforderung nicht Folge leiste. Für Eduard III. war dies wie für die ganze Nation nicht nur eine pekuniäre, sondern zugleich eine nationale Frage, denn damit standen die Ehre und die Unabhängigkeit Englands auf dem Spiel. Der König rief daraufhin das Parlament ein und legte ihm im Mai 1366 die päpstliche Forderung vor. Die Prälaten im Parlament erbaten sich Bedenkzeit, aber schon nach wenigen Tagen teilten sie die Meinung der anderen Stände, diese Forderung sei null und nichtig, denn König Johann sei niemals vom Parlament ermächtigt worden, sein Land der päpstlichen Oberhoheit zu unterstellen. Das war ein Schlag gegen den Papst und zugleich gegen den König, der daraus folgern mußte, daß er nicht ohne Zustimmung des Parlaments über sein Reich verfügen durfte. Gleichzeitig bot das Parlament dem König all seine Kräfte und alle Hilfsquellen des Volkes an, um die Krone gegen die Ansprüche der Kurie zu schützen.

Gerade in jenen Jahren, während der Herrschaft Eduards III., beginnen die Commons eine wichtige Rolle im Parlament zu spielen. In den ersten Jahrzehnten des 14. Jahrhunderts kann man die *curia regis*, den königlichen Rat, noch nicht als eine repräsentative Versammlung ansehen; aber Schritt für Schritt wuchs dieser Personenkreis, ständig wurden neue Vertreter hinzugezogen, um über wichtige Fragen, Klagen und Bitten zu entscheiden. Die Commons erlangten gerade in der Regierungszeit Eduards III. ihre große Bedeutung: Sie wurden damals zu Repräsentanten der wichtigsten politischen Kraft innerhalb der Nation, denn sie vertraten die Ritter, das emporstrebende Bürgertum und den Diözesanklerus. Der Krieg gab ihnen Gelegenheit, ein wichtiges Wörtchen mitzureden, denn schließlich wollte der König von ihnen Geld haben für seinen Krieg. Aber nicht nur in rein außenpolitischen Fragen wollten sie mitreden, sie verlangten auch, in Sachen Münzprägung, Wollpreise und dergleichen gehört zu werden. Die Commons richteten so lange Petitionen an den König, bis sie eines Tages beanspruchen konnten, das Recht auf Gesetzesinitiative stehe ihnen zu. Eduard III. beruft in seinen fünfzig Amtsjahren das Parlament 49mal ein, das zeigt die hohe Bedeutung dieses Hauses. Es kommt zwar vor, daß die Commons schon nach Hause geschickt werden, während die anderen beiden Stände noch tagen, aber die Tage sind vorbei, da das Parlament ohne die Commons einberufen wurde.

Wer saß im Parlament? Die würdigsten waren die geistlichen Herren: Erzbischöfe, Bischöfe, Äbte und Prioren. Die erste Stelle kam dem Erzbischof von Canterbury zu, der nicht selten gleichzeitig Staatskanzler war. Er saß zur Rechten des Königs. Neben ihm saß der Erzbischof von York, sodann die Bischöfe von London, Winchester und Salisbury; darauf folgten die übrigen Bischöfe, und zwar in der Reihenfolge ihrer Amtseinführung. Unterhalb der Bischöfe saßen die Äbte und Prioren, an ihrer Spitze der Abt von St. John in Jerusalem, daneben die Äbte von St. Albans und Glastonbury. Unter Eduard III. verloren die Stimmen der geistlichen Herren im Parlament an Gewicht: Hatten sie unter seinen Vorgängern, den beiden Eduards, zeitweise 70 Repräsentanten ins Parlament entsandt, so zählten sie 1364 nur noch 27 Vertreter. Zur Linken des Königs saßen die weltlichen Herren: Herzöge, Earls, Barone und andere. Diese beiden Stände bildeten später das Oberhaus.

Am buntesten zusammengemischt waren die Commons, die Gemeinen, deren Einfluß in der Zeit des großen Krieges am meisten zunahm. Der Krieg verlangt, daß alle Kräfte des Volkes mobilisiert werden, da kann man auf sie nicht verzichten. Schon in den ersten Jahren des Krieges zeigte sich, wie abhängig die Krone von den Ständen war; und innerhalb der Stände waren es immer die Commons, welche der König mit den vielseitigsten Argumenten überzeugen mußte, denn die Commons – sozialer Mikrokosmos, der sie waren – vertraten vielerlei gesellschaftliche Interessen.

Einberufen wurden die Commons durch die Sheriffs der Grafschaften. Diese Beamten des Königs forderten dazu auf, zwei Ritter aus jeder Shire, zwei Bürger aus jeder Stadt und aus jedem Marktflecken zu wählen. Diese Auswahl wurde oft willkürlich getroffen. Die Ritter waren beispielsweise höchst unterschiedlicher Herkunft: mitunter echte Ritter, bisweilen auch Söhne von reich gewordenen Leibeigenen.

Sie erhielten 40 Tage vorher Bescheid, wo sich das Parlament versammeln würde. Am Versammlungsort selber ließ der König die Kinder in der Stadt ermahnen, die Sitzungen des Hohen Hauses nicht durch ihr Herumtoben zu stören. In der Eröffnungsrede begründete er, warum er dieses Parlament einberufen habe, sodann erfolgten Beratungen über Anträge und Bittschriften, und zwar ohne erkennbare Geschäftsordnung. Kleine, eigens für diesen Zweck eingesetzte Gremien mußten zwischen dem König und den Ständen vermitteln. Einen eigenen Sprecher für ihre Belange hatten die Commons damals noch nicht.

Der Krieg mit Frankreich ging unterdessen eher schlecht als recht, und er kostete unerhörte Summen Geldes. Die Aristokratie wollte den Krieg weiterführen, das war nun einmal ihr Metier, außerdem waren ihre Abkömmlinge im Feld hochbezahlte Offiziere, für die sich der Krieg lohnte. Aber der Adel war nicht gewillt, selber dafür finanzielle Opfer zu bringen oder die Steuerschraube allzusehr anzuziehen, denn das brachte den Krieg bei den Steuerzahlern um seine Popularität. Der Adel zeigte daher auf die Schätze der Kirche. Da konnte er auf Zuspruch hoffen, denn seit der »Franzosenpapst« wieder Lehnszins verlangte, herrschte im Land eine antiklerikale und antikuriale Stimmung. Die englischen Prälaten sahen die Dinge freilich anders: Wenn die Krone genügend Geld besaß, um einen kostspieligen Krieg zu führen, dann sollte sie auch ihren Verpflichtungen gegenüber der Kirche nachkommen.

Unter Eduard III. befanden sich die meisten Ämter, die ein späteres Zeitalter den klassischen Ministerien zuweist – Außen- und Innenpolitik, Fragen des Krieges, der Finanzen und der Justiz –, in den Händen hoher Kirchenmänner. Das Amt des königlichen Siegelbewahrers beispielsweise, keineswegs nur ein Sekretariat des Königs und eine Kanzlei, sondern Kriegs- und Außenministerium in einem, dazu noch Vizekanzleramt, wuchs während des Hundertjährigen Krieges zu einem staatlichen Amt von größter Bedeutung heran. Vor 1371 waren die meisten Amtsinhaber Bischöfe. Nach dem Streit mit seinem Kanzler, Bischof Stratford, am Ende der dreißiger Jahre, hätte es Eduard III. zwar vorgezogen, Laien in die höchsten Staatsämter zu berufen, weil er sie nötigenfalls auch vor seine eigenen Gerichte schleppen konnte und sie daher weniger unabhängig waren, aber sie waren einfach zu teuer für diesen

Staat. Kirchenmänner belasteten den Staatssäckel nicht, denn sie besaßen ja ohnehin ihre fetten kirchlichen Pfründen.

Auch das höchste Regierungsamt, das des Staatskanzlers, war zumeist in den Händen von Bischöfen. John Offord, der dem König von 1345 bis 1348 in dieser Eigenschaft diente – er starb übrigens als ein Opfer der Pest –, war Dekan von Lincoln und Erzbischof von Canterbury. Ihm folgte der Bischof von Winchester, John Thoresby, seit 1352 auch Erzbischof von York; er war zuvor Lordsiegelbewahrer gewesen. Zwischen 1356 und 1363 war William Edington, Bischof von Winchester, Staatskanzler, nachdem er zuvor ein Dutzend Jahre lang den Staatsschatz beaufsichtigt hatte. Edington, ein umsichtiger, hervorragender und besonders im Krieg unentbehrlicher Staatsdiener, war es, der bald bemerkte, daß der König diesen Krieg letzten Endes mit englischen Geldern führen mußte – also mußte er sich mit dem Parlament gut stellen, selbst wenn es den König einen Teil seiner Vorrechte kostete. Aber auch Eduard selbst erkannte, daß er die Nation nur verantwortlich einspannen konnte für seine Kriegsziele, wenn er sie über den Verlauf des Krieges und seine weiteren Feldzugspläne in Kenntnis setzte.

Edington folgte in sein hohes Amt als Kanzler ein Benediktiner namens Simon Langham, Erzbischof von Canterbury. Seit 1367 war William of Wykeham Staatskanzler; auch er war vorher Lordsiegelbewahrer gewesen. Wykeham war ein erstaunlicher Mann: Er entstammte einfachsten Verhältnissen, brachte es aber nach einem steilen Aufstieg in der Kirche zum Sekretär und engsten Vertrauten des Königs; als er starb, war er einer der reichsten Männer Englands. Wykeham war ein Mann von großem Einfluß. »Er macht alles, ohne ihn geschieht nichts«, sagte Froissart über ihn. Das ist sicherlich eine gelinde Übertreibung, beschreibt den Kern der Sache aber doch treffend.

In der Fastenzeit des Jahres 1371 trat wieder einmal das Parlament zusammen, um über Gelder für den Krieg zu beraten. Der König verlangte 50 000 Silbermark. Die Commons, von denen diese Summe gefordert wurde, erklärten sich nur dann

141

bereit, diesen Betrag aufzubringen, wenn der Klerus die gleiche Summe beisteuerte. Die Bettelmönche aus Oxford, die damals im Parlament saßen – allerdings nicht auf seiten der Prälaten –, machten geltend, die Nation sei berechtigt, die Kirche zugunsten des gemeinsamen Wohles zu enteignen. Der erste Stand wehrte sich entschieden gegen derlei Ansinnen. Da brach unter den Commons ein Sturm der Entrüstung los. Sie verwiesen auf eine unlängst verfaßte Schrift John Wyclifs, die »Determinatio«, in der es hieß, die Kirche und der Klerus seien unter Umständen an den Staatsausgaben zu beteiligen; die Entscheidung darüber liege nicht bei ihnen, sondern in den Händen der Staatsgewalt. Güter der Kirche, so sagte dieser Theologe, gehörten dem ganzen Land, und in den Stunden nationaler Not könnten sie herangezogen werden, denn sie seien allen gemein.

Die Bewilligung der Steuern für den Krieg warf eine weitere Frage auf: die Beteiligung des Klerus an der Regierung. Die antiklerikale Stimmung erfaßte alle Teile der Bevölkerung. John Hastings, Earl of Pembroke, ein Schwiegersohn des Königs, und Lord Richard le Scripe forderten die Regierung auf, nicht länger Prälaten in hohen Ämtern zu dulden. Daraufhin trat William of Wykeham ab; neuer Staatskanzler wurde Pembroke. Im Jahr darauf gab es im englischen Kabinett – wenn man diesen Begriff schon gebrauchen darf – keinen einzigen Geistlichen mehr.

Die treibende Kraft hinter dieser antiklerikalen Bewegung war ein Bruder des Königs, John of Gaunt. Gaunt war Politiker mit Leidenschaft, nicht ohne Selbstsucht freilich, und er hatte längst nicht immer das nötige Augenmaß. Seinem älteren Bruder glitten langsam die Zügel aus der Hand. Gaunt wollte nicht untätig zusehen. Der König hielt sich seit dem Tod seiner Gemahlin Philippa eine Geliebte, Alice Perrers. Mit ihr machte Gaunt gemeinsame Sache. Er war zwar gerade auf einem Feldzug in der Gascogne, als Wykeham gestürzt wurde, aber es ist anzunehmen, daß er hinter dem Schachzug Pembrokes stand.

Ein anderer Verbündeter Gaunts war Wyclif, der bei der Vertreibung Wykehams mitgearbeitet hatte. Wyclif hatte sich nicht nur in seinen frühen Schriften mit der Frage auseinandergesetzt, ob hohe geistliche Würdenträger Regierungsämter einnehmen sollten, er wetterte auch auf den Kanzeln der Hauptstadt gegen die »Regierungsbeteiligung« von Prälaten. Prälaten und andere geistliche Herren, so sagte Wyclif mißbilligend, verstrickten sich so sehr in weltliche Dinge, daß sie darüber ihre eigentlichen Verpflichtungen, die Seelsorge, vergäßen; dies führe nicht nur zu einer weltlichen Gesinnung der Kleriker, sondern auch zum sittlichen Verfall ihrer Gläubigen, weil sich niemand mehr um sie kümmere.

Wyclif hat sich damals, etwa zur Zeit seiner Promotion zum Doktor, als »peculiaris regis clericus« bezeichnet, was man als »königlicher Kaplan« gedeutet hat, ohne recht zu wissen, welche Funktion sich damit verband oder wie er zu diesem Titel kam. Daß er in diesen Jahren in den Dienst des Königs und damit in die Politik eintrat, ist bekannt. Er muß in dieser Eigenschaft auch gelegentlich im Parlament zu tun gehabt haben; er scheint zumindest anwesend gewesen zu sein, als ein Bettelmönch aus Oxford, Dr. John Bankin, den Antrag stellte, die Kirche zu enteignen. Als reguläres Mitglied saß Wyclif aber vermutlich nicht im Parlament, weder als gewählter Repräsentant noch als Regierungskommissar. Solche gab es, aber sie waren beinahe ausschließlich Juristen.

Es gab zu dieser Zeit einige Zwischenfälle, welche die Beziehungen zwischen der Kurie und England belasteten. Im Sommer 1373, nach mehrmaligen Bittschriften aus dem Parlament, wies der König alle ausländischen Bettelmönche aus seinem Herrschaftsbereich aus. Etwa zu gleichen Zeit hinderte er einen päpstlichen Gesandten, einen Franzosen namens Arnold Garnier aus Châlons daran, zusammen mit etlichen Dienern und einer stattlichen Summe – im wesentlichen waren es Annatengelder – die Insel zu verlassen. Garnier hatte die Gelder im Auftrag der Kurie gesammelt und wollte sie persönlich an den päpstlichen Hof schaffen. Daß er Franzose war, machte die Sache noch schlimmer. Der Haß auf diese Nation war in England so stark, daß Eduard fremde Kaufleute zeitweise in Schutzhaft nehmen mußte, damit sie vor der Wut des Londoner Mobs sicher waren. Vor allem die Hauptstadt ist es, die den Fremden nachstellt, den Kaufleuten und allen den anderen, die mit Geld zu tun haben.

Auch die Frage nach der Besteuerung des Klerus durch den König und nach der päpstlichen Berufung von ausländischen Kandidaten zu Kirchenämtern stellt sich immer wieder neu. Die Hälfte des Domkapitels zu York und ein Viertel dessen von Lincoln sind Ausländer – das kann so nicht weitergehen. Zwar hat der König ein Vorschlagsrecht, auf das der Papst so gut wie immer eingeht, aber das ist im Volk nicht bekannt. Der Papst läßt schon seit langem mit sich reden, weil er weiß, daß letzten Endes der König den längeren Atem hat. »Und wenn er mir einen leibhaftigen Esel geschickt hätte, ich hätte ihm die Pfründe gegeben«, so soll der Papst gesagt haben, als es einmal um einen Kandidaten ging. Je länger der Krieg dauert, desto entschlossener wird das Parlament, dem Papst dieses Vorrecht der Ernennung gänzlich zu entziehen. Zugleich war es nicht mehr damit einverstanden, daß der Papst englische Kleriker, Untertanen Seiner Majestät, nach Avignon vor sein päpstliches Gericht zitierte, zumal diese nunmehr, in Kriegszeiten, durch feindliches Territorium reisen mußten, um dorthin zu gelangen.

König Eduard bot dem Papst an, eine Gesandtschaft von königlichen Vertretern auf den Kontinent zu entsenden, damit sie dort mit Repräsentanten der Kurie die strittigen Fragen kläre. Gregor XI. war mit diesem Vorschlag einverstanden. Er ernannte drei Nuntien für dieses Gespräch, als Verhandlungsort bestimmte der Papst das flandrische Brügge, dort sollten sich die Unterhändler am 24. Juni 1374 einfinden.

Über diesen Vorschlag des Papstes beriet eine englische Kommission unter dem Vorsitz des Schwarzen Prinzen. Über die Vorschläge des Papstes waren sich Prälaten und weltliche Herren bald einig, aber als die Rede kam auf die Frage des Vorranges, da geriet man sich bald wieder in die Haare. Die Prälaten knüpften an die Worte Bonifaz' VIII. an, der verlangt hatte, die Könige müßten ihr weltliches Schwert nach der Weisung des Papstes führen; ein Franziskaner namens Mardisley vertrat die Ansicht, Christus habe keine weltliche Gewalt besessen und sie daher auch niemandem übertragen können. Dem Erzbischof von Canterbury mißfielen die Worte dieses Bettelbruders. Tags darauf regte er an, den Franziskaner von weiteren Beratungen auszuschließen.

Aber schließlich mußten die anwesenden Prälaten doch zugeben, daß der Papst überzogene Forderungen an den englischen Monarchen stellte. Sie räumten auch ein, daß der König nicht der Lehnsmann des Papstes sein könne.

BRÜGGE

Ende Juli 1374, mit einiger Verspätung also, wurde die englische Legation zusammengestellt. Die Leitung oblag Bischof Gilbert von Bangor. An zweiter Stelle steht »Master John de Wicliff, professor of theology«. Ferner war ein Spanier mit von der Partie, ein Juan Guttierez, ein Vertrauter Gaunts; schließlich noch ein Simon de Multon, von dem man lernen konnte, wie man dank einiger Verdienste für den König an die Spitze eines Klosters gelangt, ohne jemals ein theologisches Seminar von innen gesehen zu haben. Zwei letzte Mitglieder der königlichen Kommission seien noch genannt: Robert Bealknap und John Henington, beide Beamte.

Wie war Wyclif in diese Delegation geraten? Wyclif stand seit einiger Zeit im Dienste des Königs; sein Eintreten für die Rechte des Königs gegenüber dem Papsttum hatte die Aufmerksamkeit des Monarchen gefunden. Außerdem war Wyclif mit John of Gaunt gut bekannt. Er war ein gelehrter Theologe, und er lieferte einsichtige Gründe, teils geistlicher, teils weltlicher Natur, derer sich der König bedienen konnte. Es lagen schon einige Schriften von ihm vor, welche die Aufmerksamkeit derer gefunden hatten, die die Macht der Kirche zurückzudrängen suchten. John of Gaunt war einer von ihnen. Aber auch sein Bruder Eduard konnte einen zuverlässigen Theologen brauchen, der sich für die nationalen Belange stark machte.

Am 27. Juli bestieg Wyclif in London das Schiff, das ihn nach Brügge bringen sollte. Zwischen England und Flandern gab es seit 1298 eine regelmäßige Seeverbindung. London – Brügge, das ist eine Strecke von 153 Seemeilen; ein schnelles Kurierboot benötigte damals 48 Stunden, ein Personenschiff etwas länger. Brügge war der nordwestliche Endpunkt des großen kontinentalen Fernhandelsnetzes, das Frankreich mit Deutschland und den Donauländern bis hin zum Schwarzen Meer verband.

Auf zeitgenössischen Karten ähnelt die Stadt aus der Vogelperspektive einem großen Ei, dessen Schale die zweite, größere Stadtbefestigung darstellt, angelegt in der ersten Hälfte des Jahrhunderts, vor den menschlichen Verlusten durch die große Pest. Dieser schmucklose Mauergürtel macht etwa sieben Kilometer aus; auf seiner Außenseite fließt die Reie, ein natürlicher Wassergraben. Innerhalb dieser Mauern stehen sechs große Pfarrkirchen, zwei weitere außerhalb. Die Stadt beherbergt zahlreiche geistliche Anstalten und Klöster und einen Hof, in dem fromme Frauen, Beginen, in halb klösterlicher Gemeinschaft leben. Daneben gibt es Stifte und Spitäler, von denen vornehmlich die der Karmeliter und der Augustiner Erwähnung verdienen, denn dort stiegen die Kaufleute ab.

Die Türme der Liebfrauenkirche und die der Salvatorkirche beherrschen die Silhouette, daneben der große Kran, der durch ein Tretrad in Gang gesetzt wurde. Lange Zeit blieb die Stadtsilhouette von Brügge so erhalten, wie sie auf dem Altarbild des Hans Memling (1433-1494) im Johannesspital dargestellt ist. Auf diesem Gemälde ist der große Kran von Brügge deutlich zu erkennen. Der niederländische Künstler konnte nicht wissen, daß es heute besonders der Kran ist, der das Interesse der Betrachter weckt.

Brügge war eine der größten Städte Europas, größer als jede deutsche Stadt. Die Musterungsliste der Bürgerwehr für das Jahr 1300 gibt einigen Aufschluß. Damals hatte Brügge 9300 Vollbürger; die Einwohnerzahl dürfte insgesamt das Sechsfache davon betragen haben. Von den 9300 Bürgern waren 8000 Handwerker. Beherrscht wurde die Stadt von einer Oligarchie von fünfzig Familien. Nirgendwo, Gent vielleicht ausgenommen, besaßen die Bürger mehr Selbstbewußtsein als in Brügge.

Schon gegen 1300 sind die Wohnhäuser der Stadt mit gebrannten Ziegeln gedeckt. Die Vornehmen wohnen in hohen, wehrhaften Geschlechtertürmen, wie man sie in einigen schönen Städten Italiens noch heute sieht. Die prächtigen Häuser der fremden Kaufleute verschönern allerdings erst in späterer Zeit das Straßenbild der Stadt. Die Stadt profitiert besonders vom Handel und vom Geldverkehr; es gibt ganze Stadtteile, in denen man nur Fremde antrifft. Die Warenhäuser sind vollgestopft mit Gütern, auf Märkten und Gassen herrscht reges Leben. Brügge ist eine Weltstadt. Flandern ist im 14. Jahrhundert das, was England im 18. sein wird: Werkstatt und größter Warenumschlagplatz der westlichen Welt. Aber Bevölkerungsverluste infolge der Pestseuchen und der politischen Wirren des Krieges verschonen auch Brügge nicht.

In den Gewürzhallen von Brügge gibt es vielerlei Güter: Datteln, Wurmkraut, Asche, Garn, Zinn; meist stammen die Waren aus Südeuropa. Unweit davon werden inländische Produkte verkauft: Lachse aus Holland, Störe und Aale aus der Zuidersee. In der Nähe Getreide und Hülsenfrüchte, Hermelin und andere Rauchwaren, dazu Honig und Wachs: Produkte Osteuropas. Aus Skandinavien: getrockneter Fisch und Salz, dazu Schiffsbedarf aller Art. Aus dem Süden: Alaun, Kümmel, Mandeln, Pfeffer. Dann noch die Farbstoffe, derer die flandrische Textilindustrie so dringend bedarf: Waid, Krapp, Scharlachbeeren, Pottasche, Alaun, Disteln, Walkererde; dazu Häute und Felle in rohem Zustand von der Pyrenäenhalbinsel, aus der Berberei und Marokko (in Frankreich werden heute noch Lederwaren als *maroquinerie* bezeichnet).

In der ersten Hälfte jenes Jahrhunderts war Brügge der wichtigste Umschlagplatz für englische Wolle. Italienische und spanische Kaufleute nehmen sie dort auf und schaffen sie in die Städte am Atlantik, an die Mittelmeerküste, nach Montpellier, Genua oder Venedig oder in die Levante, selbst nach Marokko und weiter gen Süden, bis hinunter ins afrikanische Sedjilmessa. Auf dem Wollmarkt von Brügge wird nur englische Wolle angeboten; die spanische Wolle – in Spanien ist seit kurzem das Merinoschaf zuhause – wird in den Gewürzhallen feilgehalten, damit es nicht zu Verwechslungen kommt. Die englische Wolle ist der wichtigste Handelsfaktor in Brügge; die anderen englischen Exportgüter – Zinn, Häute, Bier, Getreide,

Blei, Steinkohle, Käse – machen einen weit geringeren Anteil aus. Vor allem aber zieht Flandern seinen Vorteil aus der Verarbeitung und dem Weiterverkauf seiner Tuche: Die schön gefärbten, kräftigen flandrischen Tuche fließen in alle Welt; ein großer Teil davon geht zurück nach England. Die Preisdifferenz verbleibt in Flandern. Das gibt dem Arbeiter seinen Arbeitsplatz, dem Händler sichert es schönen Gewinn.

Alle Vorgänge, die mit der Herstellung wollener Tuche zu tun haben, bezeichnet man in Brügge wie im gesamten flandrischen Land als Wollwerk. Es sind große Gewerbzweige, die sich damit beschäftigen: Wollschläger, Weber, Walker, Scherer; das Zupfen, Kämmen und Spinnen der Wolle besorgen vornehmlich Frauen. Diese Gewerbe geben einer Vielzahl von Menschen Arbeit und Brot.

Aber England will nicht länger andere an der Fertigung dieser schönen Wolltuche verdienen lassen. Daher läßt König Eduard III. die Ausfuhr von Wolle und die Einfuhr von Tuchen drosseln. Statt Wolle aus- und Tuche einzuführen, zieht Eduard flandrische Meister ins Land, die seinem Volk beim Aufbau einer englischen Textilindustrie helfen sollen. In der zweiten Hälfte des 14. Jahrhunderts nehmen in England die Familiennamen sprunghaft zu, die mit Textil- und Lederverarbeitung zu tun haben: die Skinners, Tanners, Tawyers, Saddlers und andere. Diese ersten Ansätze einer frühmerkantilistischen Politik werden in den folgenden Jahrzehnten noch ausgeweitet, als England sich anschickt, die Ein- und Ausfuhren nach der Insel nur auf englischen Fahrzeugen zu gestatten. Aber die englische Marine ist nicht stark genug, das alles selber zu schaffen, zumal sie gerade in dieser Zeit wieder unter den Angriffen der Franzosen und der Spanier zur See zu leiden hat.

Die Konferenz in Brügge dauert den ganzen August über, bis in die ersten Tage des September. Mitte dieses Monats war Wyclif zurück in Oxford. Über den Gang der Gespräche erfahren wir aus den englischen Quellen wenig. Der Erfolg der englischen Delegation, soviel wissen wir, war bescheiden genug. Die Verhandlungen wurden im folgenden Jahr weitergeführt, diesmal allerdings ohne Wyclif; dafür nahm jetzt auf englischer Seite als Verhandlungsleiter der Bruder des Königs, Gaunt, teil. Auch dieses Konferenzergebnis war kläglich: Es mündete 1376 in ein Konkordat zwischen dem Heiligen Stuhl und der englischen Krone, das alles in allem keine Veränderungen brachte. Dem englischen Monarchen war es nicht einmal gelungen, künftig auf die Zusammensetzung seiner Domkapitel größeren Einfluß zu nehmen. Das Konkordat von 1376, enttäuschend wie es war, konnte die antipäpstliche Gesinnung der Nation nicht ändern.

Wyclif war an der Folgekonferenz, wie gesagt, nicht mehr beteiligt. Manche glauben, er habe sich inzwischen als Gegner des Papsttums allzusehr hervorgetan. Das wäre denkbar. Wichtiger ist, daß Wyclif nach dieser Konferenz keine neue Pfründe erhielt. Den anderen Teilnehmern schob der Monarch oder der Papst fette Pfründen zu, Wyclif ging leer aus. Angeblich hatte er für sich bereits den Bischofsstuhl der Diözese Worcester im Auge. Der Leiter der Delegation, Bischof Gilbert aus Bangor im entlegenen Wales, ließ sich die weitaus größere Diözese Hereford zuschanzen, deren Amtsinhaber nach London übersiedelte; und der bisherige Amtsinhaber des Londoner Stuhles, Bischof Sudbury, wechselte auf den erzbischöflichen Sitz von Canterbury. Dem Papst konnte der Wechsel nur lieb sein, denn er strich von den drei neuen Amtsinhabern die Annatengelder ein. Wyclif besaß weiterhin lediglich die Pfarre Ludgershall in Buckinghamshire, ferner die winzige Pfründe in Aust; und er war, seit April 1374, Inhaber der Kronpfarre zu Lutterworth, die ihm Eduard also schon vor den Brügger Verhandlungen überschrieben hatte.

Papst Gregor XI. hatte Wyclif bestätigt, daß er für ihn eine Stelle in Lincolnshire vorgesehen habe; als aber im folgenden Jahr, 1375, in Lincoln zwei schöne Stellen frei wurden, ging die eine an einen Thomas Stowe, die andere – ausgestattet mit 68 Mark Jahreseinkünften – an Philip Thornbury, einen unehelichen Sproß von Sir John Thornbury, der in Italien im Dienst des Papstes ein Söldnerheer anführte.

Wyclif war als Vertreter des englischen Monarchen nach

Brügge gereist, und der König hatte ihm dafür eine Pfründe verschafft. Es ist nicht recht einzusehen, daß er auch vom Papst eine neue Pfründe erwarten sollte, nachdem er schließlich gegen dessen Interessen aufgetreten war. Wyclifs Gegner haben damals und später behauptet, er sei zum Kritiker des Papstes geworden, weil er nach Brügge nicht höher belohnt worden sei.

Deutsche Historiker haben Wyclifs Reise nach Brügge gern mit der Reise Martin Luthers nach Rom verglichen. Aber dieser Vergleich paßt nicht. Luther hat in den Jahren 1510/11 in Rom ins Herz des Papsttums und der römischen Kirche geblickt, und die Zweifel in seiner Seele wuchsen, als er sah, welche Ignoranz, welche Frivolität und welche Leichtfertigkeit unter dem römischen Klerus herrschten. Ein Pfaffe in Rom schnurrte sechs, sieben Messen herunter, im Akkord, während Bruder Martinus eine einzige las. Luther hörte römische Priester während der Wandlung spotten, das Allerheiligste hoch erhoben: »Brot bist du, und Brot wirst du bleiben.« Als der Deutsche die Stufen der Scala Sancta im Lateran auf Knien hinaufrutschte, durchzuckte es ihn auf der letzten Stufe: »Wer weiß, ob das wahr ist?« Wie Schuppen fiel es ihm in Rom von den Augen. Mit Zwiebeln sei er nach Rom gegangen, mit Knoblauch sei er zurückgekehrt, das waren Luthers eigene Worte. Wyclif hat auf seiner Reise nach Brügge keine solchen Enttäuschungen erlebt.

Eine weitere irrige Auffassung betrifft seine Beziehung zu John of Gaunt. Lange Zeit glaubte man, Gaunt sei bei der ersten Konferenz mit von der Partie gewesen, und die Bekanntschaft der beiden rühre von daher. Das ist falsch. Gaunt war 74 nicht dabei, und die beiden kannten sich schon zuvor; richtig ist allerdings, daß die Zusammenarbeit nach Brügge enger wurde. Das hat mit den antiklerikalen und antikurialen Schriften zu tun, die Wyclif in den nächsten Jahren vorlegte, deren Absichten Gaunt offenbar gefielen.

VON DER HERRSCHAFT

Mitte September 1374 kam Wyclif aus Brügge zurück. Vom Ausgang der Verhandlungen war er enttäuscht. Der Krieg mit Frankreich, der kein Ende nehmen wollte, war ihm zuwider. Künftig wolle er, schrieb er, sein Leben der Verbreitung seiner Gedanken widmen, also mehr predigen und schreiben. Wyclif besaß damals zwar seit wenigen Monaten die Pfarre in Lutterworth, aber von der Universität wollte er nicht weg; er mietete sich wieder im Queen's College ein. Für ein Jahr Miete zahlte er 20 Schillinge im voraus. Das war nicht viel, wenn man bedenkt, daß er während der Konferenz von Brügge diese Summe als Spesengeld für einen einzigen Tag erhalten hatte. Die meiste Zeit verbrachte er noch immer in Oxford, offenbar wollte er die Tätigkeit an der Universität nicht gänzlich aufgeben. Auf die Pfarre von Ludgershall verzichtete er in der ersten Jahreshälfte 1376; am 29. Mai wird dort ein neuer Pfarrer eingeführt, William Newbold. Von seiner ersten und einzigen Reise ins Ausland hinterläßt Wyclif wenig Persönliches, nur einmal, bei einer Predigt in Lutterworth, vor Bauern, erzählte er davon, daß ausländischer Weizen spitzer beschaffen sei als englischer und für Brot weniger gut geeignet. Da mag er an Flandern gedacht haben.

Die zehn Jahre, die auf Brügge folgen, sind die fruchtbarsten und schaffensreichsten seines Lebens. Was in ihm lange Zeit gegoren hatte, legte er jetzt der Öffentlichkeit vor. Diese Jahre lassen einen Vergleich mit dem gleichen Zeitraum in Luthers Leben zu, der auf den Thesenanschlag folgte. Der Deutsche war freilich erfolgreicher als der Engländer, das hat mit den Umständen seines Schaffens, aber auch mit seiner Person zu tun. Wir werden noch darauf zu sprechen kommen. Die zahllosen Werke, die Wyclif in den nächsten Jahren niederschrieb, wurden in England begierig aufgenommen.

Daß die Breitenwirkung seiner Werke bei weitem nicht so groß war wie die der Schriften Luthers, erklärt sich aus ihren unterschiedlichen Entstehungszeiten. Luther schrieb »in der Sprache des Volkes«, jeder konnte seine Werke verstehen. Der Buchdruck machte es leicht, sie zu verbreiten; so bekam er schnell eine Basis in der Masse, die Wyclifs Schriften zunächst verschlossen blieb.

Luther setzte sich durch, da es ihm gelang, eine Massenbasis für seine Reformideen zu finden. Wyclifs Ideen hätten eine solche Basis durchaus finden können, hätte nicht der Stand der technischen Entwicklung der Verbreitung seiner Gedanken entgegengestanden.

Wyclifs Gedanken fanden einen bestimmten Kreis; die Zahl der noch vorhandenen Manuskripte beweist es. Wir gehen heute leichtfertig um mit diesem Wort ›Manuskript‹, aber für die damalige Zeit gilt das Wort in seinem eigentlichen Sinn: Bücher wurden von Menschenhand geschrieben und immer wieder abgeschrieben.

Abgefaßt sind Wyclifs Schriften in einem schwerfälligen Latein, dessen Satzbau offensichtlich seiner Muttersprache, dem Englischen, nachempfunden ist. Geistig ist der Verfasser noch ganz der scholastischen Methode verhaftet, Zitate über Zitate! Man bemüht Autoritäten; recht hat nur der, der für seine Auffassung auf eine Autorität verweisen kann – doch wer kann nicht auf irgendeine Autorität verweisen? Wer waren Wyclifs Autoritäten? An erster Stelle müssen wir hier die Heilige Schrift nennen, sodann den hl. Augustinus, mit dem er auf vertrautem Fuß stand, und dann natürlich den heidnischen Philosophen Aristoteles, der diesem Zeitalter als *der* Philosoph galt. Plato ist ihm nur durch Augustinus bekannt; Aristoteles liest er in lateinischen Übersetzungen, seine Griechischkenntnisse gestatten die Lektüre des Originals nicht. Das ist auch der Grund, weshalb er ihn oft falsch zitiert. Die Übersetzungen waren durch die handschriftliche Verbreitung häufig fehlerhaft.

Wyclifs Schriften sind kein zusammenhängendes Ganzes.

154

Viele seiner Bücher entspringen den Zeitumständen, Gelegenheitsarbeiten also im besten Sinne, daher sind sie auch oft polemisch, mit sich wiederholenden Argumenten. Es sind Streitschriften, in denen es darum geht, recht zu behalten und dem Gegner seinen Irrtum nachzuweisen. Aber seine Angriffe gegen die Kirche und die Mißstände, die an ihr fressen, sind Ausdruck eines tiefen Ernstes und des aufrichtig empfundenen Wunsches nach Reform. Sie sind nicht einfach Ausdruck eines verhärmten, gedemütigten alten Geistlichen, der die Welt nicht mehr versteht, wie auch seine Schroffheit seinen Ernst und seine Aufrichtigkeit ausdrückt.

Daß die Übel in der Kirche zum Himmel schreien, wird weder damals noch später bezweifelt. »Die Luthersche Häresie«, sagt Johannes Eck, der große Widersacher Luthers in Leipzig, »entstand wegen der Mißbräuche der Römischen Kurie, und wegen des verkommenen Lebens des Klerus nahm sie ihren Fortgang.« Das hätte ein Zeitgenosse Wyclifs auch von dessen Reformforderungen sagen können. Weil es so ernst um die Kirche stand, versprach sich Wyclif nur von einem radikalen Wandel Besserung, denn offenbar ruhte die Kirche auf einem verfaulten Fundament, also mußte man dort, an der Wurzel, die Axt anlegen.

Wie kann man die Kirche von all ihren Übeln befreien? Wyclif möchte die Kirche zurückversetzen *ad primevum statum ecclesiae,* in ihren reinen Urzustand. Damit meinte er – wie so viele seiner Zeitgenossen – die Zeit vor der Konstantinischen Schenkung, mit der die Verderbnis ihren Anfang genommen hatte. Die römische Kirche berief sich in ihrem Anspruch auf weltliche Herrschaft auf die Schenkung, welche ihr der christliche Kaiser Konstantin gemacht hatte, bevor er nach Konstantinopel aufbrach. Wyclif empfand darüber nichts als Unbehagen, denn für ihn begann gerade der Niedergang der Kirche mit der weltlichen Herrschaft, also mit dem Geschenk Konstantins. Schon Wyclif hatte leise Zweifel, ob Konstantin wirklich diese Schenkung vollzogen hatte. Da ging es ihm wie dem deutschen Reformator, der zeit seines Lebens die Richtigkeit der Isidorischen Dekretalen bezweifelte. Erst Luthers Zweifel wurde bestätigt: Er wußte, daß die Konstantinische »Schenkung« eine

Fälschung war, das hatte in der Mitte des 15. Jahrhunderts ein italienischer Humanist, Lorenzo Valla, nachgewiesen, und Luther war zutiefst erschrocken, als er davon erfuhr.

Wenn die Übel der Kirche durch ihre weltliche Herrschaft verursacht wurden, dann mußte am leichtesten Abhilfe zu schaffen sein, indem man die Folgen der Schenkung rückgängig machte, die Kirche enteignete. Das würde sie zu Armut und Demut zurückführen. Schon 1371 hat Wyclif den Engel mit dem Schlüssel des Abgrunds und der großen Kette, von dem im Buch der Offenbarung die Rede ist (20,1), als den künftigen Herrscher gedeutet, der die Kirche ihrer irdischen Güter berauben wird; in »den Seelen derer, die um des Zeugnisses von Jesus und um des Wortes Gottes willen erschlagen worden waren« (20,4), erblickte er heilige Kirchenmänner, welche die Enteignung der Kirche vorbereiteten und deswegen vom Papsttum und vom Weltklerus manche Drangsal erdulden mußten. »Es wäre ein Verdienst«, sagt Wyclif, »unsere Prälaten um der Liebe willen aus ihren weltlichen Stellungen zu entfernen, damit sie wahre Geistliche werden und das Gesetz Gottes beachten.«

In den beiden Jahren, die auf Brügge folgten, verfaßte Wyclif eine Schrift, die er »De Civili Dominio« überschrieb. Bücher trugen damals noch keinen Titel, der Verfasser sagte einfach, wovon sein Werk handelte: Von weltlicher Herrschaft.

Uhtred, ein Kleriker aus Oxford, hatte gelehrt, daß die Herrschaft von Geistlichen der Laienherrschaft vorzuziehen sei; unter keinen Umständen aber dürften weltliche Richter über Geistliche zu Gericht sitzen; und jeder, der die Entfremdung von Kirchengut durch die weltliche Gewalt gutheiße, ruiniere damit das Königreich. Wyclif ging auf diese Lehre Uhtreds ein, zuerst mit maßvollen Worten. Weltliche Gewalt, so sagte Wyclif, dürfe gegen pflichtvergessene Priester einschreiten, wenn die geistlichen Oberherrn dieser Priester, die Bischöfe, diese ihre Pflicht nicht erfüllten. Die Kleriker sollten sich um ihre geistlichen Aufgaben kümmern und die Verwaltung des Kirchengutes ausgewählten Laien überlassen.

Hätte Wyclif mit Bestimmtheit gewußt, daß die Schenkungsurkunde eine Fälschung aus späterer Zeit war, dann wäre er sicher für eine bedingungslose Enteignung der Kirche eingetreten, um die Folgen der Fälschung rückgängig zu machen. Daß die Mißstände der Kirche mit ihren weltlichen Besitzungen zu tun hatten, stand für ihn fest. Wollte man die Kirche reinigen, dann mußte man sie in den Stand apostolischer Armut zurückversetzen, und da sie dazu selbst nicht imstande war, weil es ihren Oberen aufgrund des Verfalls an Einsicht mangelte, mußte die weltliche Gewalt ihr dabei helfen.

Freilich ging Wyclif etwas umsichtiger vor, seine Reformforderungen gehen viele Umwege. Von einem seiner Oxforder Lehrer, Grosseteste, dem großen Gelehrten, übernimmt er das Konzept der bedingten Schenkung-Überlassung von weltlichem Gut. »Gott gibt dem Menschen die irdischen Güter unter der Bedingung, daß dieser sie richtig gebraucht. Treibt er Mißbrauch mit ihnen, so wird diese Schenkung ungültig«, hatte Grosseteste geschrieben. In Anlehnung an die Worte aus dem Matthäus-Evangelium, »Wer die Tugend und die Demut hat, dem gibt Gott Güter in Fülle, wer sie aber nicht vorweisen kann, ist nicht eigentlich der Besitzer dessen, was er besitzt« (13,12), folgerte Wyclif, daß der unwürdige Besitzer eines Gutes enteignet werden sollte. Er konnte sich dabei auch auf die Autorität Ockhams berufen. »Man muß der Herrschaft würdig sein«, hatte der Franziskaner geschrieben. Ein Ungläubiger oder ein sündiger Christ sei der Herrschaft nicht nur unwürdig, er verdiene nicht einmal das Brot, mit dem er sich ernähre.

An den Beginn seines Buches stellt Wyclif die Frage: »Was ist Herrschaft?« Um seine Antwort richtig zu verstehen, müssen wir uns vergegenwärtigen, daß Wyclif zwar am Ende des feudalen Zeitalters lebte, daß aber die Ideale des Lehnswesens weiterhin Geltung hatten. Seine Vorstellungen waren geprägt von der feudalen Übertragung von Verfügungsgewalt vom Suzerän auf den Vasallen. Alle Menschen, sagt Wyclif, seien unmittelbar die Lehnsmänner Gottes, und Herrschaft, die sie ausüben, empfangen sie direkt aus seinen Händen. Kein Mensch, der in Todsünde lebt, habe von Natur aus ein Recht auf diese Gabe Gottes. »Sünde ist ein Nichts«, schreibt er und zitiert damit Augustinus, »und wenn Menschen sündigen, so werden sie zu einem Nichts.« Umgekehrt stehe es bei dem Gerechten: »Jeder Gerechte ist Herr über die sichtbare Welt.« Ihm allein stehe das Recht auf Herrschaft zu. Aber liegt hier nicht ein Widerspruch? Jedem Gerechten gehört alles, und dieses alles gehört zugleich auch allen anderen Gerechten. Also fügt Wyclif hinzu: »Alle Gerechten sollen alles gemeinsam besitzen.« Den Sündern hingegen verleiht Gott keine Herrschaft, ihnen gewährt er lediglich Verfügungsgewalt, Nießbrauch.

Diese Vorstellung, der Sünder habe nur das Recht auf Nießbrauch, überhaupt diese spitzfindigen Unterscheidungen, gehen auf einen seiner akademischen Lehrer in Oxford zurück, auf Fitzralph und dessen Werk über die Armut des Heilands, »De Pauperia Salvatoris«. Allerdings hat Wyclif dessen Theorien bis an ihr logisches Ende weitergedacht. Und an der Stelle, wo sich beim Leser zwangsläufig die Frage einstellt, ob nicht der Gerechte dem Sünder sein Gut entziehen darf, da zitiert Wyclif aus dem Common law seines Landes: daß der Vasall nur mit Zustimmung seines Oberherrn einem anderen Lehnsmann dessen Gut entziehen darf.

Daß diese Gedanken, so abstrakt sie heute scheinen, voller aktueller Bezüge steckten, liegt auf der Hand. Trotz des immer noch andauernden Krieges waren Klerus und Adel nicht bereit, sich an seinen Kosten zu beteiligen. Vielleicht ließen sie sich umstimmen, wenn man über die Gerechtigkeit der Güterverteilung nachdachte? Voller Zustimmung wiederholt Wyclif die Fabel von der Eule, die damals im Parlament erzählt wurde: Die Eule hatte ihr Federkleid verloren und litt schrecklich unter der Kälte. Da überließen ihr die anderen Vögel einige Federn. Plötzlich erschien drohend ein Falke am Himmel, und die Vögel, jetzt selber in Not, baten die Eule, ihnen ihre Federn zurückzugeben. Die Eule war die Kirche: In allgemein guten Zeiten, als aber die Kirche Not litt, hatten ihr die anderen Stände ausgeholfen; nunmehr aber, in Zeiten nationaler Not, baten sie die Kirche, ihnen das Leihgut zurückzuerstatten.

Im letzten Teil seines Buches, das nur unvollständig erhalten ist, setzt Wyclif Besitz in Beziehung zu Verdienst und Gnade:

Wenn Gottes Gnade vorhanden ist, dann bewirkt menschliches Verdienst – erworben durch gute Werke – den rechtmäßigen Besitz. Aber der Besitz ist Sünde, wenn sich das Gut in den Händen eines Sünders befindet. Der Sünder besitzt zu Unrecht; es ist nur zeitweilige Verfügungsgewalt, die Wyclif ihm zugesteht. Mit den Worten des Matthäus-Evangeliums – »Wenn dein Auge klar ist, so wird deine ganze Gestalt licht sein; ist aber dein Auge böse, so wird deine ganze Gestalt finster sein« (6,22 bis 23) – begründet er, daß jede Handlung eines Sünders, auch die nicht-sündige, selbst der Akt des Besitzens, eine neuerliche Sünde wider den Herrn ist. Würde Gott die Herrschaft eines Sünders über ein weltliches Gut bejahen, so würde er dessen Sünde gutheißen. Es ist, als ob die Sünde des Menschen durch den Akt des Besitzens in das Gut einfließt.

Im dritten Teil seines umfangreichen Werkes geht Wyclif der Frage nach, ob ein Christenmensch einem Tyrannen Gehorsam schulde. Er gibt eine überaus pragmatische – man könnte sagen: eine englische – Antwort: ja, es sei denn, man kann ihn vom Thron stürzen. Schließlich vergleicht er die Adelsherrschaft mit der Königsherrschaft. Wyclif entscheidet sich für die Aristokratie, für die Herrschaft der Besten, mit der Einschränkung freilich, die Königsherrschaft sei dann vorzuziehen, wenn sich in den Reihen des Adels einer findet, der alle anderen an Tugend weit übertrifft. Dann sei ihm die Herrschaft anzuvertrauen. Königtum wird für Wyclif nicht durch menschliches Recht übertragen, sondern nur durch göttliche Gnade. Daher sollte die Monarchie weder erblich noch durch einfache Wahl übertragbar sein. Auch diese Gedanken spiegeln Aktuelles: Gerade jetzt lag der Thronerbe, der Schwarze Prinz, im Sterben, während sein Vater, Eduard III., zusehends verfiel; der älteste Sohn des Schwarzen Prinzen aber, Richard, war noch keine zehn Jahre alt. Wyclifs Freund John of Gaunt hätte also für die Thronfolge in Frage kommen können.

In den abschließenden Überlegungen greift Wyclif die Frage auf, ob Leibeigenschaft und Sklaverei rechtmäßige Herrschaftsformen seien. Die Sklaverei lehnt er ab, folgt also nicht dem hl. Paulus, der in seinem ersten Korinther-Brief empfiehlt:

»In dem Stande, in den ein jeder berufen wurde, darin soll er bleiben. Bist du als Sklave berufen worden, so mache dir deswegen keinen Kummer, sondern selbst wenn du frei werden könntest, bleibe um so lieber dabei!« (7, 20-21) Wie es keinen Besten in erblicher Folge geben kann, so soll auch kein Mensch durch Erblichkeit der Sklave eines anderen sein.

Dieses erste große Buch des Reformers enthielt einigen politischen Zündstoff, denn es griff etliche Instanzen auf einmal an: Der König konnte an der Aussage, sein Titel komme ihm nicht aus menschlichem Recht zu, sondern aus der Gnade Gottes, wenig Freude haben, solange die Erblichkeit seines hohen Amtes in Frage gestellt war. Die englische Monarchie, einstmals ein Wahlkönigtum, war damals noch keineswegs so gefestigt, daß man derlei Theorien gefahrlos in Umlauf bringen konnte. Der Besitzanspruch des Sünders sei Diebstahl, sagt Wyclif, und da alle Christen gleich seien, müßten sich Unterschiede im Besitz auf Tugend stützen. Das konnte revolutionärer Zündstoff werden, wenn jemand einen Funken in dieses Pulverfaß warf. Oder: Wenn die Kirche ihre Güter mißbraucht, sollte der Staat sie ihres Eigentums entkleiden. Wenn die Kirche in weltlichen Angelegenheiten mit Exkommunikation drohe, dann sei dies bedeutungslos, ja Wyclif protestiert ausdrücklich dagegen, daß die Päpste dieses geistliche Instrument einsetzen, um ihre weltlichen Ziele zu verfolgen, beispielsweise beim Einzug des Kirchenzehnten. Schon im Anhang dieses ersten großen Werkes erläutert er seine Auffassung von der Kirche: Kirche, das ist die Gesamtheit der Auserwählten, ihr Haupt Christus. Später, in seinem Werk über die Kirche, »De Ecclesia«, wird er diese Theorie ausweiten. Im zweiten Anhang greift er die zeitgenössischen kurialen Theorien auf und sagt, Päpste und Kardinäle könnten irren; sie beide seien absolut unwichtig für die Regierung der Kirche. Ein Papst, der sich allzusehr mit den Dingen dieser Welt abgebe, könne abgesetzt werden, wie es im frühen Mittelalter mehrmals geschehen sei. Von da war es kein weiter Weg mehr zu den Anschauungen über das Papsttum, die er nach Ausbruch des Schismas äußerte.

In diesem ersten Werk trägt Wyclif ganz wesentliche Elemente seiner reformatorischen Gedanken vor. Sie zeigen deutlich, wie weit er seiner Zeit voraus ist: Erst unter Heinrich VIII., knapp einhundertfünfzig Jahre später, wurde die Säkularisierung der kirchlichen Liegenschaften vorgenommen, aber im Grunde hat erst das 19. Jahrhundert Wyclifs Reformforderungen erfüllt, als das Papsttum endgültig seine weltliche Herrschaft verlor. Wyclifs Forderungen wirken wie Ideen der Neuzeit; er besaß erstaunlichen Weitblick, daß er die sozialen Beziehungen und institutionellen Verhaltensweisen der Kirche gleichsam als Überbau zu den Vermögensverhältnissen begriff.

Wyclif prangert den unrechtmäßigen Besitz der Kirche besonders deswegen an, weil er Mißwirtschaft, Müßiggang und soziale Verantwortungslosigkeit nach sich ziehe. Aus genau dem gleichen Grund attackiert er auch die Bettelorden. Sein Einwand gegen diese Mönche gilt nicht dem Betteln; er räumt sogar ein, daß die Bettelorden mit ihrem Ideal von apostolischer Armut eher in der Nachfolge Christi stehen als die anderen Orden, und für den hl. Franz von Assisi empfindet er höchste Bewunderung. Aber er kritisiert den Umstand, daß Betteln bei ihnen mit Müßiggang einhergeht. Weil Christus arm war, so folgert er, darum darf auch die geistliche Gewalt weder weltliche Gewalt ausüben noch Eigentum besitzen, es sei denn, sie setzt es ein zum Wohle der Armen.

»De Civili Dominio« war ein erster Schritt in Richtung Säkularisierung des Kirchengutes. Wyclif sprach diese Forderung später deutlicher aus, zuletzt hat er sie schrill hinausgebrüllt. Die Konsequenz, die er suchte – Enteignung des Kirchengutes –, war einfacher als seine Theorien, denn sie lassen ja einiges offen; sie liefern beispielsweise keine Kriterien hinsichtlich der Gerechtigkeit und des Sündenstands eines Menschen. Vermutlich will Wyclif diese Entscheidung völlig der weltlichen Gewalt überlassen, ohne vorher bei ihr nach Reinheit von Sünde zu fragen. Seine Theorie ist überspannt, auch wenn man die Forderung gutheißt. Der Scholastiker hat sich hier einfach einen Syllogismus ausgedacht: Menschen in Sünde dürfen nicht weltliche Herrschaft ausüben; die Kirchenmänner sind in

Sünde – die Conclusio liegt auf der Hand: Sie dürfen keine weltliche Herrschaft ausüben, also muß man sie enteignen. Nach weiteren Folgerungen daraus fragt Wyclif nicht, zumindest damals noch nicht. Wenn das Eigentum die Kirche auf böse Wege trieb, dann mußte man sie vom verderblichen Einfluß des Eigentums befreien, so etwa wollte er sagen. Die Kirche sollte Laien einsetzen, welche die Einkünfte aus ihren vormaligen Besitzungen verwalteten; letzten Endes sollte es Sache des Königs sein, alle weltlichen Besitzungen der Kirche in die Hand weltlicher Gewaltenträger zu überführen und sich darum zu kümmern, daß der befreite Klerus gemäß dem Willen Gottes lebte. Die Oberaufsicht über die Kirche stand dem König zu.

Der kurialen Forderung nach der Vorrangigkeit des Papstes setzte Wyclif das monarchistische Prinzip entgegen. »Alle Könige sind von Gott«, sagt er – von den Päpsten will er das nicht sagen. Und zustimmend weist er darauf hin, daß der englische König Wilhelm der Eroberer den Klöstern seine »brüderliche Hilfe« angedeihen ließ, indem er Gelder, die er bei ihnen fand, beschlagnahmte. Der König verhalf der Kirche zur Reinheit.

Wir sind auf bloße Vermutungen angewiesen, wenn wir zu ergründen suchen, wie Wyclifs erste große Veröffentlichung aufgenommen wurde. Chaucer kannte dieses Werk offensichtlich, er spielt mit Wyclifs Begriffen herum (vom Sünder sagt er: »and he will sink in general opinion / as one unfit to exercise *dominion*«). Das will nicht viel heißen, denn Chaucer war ein hochgebildeter Mann. Von Wyclifs Buch über weltliche Herrschaft gibt es heute nur noch eine einzige Handschrift; dieses Manuskript wurde zwischen 1407 und 1410 von einem Tschechen abgeschrieben, es befindet sich in Wien. Es ist kaum anzunehmen, daß das ursprünglich an die tausend Seiten starke Buch weite Verbreitung fand, bestenfalls sind einige greifbare Forderungen Wyclifs einer größeren Öffentlichkeit bekannt geworden. Daß es das Buch in England heute nicht mehr gibt, in keinem einzigen Exemplar, darf nicht dazu verführen, es für unwichtig zu halten. Wyclif war nach 1376 in seinem Heimatland eine bekannte Größe, und das läßt uns eher glauben, daß seine Verfolger nach seinem Tod ganze Arbeit leisteten und vor allem dieses Werk, das sie für gefährlich hielten, ins Feuer warfen.

Zu Wyclifs Lebzeiten war es schwierig, selbst mit einer einfachen Idee zu einer größeren Öffentlichkeit vorzudringen; hundert Jahre später, mit der Erfindung des Buchdrucks, wird alles leichter. Doch bleibt es fraglich, ob dieses langatmige, umständliche, theoriebefrachtete Werk selbst in späteren Zeiten eingeschlagen hätte.

JOHN OF GAUNT

Ein Vergleich der Situation Wyclifs nach dem Erscheinen seiner Schrift »De Civili Dominio«, anno 1376, mit der Stellung Luthers nach dem Thesenanschlag im Jahr 1517 bietet sich an; der Vergleich ist gewagt, aber nicht ganz abwegig. Luther trat mit einem Paukenschlag in die Geschichte; sein Erfolg war ungleich größer, und er stellte sich schneller ein. Aber in beiden Fällen griffen Angehörige der Kirche, Doktoren der Theologie, die Mißstände der Kirche an und riefen dazu auf, über Reformen nachzudenken. In Rom hörte man den Paukenschlag, den von Luther und den – ungleich sanfteren – von Wyclif, und in beiden Fällen versuchte die Kurie, nicht die Ursachen zu beseitigen, sondern statt dessen die neue Bewegung einzudämmen, indem sie ihre Führer verfolgte. Die historischen Umstände kamen Luther zugute; für die Lehre des Engländers waren sie weniger günstig. In Deutschland hatte sich innerhalb von zehn Jahren nach den Thesen die Reformation durchgesetzt; aber zehn Jahre nach »De Civili Dominio« war Wyclif tot, seine Anhänger wurden von den Häschern der Kirche und der Krone verfolgt. Die Ähnlichkeiten liegen also im Ursprung und in der Lehre, nicht in der Wirkung.

Ein einzelner hat es selten gewagt, eine mächtige Institution wie die römische Kirche in die Schranken zu fordern. Durchsetzen kann sich nur, wer von anderen Hilfe erhält. John of Gaunt wird in diesen Jahren mehr und mehr zum mächtigen Beschützer Wyclifs. Für ihn ist er so etwas wie Friedrich der Weise für Luther: Er gewährt ihm Schutz und Hilfe – aber hier endet auch schon die Parallele. Gaunt hatte Macht und Einfluß, vielleicht ebensoviel wie der sächsische Kurfürst, aber er teilte nicht dessen Lauterkeit und dessen religiösen Ernst. Und England war nicht das Heilige Römische Reich. In Deutschland mußte der Kaiser um die Gunst der mächtigen Landesherren buhlen, und manch einer dieser Herren setzte sich für diese religiöse Reformbewegung ein, weil er sich mehr politischen Spielraum verschaffen wollte. Am Schluß setzte sich die Reformation in den meisten Reichsstädten und in zahlreichen Territorien durch, nicht an der Reichsspitze, die blieb katholisch. In England hingegen lagen die verfassungsrechtlichen Dinge völlig anders: Dort gab es eine starke Zentralgewalt, und wenn sich auch der König manchmal gegen seine Großen zur Wehr setzen mußte, so war er doch nicht im gleichen Maß auf sie angewiesen wie der Kaiser. Nirgendwo auf dem Land konnte sich ein Erreger niederlassen und in einem Organ – sprich: Territorium – ausbreiten, um sodann den ganzen Organismus zu verseuchen. Das ist ein wichtiger Wesenszug des Zentralismus: Was in England geschah, bestimmte der König.

Gerade jetzt freilich herrschten auch in England schlimme Zeiten. Seit nunmehr vierzig Jahren war Krieg auf dem Kontinent, und die Prärogativen königlicher Macht waren, alles in allem, keineswegs so gefestigt, daß sie über jeden Zweifel erhaben gewesen wären. Eine geschriebene Verfassung gab es nicht, damals so wenig wie heute; manches hing noch in der Schwebe, was inzwischen längst verbindlich geregelt ist. Unbestimmt war beispielsweise, wer die Regentschaft übernehmen würde, falls der König bei seinem Tod einen minderjährigen Sohn oder Enkel hinterließ – und genau dieser Fall stand jetzt bevor. Unklar war auch, wer das Steuer des Staatsschiffes führen sollte, falls es ein invalider oder ein geistig umnachteter Monarch nicht aus der Hand geben wollte. Das Regierungssystem befand sich noch im Zustand des ständigen Experiments, und jede Machtgruppe am Hof sorgte dafür, daß alles, was nicht zu ihren Gunsten entschieden wurde, vorläufig in der Schwebe blieb. Die Lage war gefährlich, weil anno 1376 beide, der regierende König *und* der Thronfolger, der Schwarze Prinz, mit dem bevorstehenden Tod kämpften.

Einer der Mächtigen bei Hofe, der seine Finger in alle Angelegenheiten steckte, war John of Gaunt, seit 1362 Herzog von

Lancaster. Nach dem Tod seiner königlichen Mutter Philippa benützte er die Mätresse seines Vaters, Alice Perrers, um seinen Einfluß zu stärken. Der legitime Thronerbe, Eduard, der Schwarze Prinz, siechte seit Jahren dahin; er wollte die Krone Englands für seinen minderjährigen Sohn Richard sichern. Gaunt erweiterte seinen Herrschaftsraum, wo er nur eine Gelegenheit dazu sah. Beim Tod seiner Gemahlin Blanche – sie starb im gleichen Jahr wie seine Mutter, 1369, an der Pest – träumte er von einer zweiten Heirat, die ihn unter die Großen Europas bringen würde. Im September 1371 vermählte er sich mit Konstance, der Erbin Pedros von Kastilien, und er beanspruchte von da an, König von Kastilien und Léon zu sein. Am englischen Hof war er das Haupt einer mächtigen Clique, die sich, das Parlament richtig einschätzend, auch dieser Institution zu bedienen versuchte. Gaunt wollte die Machtmittel des Königreiches zuvörderst für seine persönlichen Belange einsetzen. Dieser Wunsch ist so abwegig nicht, denn die Staatslehre hatte noch keinen klaren Trennungsstrich gezogen zwischen der Königssippe, einem Personenkreis, und diesem anonymen, abstrakten Gebilde ›Staat‹.

Im August 1373 zog Gaunt wieder einmal auf das Festland in den Krieg. In der Auvergne überfielen ihn Regenschauer und Stürme; General Hunger besiegte seine Truppen. Der Feldzug endete mit einem Fiasko. Das blieb der englischen Nation nicht verborgen, wiewohl ihr Staatskanzler, Sir John Knyvet, im Parlament von einem militärischen Erfolg des Herzogs sprach. Papst Gregor vermittelte einen Waffenstillstand, und im April 74 kehrte Gaunt heim, geistig und körperlich völlig erschöpft. Er zog sich auf seine Besitzungen zurück und verbrachte dort den größten Teil des Jahres. Von allen, die Rang und Namen beanspruchten, war er wohl der unpopulärste.

In England war Gaunt äußerst umstritten; ausländische Beobachter urteilten nachsichtiger über ihn als seine Landsleute. Dieser Mann war einfach zu reich, zu stolz, zu selbstsüchtig, um geliebt zu werden. Ein politisches Programm für die Nation besaß er nicht; er wäre zufrieden gewesen, die erste Geige zu spielen. Mit der Geistlichkeit verstand er sich gut. Gaunt war weder dem einfachen Klerus noch den Kirchenoberen feindlich gesinnt, und auch zu den Orden unterhielt er enge Beziehungen. Sein Kanzler und Berater war Ralph Erghum, der Bischof von Salisbury. Die Bettelorden schätzte er besonders. Gaunt wußte, daß man Verbündete braucht, um sich gegen die anderen Hofcliquen durchzusetzen.

Im Dezember des Jahres 1375 ließ der König das Parlament für den 12. Februar des folgenden Jahres einberufen. Die Einberufung des Hauses mußte verschoben werden, denn Gaunt war gerade auf einem Feldzug. Am 28. April wurde das neue Parlament schließlich vom König eröffnet. Kanzler Knyvet erklärte den Versammelten den Zweck dieser Einberufung: Die Krone brauche neue Steuermittel, um den Krieg weiterzuführen. Die Gemeinen wollten davon nichts wissen. Sie regten an, einen Vermittlungsausschuß einzusetzen, der über dieses königliche Begehren beraten sollte.

Als ihren Vertreter gegenüber der Krone wählten die Gemeinen einen Ritter aus ihrer Mitte, Peter da la Mare. Die Gemeinen stellten sich zusammen mit dem niederen Klerus gegen die Forderungen der Krone. Peter de la Mare wies auf die riesigen Summen hin, die der König aus den Steuern sowie aus den Lösegeldern für die Könige Schottlands und Frankreichs eingesteckt hatte. Er beschuldigte den Kämmerer Seiner Majestät, Lord Latimer, einen Vertrauten Gaunts, finanzieller Veruntreuungen und verlangte von der Kammer offene Rechnungslegung. Es deutete sich damals im englischen Parlament etwas an, was britische und amerikanische Verfassungsrechtler seither als *impeachment* bezeichnen: die öffentliche Anklage höchster staatlicher Würdenträger. Neben Latimer wurden drei weitere enge Mitarbeiter des Königs – Minister würden wir heute sagen – zur Rechenschaft gezogen: Richard Lyons, Lord Neville of Raby und John Pecche. Mehr als das, dieses tatkräftige Parlament, das als »Good Parliament« in die englische Geschichte einging, wandte seine Aufmerksamkeit nunmehr auch den Übeln der englischen Kirche und dem Machtmißbrauch des Heiligen Stuhls zu und machte sie verantwortlich für »all die Pestseuchen, Hungersnöte und die Armut in diesem Reiche«. Der Sprecher der Commons beklagte sich bitter darüber, daß fremde Kardinäle und Päpste die englischen Schafe schoren; die englische Nation halte »diese Kleriker von jenseits des Meeres für Verräter am König und für Räuber an den Armen«.

Die Commons setzten durch, daß der Kämmerer Lord Latimer verhaftet wurde. Sie vertrieben Eduards Mätresse aus ihrer Stellung. Ihr Sprecher Peter de la Mare beantragte, den Geheimen Rat des Königs auf ein Dutzend Personen zu vergrößern und dem königlichen Befehl nur dann Verbindlichkeit zu geben, wenn zumindest die eine Hälfte dieses Rats – eine Art Kabinett – diesem Befehl zustimmte. Ferner verlangten die Commons, die sich ihrer Macht, wie ein Hemmschuh zu wirken, bewußt waren, daß das Parlament jährlich einberufen und daß die Rolle des Sheriffs bei der Auswahl der Parlamentsabgeordneten eingedämmt werde.

Das Parlament wollte zumindest die zweite Geige spielen, soviel können wir den Worten Peter de la Mares entnehmen. Und die beiden großen Cliquen bei Hofe, die Partei des Schwarzen Prinzen und die Partei Gaunts, begnügten sich daher nicht damit, am Hofe ihre Fäden zu ziehen, sie suchten auch auf das Parlament Einfluß zu nehmen. Doch jetzt schloß der Schwarze Prinz nach sechsjährigem Leiden für immer die Augen. Nicht, daß dieses Rauhbein die Rechte einer gewählten Versammlung gegen Willkürübergriffe hätte schützen wollen oder an die Souveränität des Volkes glaubte, das nicht. Aber der Schwarze Prinz brauchte in seinen letzten Lebensjahren eine Gegenmacht gegen die Intrigen Gaunts, und da war ihm das Parlament recht. Außerdem fürchtete er, sein Onkel werde seinem Sohn Richard die Krone streitig machen. Nach dem Tod Eduards III. stellte sich schnell heraus, daß seine Befürchtungen nicht grundlos waren.

Im Juni 1376 starb der Schwarze Prinz; am 6. Juli wurde das »Gute Parlament« aufgelöst, es hatte länger getagt als irgendein Parlament zuvor. Seine Mitglieder waren kaum zu Hause angelangt, da erfuhren sie, daß – dank Gaunts Einfluß, der die Schwäche seines todkranken Vaters ausnützte – Lord Latimer, der vor kurzem davongejagte Kämmerer, wieder in seine alten

Rechte eingesetzt worden war, die Geldstrafe von 20 000 Mark war ihm erlassen. Auch die anderen beiden Vertrauten des Königs waren aus dem Gefängnis entlassen, denn Alice Perrers – auch sie war in ihr »Amt« zurückgekehrt – hatte sich für sie eingesetzt. Der von den Commons gewählte Rat war aufgelöst, überhaupt wurden die Verfügungen des Guten Parlaments für null und nichtig erklärt. Peter de la Mare, der kühne Sprecher, fand sich Ende November im Gefängnis von Nottingham wieder.

Nun wurde ein neues Parlament einberufen. Es trat am 27. Januar 1377 zusammen. Der neue Kanzler hieß Adam Houghton, er war ein Verbündeter Gaunts. Dem Herzog, der hinter all dem stand, war es gelungen, dieses Parlament mit seinen Leuten zu besetzen. Das war nicht schwer, denn nur eine Minderheit des Volkes war wahlberechtigt, und Gaunts Einfluß war so riesig, wie seine Ländereien verstreut waren. Er hatte überall ein Wort mitzureden. Das Parlament, dieses Parlament, stand auf seiner Seite. Entsprechend würdigte Gaunts Kanzler vor den Versammelten die Verdienste seines Herrn und forderte weitere Gelder für den Krieg – dieses Ziel stand ja noch aus. Als Gegenleistung wollte die Regierung künftig den Forderungen der Kurie widerstehen. Welchen Einfluß Gaunt bei den Commons besaß, erhellt aus dem Umstand, daß diese einen seiner engsten Vertrauten, Thomas Hungerford, zu ihrem neuen Sprecher wählten. Dem Vorschlag des Guten Parlaments, einen Geheimen Rat zu bestellen, wurde nun selbstverständlich entsprochen – auch in dieser Körperschaft brachte Gaunt seine Leute reichlich unter. Mit einem derart zusammengesetzten Parlament ließ sich manches erreichen.

Den Historikern des 19. Jahrhunderts, die sich mit der Geschichte des englischen Parlaments und Gaunts Einflußnahme beschäftigt haben, erschien die Handlungsweise des Herzogs immer als verbrecherisch. Sie haben dabei übersehen, daß die Gewaltenteilung noch kein gesetztes Regierungsprinzip war und daß das Parlament damals noch eine ziemlich neue Körperschaft war, die sich im Stände- und Verfassungskampf zwischen Krone und Nation vorzüglich einsetzen ließ; und Gaunt bediente sich der Krone wie des Parlaments. Aber trotzdem gab es schon damals eine Reaktion der öffentlichen Meinung auf des Herzogs Vorgehen, was wir beispielsweise daraus ersehen, daß einer der großen Dichter des Jahrhunderts, William Langland, seine Dichtung »Peter der Pflüger« danach in einer völlig neuen Fassung vorlegte, die voller allegorischer Anspielungen auf dieses Katz-und-Maus-Spiel steckt, die es in der älteren Fassung nicht gab. Da tritt uns John of Gaunt in Gestalt einer Katze entgegen, im Parlament sitzen die Mäuse. Die Katze spielt mit den Mäusen – der Vergleich ist nicht schlecht gewählt.

In diesen Tagen, die auf die Einberufung des neuen Parlaments folgten, schließt der dritte Eduard seine Augen für immer. Dürfen wir dem Chronisten glauben, so legte der König noch kurz vor seinem Tod die Beichte ab. Ein Schluchzen unterbricht sein Geständnis. »Mitleid, mein Jesus!« ruft er aus. Dann wird es still. Noch bevor der Leichnam erkaltet ist, hat Alice Perrers dem Monarchen einen wertvollen Ring vom Finger gestreift. Viele seiner Juwelen sind bereits verschwunden.

Es war in dieser Zeit, nach der Auflösung des Parlaments, daß die alte Verbindung zwischen Gaunt und seinem Lehnsmann Wyclif enger wurde. Die beiden verfuhren arbeitsteilig: Während der eine seinen Einfluß im Parlament zu vergrößern suchte, zog der andere von Kanzel zu Kanzel und wetterte gegen den Luxus, den Reichtum und das weltliche Leben der Geistlichkeit. Solange Wyclifs Verbindung mit Gaunt nicht bekannt war, fielen seine Worte in offene Ohren. Nicht nur der gemeine Mann, auch die wohlhabenden Schichten der Londoner Kaufmannschaft hörten ihm zu und nickten: Der Reichtum der Kirche und die Mißstände innerhalb der Geistlichkeit waren augenfällig.

Zwei Dinge brauchte Wyclif, wenn er mit seinen Reformforderungen durchdringen wollte: Er brauchte von unten her die Unterstützung des Volkes; und er brauchte den Schutz eines Mächtigen gegen den starken Arm der Kirche. Die Hilfe der Bevölkerung war unerläßlich, wenn er seine Vorstellungen verwirklichen wollte; und den Schutz eines Mächtigen benötigte er für seine eigene Person. Wyclifs Schwierigkeiten lagen nun darin, daß diese beiden Elemente sich vertrugen wie Feuer und Wasser: Solange er mit Gaunt zusammenging, war er zwar geschützt, aber er konnte auf lange Sicht unmöglich das Wohlwollen seines Volkes finden, denn Gaunt war verhaßt. Je mehr er Schutz von oben brauchte, desto lockerer wurde der Boden unter seinen Füßen.

Wie paßten diese beiden Menschen überhaupt zusammen? Sicherlich nicht in ihrem Naturell, aber »Politics make strange bed-fellows«, wie man im Englischen sagt. Was die beiden seltsamen Weggefährten miteinander gemein hatten, war die Feindschaft gegen etablierte Gewalten, wobei Wyclif auf andere Mächte zielte als Gaunt. Die theologischen Anschauungen des Herzogs – falls er überhaupt welche hatte – sind im einzelnen nicht bekannt, aber wir dürfen annehmen, daß sie völlig anders lauteten als die seines Schützlings. Gaunt war sein Leben lang ein Freund der Mönchsorden, auch wenn er sich dann und wann einmal mit einem von ihnen anlegte. Jeder Geistliche, der Gaunt einen Gefallen erwies, bekam dafür eine kirchliche Pfründe, was Wyclif verwerflich fand. Vermutlich sah der Herzog in Wyclif einen Mann, den er für seine Zwecke einsetzen konnte; und Wyclif, ein Mann der Universität, alles andere als ein politischer Kopf, fehlte in derlei Dingen der Weitblick.

Während der Herzog zum zweitenmal verheiratet war, unterhielt er eine Liaison mit Katharina Swynford, der Zofe seiner Töchter. Wyclif mußte davon wissen. Das hat ihn aber so wenig angefochten wie Luther die Doppelehe des hessischen Landgrafen. Ob Wyclif auch wußte, daß der Herzog in dringendem Verdacht stand, seine Schwägerin vergiftet zu haben, um sie zu beerben? Gaunt war ein prinzipienloser Machtpolitiker. Er hatte vor, einige reiche Prälaten, enge Vertraute seines verstorbenen Vaters, aus ihren Ämtern zu vertreiben und dafür seine Leute einzusetzen. Daher sagte ihm Wyclifs Forderung zu, die Krone solle Unwürdige aus ihren kirchlichen Ämtern vertreiben. Gaunt hatte auch nichts dagegen, die Kirche in ihre ursprüngliche Armut zurückzuversetzen. Der Herzog machte sich diese Forderung zu eigen, weil er hoffte, auf diese Weise

172

seinen eigenen Besitz abrunden zu können. Wyclifs geistliche Reformvorstellungen und seine sozialen Ziele ließen ihn vermutlich kalt. Aber der Herzog war ein geschickter Taktierer.

Man sollte auch das feudale Band zwischen diesen beiden Männern nicht übersehen. Der Herzog von Lancaster war seit vielen Jahren Wyclifs Oberherr; die Verbindung zwischen den beiden – und das hieß: Schutz des Herrn für seinen Mann und Treue des Lehnsmannes gegenüber seinem Herrn – war eine natürliche, gewachsene. Wenn einer von beiden unehrenhafte Motive in diese Beziehung einbrachte, dann eher Gaunt. Wyclif brauchte in diesen Tagen Schutz, wie Martin Luther in den 1520er Jahren einer schützenden Hand bedurfte, und was lag da näher, als sich an seinen Herrn zu wenden? Mit seinen Schriften gegen die Kirche hatte sich Wyclif nicht nur Freunde gemacht. Wyclif hat mit seinem Werk über die weltliche Herrschaft wohl kaum eine Breitenwirkung erzielt, aber er war zweifellos ein prominentes Sprachrohr des Antiklerikalismus.

In den Jahren 1377/78 wurde Wyclif gleich zweimal vor geistliche Richter geladen. Die Motive der Kirchenmänner liegen etwas im dunkeln. Lechler meinte vor gut hundert Jahren, es röche nach Politik: Man wollte einen Parteigänger Gaunts treffen, an den man sich nicht heranwagte. Das ist wenig überzeugend, denn die bürgerlichen Feinde Gaunts teilten eher Wyclifs antiklerikale Gesinnung; und die Leute, die nach Wyclif schlugen, saßen weit oben in der kirchlichen Hierarchie, wo Gaunt nicht schlecht angeschrieben war.

Erzbischof Sudbury von Canterbury zögerte lange, denn er hatte sich mit einigen Gedanken Wyclifs angefreundet. Anders sah es bei dem Londoner Bischof William Courtenay aus, der von Anfang an ein erklärter Feind Wyclifs und des Herzogs war. Courtenay stammte aus einer altehrwürdigen normannischen Familie, die mit dem englischen Königshaus Plantagenet verwandt war. Seine Familie war einst im Norden Frankreichs reich und mächtig gewesen. Während des Ersten Kreuzzugs erwarben die Courtenays die Grafschaft von Edessa, und im 13. Jahrhundert stellten entfernte Verwandte des Geschlechts den Kaiser des Lateinischen Kaiserreiches an der südöstlichen

173

Schwarzmeerküste. Ludwig VII. vertrieb Mitte des 12. Jahrhunderts die Familie Renaud de Courtenay von ihren französischen Besitzungen, und fortan diente Renaud dem Haus Plantagenet. Williams Mutter war eine Enkelin Eduards I. Zwei seiner Brüder zeichneten sich im Krieg gegen Frankreich aus und erhielten als Auszeichnung den neugegründeten Hosenbandorden.

Doch des Bischofs schwindelerregender Aufstieg läßt sich fast ebensogut mit seinen eigenen Verdiensten und Leistungen erklären wie mit seiner hohen Geburt. Courtenay besitzt alle guten Eigenschaften, die man sich denken kann: Er ist liebenswürdig, klug, vernünftig, zielstrebig, gründlich. Seine Karriere in der Kirche ist steil: Mit zwanzig besitzt er eine Pfründe, die ihm 40 Pfund im Jahr einbringt; mit achtundzwanzig ist er Doktor beider Rechte, des kanonischen wie des bürgerlichen; im gleichen Jahr wird er Kanzler der Universität Oxford und Bischof von Hereford. Sechs Jahre später wird er Bischof von London und sechs weitere Jahre später, nach dem gewaltsamen Tod Sudburys im Bauernaufstand, Erzbischof von Canterbury. Höher konnte er in der englischen Kirche nicht mehr steigen.

Courtenay war einer der einflußreichsten Männer Englands. Er zählte zu den Parteigängern des Schwarzen Prinzen, das machte ihn zum Feind Gaunts. Sudbury hingegen stand der Partei des Herzogs näher, und vielleicht trifft es zu, daß Gaunt, gleichsam zum Ausgleich, die Erhöhung Sudburys durchsetzen konnte, als Courtenay Bischof der Hauptstadt wurde. Im gleichen Jahr, 1375, wurde Courtenay in den königlichen Rat berufen. Dort setzte er nach dem Tod des Schwarzen Prinzen dem Herzog heftig zu. Ein Gegner Gaunts war er aus Prinzip, und er war, völlig unabhängig davon, auch ein Gegner Wyclifs. Er fand die Angriffe dieses Theologen gegen seine Kirche unerträglich.

Courtenay ließ John Wyclif für den Nachmittag des 19. Februar 1377, eines Donnerstags, vor eine bischöfliche Kommission laden. Gaunt traf indessen alle notwendigen Schritte zur Verteidigung seines Mannes. Er ahnte wohl, daß es ebensosehr um seine Person ging wie um Wyclif. Zusammen mit Gaunt und vier Bettelmönchen, allesamt gelehrte Anwälte der Theologie, begibt sich Wyclif an diesem Tag zur St.-Pauls-Kathedrale, wohin er geladen ist. In seiner weiteren Begleitung reitet Lord Henry Percy, der Großmarschall von England, mit bewaffnetem Gefolge. Stoßend und stampfend bewegt sich der Trupp durch die engen Gassen der Hauptstadt, der Kathedrale von St. Paul zu, die wir uns nicht in ihrer heutigen Größe und Pracht vorstellen dürfen. Nach dem Brand von 1077 war eine neue Kirche emporgewachsen, die aber wesentlich kleiner war als das barocke Bauwerk, das Christopher Wren nach dem großen Brand Londons zwischen 1675 und 1710 errichtete.

Die bischöfliche Kommission erwartet Wyclif in der Lady's Chapel. Unter dem Schutz des Herzogs und der Reisigen tritt Wyclif von der Fleet Street her in die Vorhalle des alten Gotteshauses. Eine große Zahl von Londoner Bürgern drängt sich hinter ihm in die Halle. Gegen den verhaßten Gaunt werden drohende Stimmen laut. Die Stimmung ist also keineswegs eindeutig auf seiten des Theologen; Bischof Courtenay ist in London beliebt. In der Kapelle zu Unserer Lieben Frau tritt Wyclif seinen Anklägern gegenüber. Lord Percy, der hier nicht das Wort zu führen hat, fordert Wyclif auf, Platz zu nehmen. Das ist Courtenay zuviel: Bebend vor Zorn angesichts dieser Unverschämtheit besteht er darauf, daß der Beklagte ihm stehend Rede und Antwort leiste. Da drängt sich der Herzog dazwischen, schilt den Bischof, er ertrage seinen Hochmut nicht länger, droht, er werde ihn an den Haaren aus der Kirche schleifen. Bevor Wyclif zu Wort kommt, bricht unter den Anwesenden ein Tumult aus. Bedroht von den Menschenmassen nehmen Percy und Gaunt den Theologen in ihre Mitte und eilen durch die Fleet Street, entlang dem Strand, in Richtung Westminster.

Nicht nur die Roheit Gaunts gegenüber dem Bischof war die Ursache des Krawalls. Es war an diesem Tag im Parlament ein Antrag eingebracht worden, dem Bürgermeister von London die Führung der Amtsgeschäfte zu entziehen und sie einem Kommissar des Königs anzuvertrauen. Das hätte eine Stärkung der Zentralgewalt bedeutet – und dies in einem Augenblick, als diese Gewalt eigentlich in niemandes Händen lag. Das sah aus wie ein Trick Gaunts, den man nicht zu Unrecht verdächtigte, seine Macht ausweiten zu wollen. Gaunt und Percy mußten an diesem Tag vor den erregten Londonern fliehen; einige Leute Percys wurden übel zugerichtet.

Mit der Popularität Wyclifs war es jetzt in London vorbei; ein Vertrauter Gaunts verfiel zwangsläufig dem Haß dieser Stadt. Daß Wyclif im Gefolge des Herzogs zur St.-Pauls-Kathedrale ging, schadete seinem Ansehen gewaltig. Er verlor seine Glaubwürdigkeit, weil er – in den Augen der Öffentlichkeit – zwei Grundsätze verletzte, die er unermüdlich predigte: daß die Pfarrer sich um ihre Gläubigen kümmern sollten und daß Kleriker sich nicht in weltliche Obliegenheiten einmischen sollten. Jetzt war er selber ein Pfarrer, der *in politicis* agierte, statt sich daheim in seiner Pfarre um das Seelenheil der ihm anvertrauten Menschen zu sorgen. Der Widerspruch bestand freilich nur dem Schein nach, denn der Geistliche Wyclif mischte sich in die Politik ein, um zu erreichen, daß Geistliche künftig von der hohen Politik ausgeschlossen wurden.

Wyclif und Gaunt waren in den Beweggründen ihres Handelns und in den Zielen einander einfach zu fremd, um sich erfolgreich zusammentun zu können. Wyclif war der Schwächere der beiden, er verlor in diesem Bündnis mehr als Gaunt. Der Herzog war im Volk allzu unbeliebt; und gerade der Unterstützung des Volkes hätte Wyclif bedurft. Seine Reformideen waren dort angekommen – aber das Bündnis mit Gaunt beraubte sie ihrer Wirkung. Wyclifs Reformbestrebungen wurden jetzt mit den Zielen eines selbstsüchtigen Aristokraten gleichgesetzt. Zu einer Zeit, als sich das Schwergewicht der Macht vom Adel langsam auf das Bürgertum zuschob, klammerte er sich an einen Aristokraten, dessen Uhr abgelaufen war. Zu Gaunts Ehrenrettung sei gesagt, daß er seinem Mann auch später den Schutz nicht versagte, als Wyclif für ihn nur noch eine Belastung bedeutete. Vermutlich hat es Wyclif dem Herzog zu verdanken, daß er weder im Gefängnis noch auf dem Scheiterhaufen endete.

DIE FÜNF BULLEN

Das Verhör in der St.-Pauls-Kathedrale war der erste Versuch des englischen Episkopats, Wyclifs theologische Auffassungen zu erfahren und ihn einzuschüchtern. Es sollte ein inquisitorisches Gespräch werden, an dessen Ende die Bischöfe wissen würden, ob dieser Mann auf dem Boden der römischen Lehre stand. Das war vorerst gescheitert.

Wyclifs Gegner, namentlich die in den Orden, bereiteten jetzt einen zweiten Schlag gegen ihn vor. In England war ihm nicht so leicht beizukommen, das sahen sie, dort hielten mächtige Beschützer ihre Hand über ihn. Also schwärzten sie ihn bei der Kurie an: Wyclifs Lehren wurden beim Papst als Irrlehren angezeigt. Wyclif meinte später, der Bischof von Rochester, Thomas Brinton, ein Angehöriger des wohlhabenden Benediktinerordens, stecke dahinter, und da mag er recht gehabt haben.

Papst Gregor XI. nahm die Anzeige ernst; Ketzerei war ein gefährliches Übel. Der Papst hatte kurz zuvor im Kampf gegen die französischen Waldenser größere Erfolge erzielt; jetzt quollen dort die Gefängnisse über, und der Papst ließ Mitte August 1376 gerade einen neuen Ablaß vertreiben, um für den Bau weiterer Gefängnisse Geld zu bekommen. In England waren Waldenser selten; französische Ketzer, die im 13. Jahrhundert über den Kanal kamen, wurden in England an Ort und Stelle verbrannt – *Albigenses heretici venerunt in Angliam, quorum aliqui comburebantur vivi,* wie ein Chronist trocken bemerkt. Um so mehr galt es, die Ketzerei mit Stumpf und Stiel auszurotten, sobald sie in diesem rechtgläubigen Königreich ihr Haupt erhob. Die Maßregeln des Papstes zeigen, daß er sie ernst nahm. Er sandte fünf Bullen nach England; drei an die Adresse des Erzbischofs von Canterbury und des Bischofs von London, eine an den König und eine an den Kanzler der Universität Oxford. Ausgestellt waren sie alle fünf am 22. Mai 1377.

In einer der Bullen an die Bischöfe hieß es:

»Von vielen vertrauenswürdigen Personen mußten wir zu unserem Leidwesen erfahren, daß John Wyclif, Pfarrer von Lutterworth, in der Diözese Lincoln, Professor der Heiligen Schrift, nachgesagt wird – Wir wünschten, er würde keine Irrlehren verbreiten! –, er ergehe sich in verachtenswerter Verrücktheit, daß er sich nicht scheut, im genannten Königreich von England dogmatisch und öffentlich Lehrsätze und Folgerungen zu verbreiten, die irrig und falsch sind, die vom Standpunkt des Glaubens schlecht klingen, die danach trachten, die ganze Kirche zu unterhöhlen und zu schwächen, und von denen einige die verqueren Ansichten und die törichten Lehrmeinungen des Marsilius von Padua und des Johann von Jandun – unseligen Angedenkens – wiederholen, deren Bücher von unserem Vorgänger, Papst Johannes XXII., seligen Angedenkens, abgelehnt und verdammt wurden; diese haben einige Gläubige mit ihren Irrlehren angesteckt und sie dazu gebracht, sich vom katholischen Glauben abzuwenden, ohne den es keine Rettung gibt; bezüglich dessen, was sich da auftat und nicht entfernt wurde, zumindest aber wurde bis heute kein uns bekannter Widerstand dem entgegengesetzt, sondern es wurde übersehen oder mit stillem Einverständnis gewähren lassen; Ihr und die anderen Führer von England, statt Stützen der Kirche zu sein und aufmerksame Verteidiger des Glaubens, habt durch Vernachlässigung und Gewährenlassen – deswegen solltet Ihr erröten vor Scham, Euch peinlich fühlen und von Euren Gewissen zerquält werden.

Daher, seit Wir nicht bereit sind noch durch Verstellung über ein so schlimmes Übel hinweggehen können, welches, wenn es nicht an der Wurzel ausgerissen wird, viele – Gott bewahre! – töten kann, ihre Seelen durch tödliche Ansteckung, beauftragen Wir Euch durch apostolische Schriften, damit Ihr nach Erhalt der vorliegenden die Predigten nach den genannten Lehrsätzen und Konklusionen insgeheim untersucht und daß Ihr, wenn Ihr solche findet, den genannen John Wiclif ergreifen und in Eurem Namen einsperren laßt und aus ihm ein Schuldgeständnis herauspreßt bezüglich dieser Lehrsätze und Konklusionen, und dieses Geständnis, zusammen mit allem, was obengenannter John darüber durch schriftliche oder mündliche Zeugnisse behauptet hat, sei es durch Schlußfolgerungen oder durch einen Beweis, sowohl als auch das, was Ihr getan habt seinetwegen, dies laßt Uns unter Eurem Siegel durch einen vertrauenswürdigen Boten zukommen, ohne daß irgend jemand davon erfährt; und haltet den besagten John sorgfältig in Ketten, bis Ihr von Uns seinetwegen weitere Anweisungen erhaltet.

Gegeben zu Rom, St. Maria Maior, 22. Mai, im siebenten Jahr Unseres Pontifikats.«

Er sei »von vielen vertrauenswürdigen Personen« über Wyclifs Irrlehren in Kenntnis gesetzt worden, sagte Gregor. Mit dem Adjektiv ›vertrauenswürdig‹ müssen wir es so ernst nicht nehmen, Gregor wird damit Mönche gemeint haben, vielleicht auch englische Pilger, die die Heilige Stadt besuchten, ferner päpstliche Geldeintreiber, englische Priester und Prälaten. Die Kurie hatte überall ihre Aufpasser, sie war über die Stimmung in den Ländern der Christenheit immer unterrichtet. Die Kunde von Wyclifs fragwürdigen Lehren, die er teils in Vorlesungen und öffentlichen Disputationen an der Universität ausgesprochen, teils in Schriften niedergelegt hatte, war zum Heiligen Stuhl vorgedrungen, bevor Sudbury oder Courtenay den Papst in Kenntnis setzten oder etwas gegen Wyclif unternahmen. Genau dies machte der Papst den beiden jetzt zum Vorwurf.

Hat damit in England die Inquisition begonnen? Protestantische Historiker haben das behauptet, aber es ist eine Übertreibung. Der Papst sandte keinen Inquisitor. Er wollte abwarten, was der englische König gegen den Ketzer unternehmen würde.

In der dritten Bulle an die Bischöfe wies Gregor XI. sie an, sie sollten der Familie des Königs sowie den königlichen Beratern und dem hohen Adel eindringlich versichern, daß die Lehrsätze Wyclifs nicht nur dem katholischen Glauben zuwiderliefen, sondern sogar den Bestand des Königreiches gefährdeten. Daher sollten die Bischöfe diese Amtsinhaber drängen, aufgrund ihrer christlichen Pflichten gegen solch gefährliche Doktrinen einzuschreiten. In ganz ähnlichem Sinne schrieb Gregor auch an den König selber. Er erinnerte den Monarchen, daß er und seine Ahnen stets treue Gefolgsmänner des Papstes gewesen seien. Er sprach von Englands glorreicher Vergangenheit und daß dieses Königreich niemals durch Ketzerei gefährdet gewesen sei. Der König solle es nicht zulassen, daß die unheildrohenden Lehren eines John Wyclif das strahlende Bildnis Englands besudelten oder gar »die ganze Kirche einstürzen« würden.

Die fünfte Bulle richtete sich an den Kanzler der Universität. Gregor bedauerte in diesem Schreiben auf das lebhafteste, daß die Universität Oxford, auch sie bislang eine Stätte katholischer Orthodoxie, derart heruntergekommen war. Der Papst schalt die Universitätsbehörde, daß sie sich gegenüber der katholischen Lehre so nachlässig gezeigt und gleichgültig zugesehen habe, wie auf ihrem Weizenfeld Unkraut wachse. Er drohte mit dem Entzug seiner Privilegien, falls sie nicht in Zukunft die Verkündigung von Wyclifs Thesen in ihren Gebäuden verhindere. In einer Anlage wurden 19 anstößige Thesen Wyclifs mitgeteilt. Sie stammten zum größten Teil aus der Schrift »De Civili Dominio«; die ersten fünf Sätze hatten mit den weltlichen Besitzungen der Kirche zu tun. Der Papst befahl dem Kanzler, Wyclif und seine Gefolgsleute festzusetzen und sie den päpstlichen Kommissaren Sudbury und Courtenay zu übergeben.

Die fünf Bullen tragen das Datum des 22. Mai 1377, aber es verging mehr als ein halbes Jahr, bis der englische Episkopat sich anschickte, die päpstlichen Befehle auszuführen. Wie läßt sich dieser Aufschub erklären? Mit der Entfernung zwischen Rom und London sicherlich nicht, denn die Verkehrsverbindungen zwischen diesen Orten waren lebhaft. Wurden die Bullen erst Wochen oder Monate nach ihrer Ausfertigung abgesandt? Möglich ist es immerhin, allerdings unwahrscheinlich, denn die päpstlichen Behörden arbeiteten flink. Ein Chronist berichtet, an der Universität Oxford sei die Bulle erst kurz vor Weihnachten 1377 eingetroffen.

Kurz zuvor, Ende November, war Wyclif von London nach Oxford zurückgekehrt. Am 18. Dezember veröffentlichten die Bischöfe den Inhalt der an sie gerichteten Bullen. Sie versuchten nicht, Wyclif festzunehmen. Auch Adam de Tonworth, der Kanzler von Oxford, zögerte, gegen Wyclif so vorzugehen, wie es der Papst von ihm verlangte. Die Universität ließ sich nur ungern zum Büttel des Papstes machen, zumal John Wyclif *flos Oxoniensis* war, die Blüte der Universität, wie selbst seine Gegner nicht abstreiten konnten, und dies zu einer Zeit, als auch Oxford die Blüte der mittelalterlichen Hochschulen bildete.

Die Universität handelte so langsam wie die Prälaten. Der Episkopat versuchte, der mißlichen Lage – eingespannt zu sein zwischen den nationalkirchlichen Ansprüchen der englischen Krone und den universalkirchlichen des Papsttums – gerecht zu werden, indem er nicht selber handelte, sondern die Universität zum Einschreiten drängte. Sollte die zusehen, wie sie den Widerspruch zwischen Krone und Tiara löste! Der Erzbischof sandte Ende Dezember in seinem und in Courtenays Namen einen Befehl an de Tonworth, Wyclif binnen 30 Tagen vor die Prälaten in die St.-Pauls-Kathedrale zu laden, damit er ihnen dort Rede und Antwort stehe. Er wies den Kanzler allerdings nicht an, Wyclif festzunehmen. Das durfte er sich ohne königliche Ermächtigung nicht herausnehmen.

Der Kanzler gab die Verfügung weiter an seinen Vizekanzler, und auch der war nicht glücklich über seinen Auftrag. Er befahl Wyclif, in der Black Hall von Queen's College zu bleiben – eine Art Hausarrest also. Auf Drängen der Freunde Wyclifs wurde ihm bald auch das erlassen, und für das Festhalten Wyclifs soll der Kanzler sogar seinen Vize selber ins Loch gesteckt haben. Auf jeden Fall zeigt dieser Stubenarrest, mit welchem Widerwillen die Universität gegen einen der ihren einschritt, zumal sie wußte, daß es auch der englische Monarch ungern sah, daß ein fremder Potentat sich auf seinem Territorium die Verfügungsgewalt über des Königs Untertanen anmaßte.

Sudburys Befehl, Wyclifs Thesen zu untersuchen, wurde nur

nachlässig ausgeführt. Der Kanzler der Universität setzte ein Gremium von Theologen zusammen, die für ihre Weitherzigkeit in derlei Dingen bekannt waren, sofern sie nicht überhaupt als Anhänger Wyclifs galten. Er legte diesem Kreis Wyclifs Thesen vor. Und was fanden sie heraus? Sie hielten nicht alle Auffassungen Wyclifs für überzeugend, aber sie bescheinigten ihnen, daß sie rechtgläubig seien. Auch Wyclif nahm dazu Stellung: Man solle nicht gleich die Lehrsätze eines Theologen verdammen, nur weil sie beim ersten Bissen nicht schmeckten.

Wer nun glaubte, Wyclif würde sich durch die Maßnahmen des Papstes zügeln lassen, der hatte sich in dem Mann getäuscht. Wyclif schrieb nicht nur weiter, er verbreitete auch seine Lehren. Seine nächste Veröffentlichung, der »Libellus«, wurde unmittelbar nach dieser Vorladung verfaßt. Lange Zeit herrschte die Auffassung, Wyclif habe dieses Werk dem Parlament vorgetragen, um dort die Stimmung gegen den Papst anzuheizen. Das ist zweifelhaft, die Parlamentsakten verzeichnen jedenfalls seinen Vortrag nicht, und Wyclif selbst spricht nirgendwo davon in seinen Schriften, was jedoch auch nicht als ein Beweis für das Gegenteil gedeutet werden darf.

Die Vorladung, binnen 30 Tagen zu erscheinen, konnten die Bischöfe nicht durchsetzen, obwohl sie in dem neuen König, dem zehnjährigen Richard, ein willfähriges Werkzeug hatten. Rund hundert Tage nach Veröffentlichung der Bullen luden sie Wyclif für den 27. März 1378 vor eine Kommission von Theologen nach Lambeth. Diese Befragung verlief nicht ganz so dramatisch wie die frühere in St. Paul. Diesmal griff Joan, die Witwe des Schwarzen Prinzen, für den Theologen ein. Die Umstände sind nicht ganz klar, vielleicht half sie ihm aus persönlichen Gründen, vielleicht hatte ihr Schwager Gaunt sie darum gebeten, zugunsten seines Mannes einzugreifen, denn er selbst war wieder einmal auf einem Feldzug im Norden Frankreichs und fürchtete, seine Stimme könne von dorther nicht gehört werden. Seine Expedition scheiterte im Sommer 78 vor St. Malo kläglich, und Gaunt machte sich noch ein bißchen verhaßter. Auf jeden Fall kam Wycliff auch diesmal mit einem blauen Auge davon.

Gleichwohl standen die Dinge nicht mehr so günstig für ihn. Mit König Eduard III. hatte er einen Herrn verloren, der selbstbewußt seinen Weg ging und sich wenig um die Wünsche des Heiligen Stuhls scherte. Eduards junger Enkelsohn Richard stand unter weitaus größerem Einfluß der Kirche. Er brauchte ihre segenspendende Macht, denn die Legitimität seiner Herrschaft war reichlich unsicher, solange sein Oheim Gaunt gegen ihn intrigierte. Gaunt bemühte sich damals um eine päpstliche Verlautbarung, die Richard für unehelich und für regierungsunfähig erklärte. Also mußte der kleine Richard sich gut mit dem Heiligen Vater stellen. Und wer war schon Wyclif? Ein Pfaffe, vielleicht ein ernsthafter, aber gleichwohl keiner von denen, die sich erfolgreich auflehnen konnten gegen Rom; und außerdem stand er unter dem Schutz Gaunts, dieses Erzintriganten. Warum sollte König Richard gegen diesen notorischen Ketzer etwas unternehmen?

Wyclif führte seinen Kampf mit geistigen Waffen fort. Er verfaßte Flugschriften und warf sie auf die Straße. Er appellierte an das Urteil des Volkes. Er fand Zustimmung – nicht weil man seine Auffassungen verstand, sondern weil die Öffentlichkeit – wie er selber auch – nicht einverstanden war mit den Mißständen der Kirche, die sie tagtäglich erlebte. Ein Zeitgenosse berichtet, in den letzten zwanzig Jahren des Jahrhunderts habe mindestens die Hälfte des englischen Volkes auf seiten der Lehren Wyclifs gestanden. Das ist eine fromme Übertreibung; ähnliches erfahren wir während der Reformation in Deutschland: Der päpstliche Abgesandte Miltitz bemerkte, daß »immer auf einen, der für den Papst war, drei kamen, die für Luther waren«, und der Nuntius Aleander meinte gar, neun Zehntel der Deutschen schreien »Luther« und das übrige Zehntel »Tod dem Papst!«. Auch wenn der gemeine Mann Wyclifs theologischen Argumenten nicht folgen konnte, so war ihm doch klar, daß hier ein Vorkämpfer der nationalen Sache stand, einer, der nicht zulassen wollte, daß das englische Volk vom Papst ausgeplündert wurde. Die Verbindung mit Gaunt allerdings kostete den Theologen Sympathien; und auch der Umstand, daß die öffentlichen Gewalten, Kirche und Krone, jetzt geschlossen gegen ihn standen, schwächte seinen Einfluß. Unter Richard II. konnte Wyclif nicht mehr auf die Unterstützung der Krone hoffen. Würde Wyclifs Lehre vom Besitz nicht die Untertanen des Königs zu Aufruhr und Gewalt verführen? Die Krone hatte nicht vor, die Kirche zu enteignen; sie vermochte dieser Lehre nichts abzugewinnen. Wyclif erhielt den deutlichen Verweis, er möge sich mäßigen. Er wurde von der Krone nicht verfolgt, aber er sollte schweigen.

Der Vergleich mit Luther und Deuschland bietet sich an. In Deutschland lagen die Dinge 140 Jahre später ziemlich anders. Luther hatte schnell den Rückhalt im Volk. Wyclifs Unterstützung hätte vielleicht ebensogroß sein können, hätte er über ähnliche Propagandamittel verfügt wie Luther – und nicht so unpopuläre Freunde gehabt, die ihm alles zerstörten. Kirche und Krone in Deutschland, der Episkopat wie der römische Kaiser, waren ebenso gegen Luther wie Kirche und Krone in England gegen Wyclif. Aber Luthers Beschützer war ein mächtiger Landesherr – ein *dominus terrae,* wie es sie in England überhaupt nicht gab –, ein geachteter Fürst, kein windiger Intrigant, von dem man fürchten mußte, er werde sich gewaltsam der Krone bemächtigen. Luther gelang es binnen kürzester Zeit, das deutsche Volk auf seine Seite zu ziehen; der Kaiser aber war auf die Unterstützung eben dieses Volkes angewiesen, wollte er den äußeren Feind – den Franzosen und den Türken – vor den Reichsgrenzen in Schach halten. Äußere Feinde besaß England zwar auch, aber die europäische Mächtekonstellation brachte es mit sich, daß sich der englische König mit dem Papst gut stellen mußte, damit er nicht die stattliche Reihe seiner Widersacher vergrößerte.

DAS SCHISMA

In diesen Jahren war das Papsttum wieder heimgekehrt in die Ewige Stadt. Gregor XI., der letzte französische Papst vor der Rückkunft, hatte dem Bitten und Drängen der Italiener nicht länger widerstanden. Im Juni 1376 hatte die Stadt Florenz eine Gesandtschaft nach Avignon geschickt, um den Heiligen Vater zur Umkehr zu bewegen. Ihr voraus war die hl. Katharina geeilt, die den Heiligen Vater schon von ihrer Heimatstadt Siena aus unzählige Male aufgefordert hatte, nach Rom heimzukehren und seine Kirche zu säubern. Heimkehr und Reform – diese beiden Forderungen gingen Hand in Hand. Offen hatte die Volksheilige ihm erklärt, am Abfall Italiens und an seinen verderbten Priestern sei nur Avignon schuld.

Papst Gregor, seit 71 auf dem Stuhl Petri, zögerte lange. Die Franzosen an seinem Hofe, namentlich die Provençalen, hatten in ihren Köpfen die schlimmsten Vorstellungen von der Ewigen Stadt, von ihrem giftigen Klima und überhaupt von der Natur Italiens. Seit der großen Pest hielten sie dieses Land für das Reich der Toten, und gewiß war das handelsfleißige Italien von der Pest schrecklich heimgesucht worden. Für sie lag Italien außerhalb der Welt; der Übergang über die Alpen erschien ihnen so schrecklich wie eine Fahrt über das Mittelländische Meer. Aber die Stimmen häuften sich, die zur Rückkehr mahnten. Als Gregor einmal einen ausländischen Prälaten an seinem Hof fragte: »Herr Bischof, warum geht Ihr nicht in Eure Diözese zurück?«, da entgegnete der frech: »Und Ihr, Heiliger Vater, warum geht Ihr nicht in die Eure?« Gregor versprach heimzukehren. Im Juni 75 schrieb er dem englischen König, er werde die Kurie in drei Monaten nach Rom verlegen. Ein Jahr später war es dann wirklich so weit.

Mitte September brach Gregor XI. auf. Er fürchtete sich vor der Apenninenhalbinsel; der italienischen Sprache war er nicht mächtig. Als der Papst sein Pferd besteigen wollte, scheute das Tier, weigerte sich, den Heiligen Vater aufsitzen zu lassen. Ein schlimmes Vorzeichen, die Bestürzung war groß. Sechs Kardinäle blieben in Avignon zurück, gleichsam als Verwalter der jetzt verödeten Papstburg. Am 22. September kam der Papst in Marseille an; am 2. Oktober bestieg er das Schiff. Die Herbststürme setzten ein. Im Schutz der ligurischen Küste segelte das Geschwader nach Südosten, immer in Sichtweite des Ufers. Des Tags tobende, tosende See; die Nächte verbrachte man auf dem Festland. Ein Bischof ertrank in den Fluten. Man sagte nichts Gutes voraus.

Am 6. November warf die Flotte vor Pisa Anker, tags darauf vor Livorno. Stürme hielten die Schiffe neun Tage lang fest. Schließlich trafen sie am 5. Dezember in Corneto ein. Gedämpfter Jubel empfing den Heiligen Vater. Fünf Wochen lang blieb er dort, während seine Unterhändler mit den Römern über seinen Einzug verhandelten. Am 14. Januar 1377 landete der Papst in Ostia und fuhr von dort den Tiber hinauf.

Doch welch ein Anblick bot sich dem päpstlichen Auge! Schrecklich heruntergekommen war die Heilige Stadt: St. Peter war verfallen, St. Paul völlig verwüstet; der Lateran seit dem Brand von 1360 eine Brandruine; Basiliken und Klöster verrottet, die Stadt nichts als eine riesige Schutthalde auf Sümpfen. Wie konnte sich der verwöhnte Franzose da wohlfühlen? Kaum hatte er sich eingerichtet, da planten die Franzosen an seiner Seite schon wieder die Umkehr. Dem Papst mißfiel dies nicht, zumal ihn die Römer zwingen wollten, auch während der schwülen Sommerhitze in der Stadt zu verweilen. Der Nachfolger Petri beklagte sich bitter »über den Druck der Armut, den weder eine beredte Zunge noch eine Feder zu schildern« vermag. Falls es ihm gelinge, schrieb er in einem Brief, den Frieden mit Florenz wiederherzustellen, mit dem er in Krieg lag, wolle er gerne nach Avignon zurückkehren, in sein »schönes Heimatland, zu seinem dankbaren, frommen Volk und den vielen Freunden, die er dort zurückgelassen«.

Doch das Zerwürfnis mit Florenz war so leicht nicht aus der Welt zu schaffen. Die Gründe im einzelnen zu nennen, die dazu führten, hieße zurückgehen auf den Zwist der Guelfen und der Ghibellinen. Man wird dem Papst nicht Unrecht tun, wenn man ihm nachsagt, daß er den Machtbereich des Patrimonium Petri zu erweitern suchte und bei der mächtigen Stadtrepublik Florenz an seine Grenzen stieß. Dort schmerzte die angrenzende Pfaffenherrschaft schon seit langem. »Es sind nun mehr als tausend Jahre«, schreibt ein Chronist, »daß diese Länder und Städte den Priestern gegeben sind, und seither haben sie um ihretwillen die heftigsten Kriege geführt, ohne sie auch heute friedlich zu besitzen, ohne sie jemals friedlich besitzen zu können. Es wäre in Wahrheit vor Gott und der Welt besser, wenn diese Pastoren das Dominum Temporale gänzlich niederlegten; denn seit Silvester sind die Folgen des weltlichen Besitzes zahllose Kriege und Untergang von Völkern und Städten gewesen.« Es war kein Theologe, der dies schrieb. Wyclif hätte es anders formuliert, seine Position theoretisch begründet; aber er hätte dem italienischen Chronisten zugestimmt.

Das Volk von Florenz erhob sich gegen die Kirche, riß das Inquisitionsgebäude nieder, zog das Kirchengut ein und verfolgte die Priester mit Kerker und Strang. Eine Stadt nach der anderen im benachbarten Kirchenstaat folgte dem Beispiel von Florenz, verjagte die päpstlichen Aufseher und brach ihre Zwingburgen. »Tod der Kirche!«, »Tod den Priestern!«, so hörte man allenthalben schreien. Da schleuderte der Heilige Vater seinen Bannfluch, den fürchterlichsten, der je aus dem Mund eines Priesters kam. Jeden Bürger der Stadt Florenz erklärte er samt seinem Hab und Gut für vogelfrei; der Christenheit stand es frei, jeden Florentiner, dessen man habhaft wurde, auszuplündern oder sogar zum Sklaven zu machen. Die Londoner Kaufleute folgten dem Papst nicht immer; diesmal aber gehorchten sie ihm aufs Wort.

Die Stadtrepublik selbst war davon am wenigsten betroffen, sie war groß und mächtig, und solange der Papst nicht mit seinen Söldnertruppen in ihr Territorium einfiel, konnte ihr der Bann wenig anhaben. Aber der Sturm der Ereignisse weitete sich wie ein Steppenbrand aus, bis weit in den Kirchenstaat hinein, dessen Städte, jahrzehntelang der unmittelbaren Papstherrschaft ledig, sich nicht so leicht aufs neue unters päpstliche Joch beugen mochten. Im Januar 77 erhob sich Cesena gegen den päpstlichen Legaten. Kardinal Robert von Genf ließ daraufhin Truppen entsenden, die auf seinen ausdrücklichen Befehl in Cesena fürchterlich wüteten. Manche Zeitgenossen sprechen von 4000 Toten, andere gar von 8000, darunter Alte, Frauen, Säuglinge, Kinder, wahllos niedergemetzelt. Es war der gleiche Kardinal Robert, der wenig später zum Papst gewählt wurde und den Papstnamen Clemens annahm. *Clemens* bedeutet soviel wie: der Mildtätige.

Den Sommer 77 verbrachte der Papst in Agnani, erst Anfang November kehrte er in die Heilige Stadt zurück. Ein Steinleiden quälte den Papst; düstere Bilder und schreckliche Ahnungen suchten ihn heim. Ende März 78 starb er. Nur der Tod soll ihn daran gehindert haben, heimzukehren ins Land seiner Väter. Weil er ein Schisma fürchtete, erließ er acht Tage vor seinem Tod eine Bulle, worin er befahl, die Kardinäle sollten sich nach seinem Ableben in einem Konklave – notfalls auch ohne dieses – versammeln und den mit Mehrheit Gewählten als Papst anerkennen und den Widerspruch der Minderheit nicht achten. Auf dem Sterbebett hat er noch bereut, den Prophezeiungen frommer Weiber Gehör geschenkt zu haben.

Das erste Konklave, das nach einem Dreivierteljahrhundert wieder in Rom zusammentrat, war klein: vier Italiener, elf Franzosen, ein Spanier. Die Franzosen zerfielen in zwei Fraktionen: eine limousinische und eine gallische. An der Spitze der gallischen stand Kardinal Robert von Genf. Die Römer verlangten von ihnen nicht nur einen Italiener als Papst, sondern einen aus ihrer Mitte, einen Römer. Bewaffnet dringen etliche bis vor die Kapelle, wo das Konklave tagt, und fordern die Wahl eines Römers. Zu spät, es ist schon entschieden; die Wahl ist auf den gebürtigen Neapolitaner Bartolomeo Prignano gefallen, der am 18. April 1378 als Urban VI. den Stuhl Petri besteigt. Am Ostersonntag wird er gekrönt; sämtliche in Rom anwesende Kardinäle wohnen der Feierlichkeit bei und anerkennen damit die Rechtmäßigkeit seiner Wahl. Die bedeutendsten Kirchenrechtler, Giovanni di Lignano, Baldus di Perugia und Bartolomeo di Saletico, halten in einem Gutachten die Wahl für rechtmäßig. Kardinal Robert schreibt persönlich an den römischen Kaiser Karl IV., um ihm die einstimmige Wahl anzuzeigen. Die Kardinäle, die Wähler, machen in einem Rundschreiben dem damaligen Erdenkreis bekannt, daß Urban kanonisch gewählt und eingesetzt worden sei.

Schon im Sommer 78 schlägt die Stimmung um. Die ultramontanen Kardinäle haben sich vor der Hitze des römischen Sommers nach Agnani geflüchtet und intrigieren offen gegen den italienischen Papst, der sich weigert, mit ihnen nach Frankreich überzusiedeln. Sie setzen sich mit dem französischen König in Verbindung. Am 9. August erlassen die 13 Kardinäle ein Manifest, in dem sie die Wahl für ungültig erklären: sie sei vom römischen Pöbel erzwungen worden. Am 20. September wählen sie einen aus ihrer Mitte, besagten Kardinal Robert, in Fondi, unter stillschweigender Zustimmung der drei anwesenden italienischen Kardinäle – der vierte ist unterdessen verstorben – zum Papst. Als Clemens VII. beanspruchte dieser, in der Nachfolge Petri zu stehen, doch die römisch-päpstliche Geschichtsschreibung hat ihm diesen Ehrentitel versagt. Der anerkannte Amtsinhaber dieses Namens regierte in der ersten Hälfte des 16. Jahrhunderts, während der Reformation.

Es wäre gewiß verfehlt, Urban VI. für das Schisma verantwortlich zu machen. Urban weigerte sich aus guten Gründen, die Heilige Stadt zu verlassen. Hinter der Forderung der französischen Kardinäle stand lediglich der Umstand, daß die Nachfolger Petri nunmehr siebzig Jahre lang in Avignon residiert hatten, ferner auch der französische Hof, der die Kurie unter allen Umständen im benachbarten Venaissin halten wollte. Insofern war das Schisma mehr als nur ein persönlicher Streit; es war Ausdruck einer tiefen Kluft zwischen dem nationalstaatlich denkenden Königtum und dem universalen Papsttum. Frankreich wie Italien versuchte, in diesem Zwist das Papsttum auf seine Seite zu ziehen.

In Italien – und keineswegs nur dort allein – stieß die Wahl

Roberts auf heftigen Widerspruch. »Ich habe vernommen«, schrieb die hl. Katharina von Siena an den römischen Papst Urban VI., »daß jene Teufel in Menschengestalt eine Wahl vorgenommen haben, aber sie haben nicht einen Stellvertreter Christi, sondern einen Antichristen gewählt. Nie will ich aufhören, Euch, mein lieber Vater, für den Statthalter Christi auf Erden zu bekennen. Nun wohlan, Heiliger Vater, geht ohne Furcht in diesen Kampf, denn im Kampf tut die Waffe des Gewandes der göttlichen Liebe not, die eine feste Waffe ist.«

Jetzt beanspruchten *beide* Päpste die Heilige Stadt. Sie zogen Heere zusammen und rüsteten zum Krieg. Urban residierte in Santa Maria Nuova; später, nach Eroberung von Trastevere, machte er die dortige Marienkirche zu seinem Sitz. Vor der Stadt, unweit der Engelsburg, stießen die beiden päpstlichen Heere aufeinander. Die Engelsburg wurde bei diesem Gefecht im April 79 stark in Mitleidenschaft gezogen. Jahrzehntelang blieben die Trümmer dieses imposanten Bauwerks liegen und dienten Generationen von Römern als Steinbruch, aus dem sie Marmorstücke nahmen, um damit die Straßen und Plätze der Stadt zu pflastern. Nach dem Fall der Engelsburg fiel Urban auch der Vatikan zu. Mit nackten Füßen ist er dort eingezogen, was inzwischen für einen Papst so ungewöhnlich war, daß die hl. Katharina den Papst für seine Demut lobte.

Die päpstliche Zentralgewalt war mit der Aufspaltung der Kurie halbiert. Dies bedeutete einen Machtgewinn für die Kardinäle, die engsten Mitarbeiter des Papstes, denn sie konnten jetzt Ansprüche stellen, und der Papst mußte großzügig sein, wenn er ihre Unterstützung nicht verlieren wollte. Urbans Kardinäle waren bald unzufrieden mit ihm, sie hatten wohl von einem Neapolitaner mehr Freigebigkeit erwartet. Man munkelte bereits von einer Verschwörung, ihn abzusetzen. Doch der Papst erfährt von dem Anschlag und nimmt schon im voraus Rache für das unvollendete Unternehmen. Er läßt die Verschwörer gefangensetzen und – mit Ausnahme des englischen Bischofs Adam Easton – töten. In puncto Todesart ist er nicht wählerisch: Einer der Kardinäle wird erwürgt, ein anderer in einen Sack eingenäht und im Meer ertränkt wie eine Katze.

Das französische Königshaus wußte, warum es Clemens VII. als seinen Papst anerkannte. Der »Henker von Cesena«, wie er seit diesem Gemetzel hieß, befahl sogleich, auf seinen päpstlichen Bullen die Lilien der Valois anzubringen. Gleichwohl hatte der Monarch Schwierigkeiten, diesen Papst in allen französischen Provinzen durchzusetzen. In der Normandie regte sich Widerspruch, desgleichen in der Provence. Die gelehrten Theologen der Sorbonne waren zurückhaltend, sie hätten lieber ein allgemeines Konzil gesehen. Nur langsam bereitete sich der Boden für die Wahl des Königs. Über seinen Schützling Clemens läßt sich wenig Gutes sagen — bestenfalls soviel, daß er dem König ein williger Diener war.

»Während seiner ganzen Regierungszeit«, schreibt Nicholas de Clemanges über diesen Papst, »war er gewöhnlich der Diener der französischen Prinzen und Barone, erduldete von den Höflingen allerlei Schmach und Unbilden, vergab ihrem Wunsche gemäß die Bistümer und Prälaturen sehr oft an junge und unwürdige Leute, machte zur Gewinnung der Gunst der Mächtigen ungeheure Ausgaben, willigte in alle Auflagen, womit sie den Klerus belasteten, bot sie ihnen sogar an und brachte so die Geistlichkeit fast ganz unter die Gewalt der weltlichen Fürsten, von denen jeder mehr Papst zu sein schien als er selbst.«

Es war ein unwürdiges Schauspiel, zwei Päpste zu sehen, die sich rauften wie die Hähne auf dem Mist. Für welchen der beiden sich ein Monarch entschied, hatte kaum etwas mit den Überlegungen seiner theologischen Berater zu tun, sondern häufiger mit der Frage, wen sein feindlicher Nachbar anerkannte. Johanna von Neapel begünstigte Clemens, also stützte ihr Todfeind Ludwig von Ungarn und Polen Urban, der von der Mehrzahl der italienischen Staaten getragen wurde, vermutlich auch dieser Johanna wegen. Die Könige Wenzel und Sigismund von Böhmen erkannten Urban an. Das hatte zur Folge, daß sich ihre tschechischen Untertanen leichter mit der Lehre des päpstlichen Widersachers Wyclif anfreundeten. In England wurde Urban kraft einer Verfügung des Parlaments zum rechtmäßigen Papst erklärt. In allen Ländern gab es Große, die sich auf die Seite dessen schlugen, der mehr bieten konnte — Konkurrenz belebt das Geschäft . . . Selbst die Bettelorden spalteten sich in einigen Ländern über der Frage, wem sie ihre Unterstützung geben sollten.

Das Schisma schwächte das Papsttum weiter und gab den Ideen Auftrieb, die man seither als Konziliarismus bezeichnet: die Vorstellung also, daß ein allgemeines Konzil *über* dem Papst stehe. Peter von Langenstein, Konrad von Gelnhausen, Gerson in Paris, sie alle riefen jetzt nach einem allgemeinen Konzil. In Prag ergriff Johann von Falkenberg dafür die Feder, in Italien der bedeutende Kirchenrechtler Kardinal Zabarella. Von einem Papst konnte man die Rettung der Christenheit erwarten, von zweien nicht.

Einige Jahrzehnte lang mußte das christliche Europa mit ansehen, wie sich zwei Päpste, dann sogar drei, um den Stuhl Petri balgten, wie sie sich gegenseitig mit ihren Bannflüchen belegten und sich um die Kirche, der sie sich zuvörderst hätten verpflichtet fühlen müssen, keinen Deut kümmerten. Damit war deutlich, daß nicht nur die Glieder dieser Kirche der Reinigung bedurften, sondern auch der Kopf. In Pisa, nach mehr als dreißigjähriger Spaltung, fand sich ein Konzil zusammen und wählte einen schlauen Politiker und notorischen Sittenstrolch zum Papst, der sich Johannes XXIII. nannte, von der kirchlich-offiziellen Historiographie allerdings nicht als Papst anerkannt wird. Jetzt hatte die Kirche nicht zwei Päpste, sondern gleich drei. Es war dieser Johannes, der das Konzil nach Konstanz lud. Dort gelang es schließlich, alle drei Päpste loszuwerden und einen ehrwürdigen Stellvertreter Petri einzusetzen, Martin V. In der Verkleidung eines Stallknechts, »uff ainem klainen rosly«, wie ein Zeitgenosse schrieb, machte sich Johannes aus dem Staub.

DIE ZWEI REICHE

Über ein Vierteljahrtausend lang beschäftigte die Frage, welche Aufgaben die Kirche und welche der Staat wahrzunehmen habe und wer von beiden den Vorrang haben sollte, die Gelehrten. Im 12. und 13. Jahrhundert hatte die Kirche eine starke Position beansprucht, die sie im 14. Jahrhundert wieder verlor. Wyclifs stürmische Angriffe gegen den Herrschaftsanspruch der Kirche griffen in eine Diskussion ein, die das ganze 14. Jahrhundert beherrschte.

Zwei Reiche gibt es in dieser Welt, *duae civitates*, wie Augustinus sagt: *civitas Dei*, den Gottesstaat, und einen anderen, weltlichen, irdischen. Die Begriffe Kirche und Staat sind, auf das Mittelalter bezogen, Anachronismen, aber sie zeigen doch, wovon die Rede ist: von einem christlichen Gemeinwesen, dem der Papst vorsteht; und von einem weltlichen, das dem Kaiser gehorcht. *Imperium et sacerdotium* – Reich und Priestertum, in dem einen regiert ein Fürst mit weltlichen Herrschaftsinstrumenten; in dem anderen ein Kirchenfürst – Fürst auch er – mit dem geistlichen Schwert.

In der Zeit, von der hier die Rede ist, sind die beiden Schwerter endgültig voneinander getrennt. Getrennt sind sie eigentlich schon seit langem. Während des Investiturstreits traf man die Unterscheidung zwischen Spiritualia und Temporalia, zwischen den geistlichen und den irdisch-zeitlichen Dingen, um zu einem Kompromiß zu finden: Dem Papst gebührt Vorherrschaft in den geistlichen, dem Kaiser in den weltlichen Dingen. Aber noch zu Beginn des 14. Jahrhunderts hatte Bonifaz VIII., der schroffste Vertreter der päpstlichen Vorherrschaft, geltend gemacht, »die eine und einzige Kirche bilde einen unteilbaren Leib«, und die Trennung von geistlichen und weltlichen Dingen sei Manichäismus und somit Ketzerei. Der Zweck, den dieser Papst verfolgte, war klar: Er wollte die Oberherrschaft über geistliche *und* weltliche Gewalt.

Im späten Mittelalter wurde lautstark über die Frage diskutiert, wer wen eingesetzt habe in seine Herrschaft und somit der Überlegene sei. Bonifaz VIII. eröffnete mit seiner barschen Bulle »Unam Sanctam« das 14. Jahrhundert. Natürlich hatten Päpste auch nach biblischer Autorität gesucht, mit der sie ihren Anspruch stützen konnten. Aus einer dunklen Stelle im Lukas-Evangelium – aus den Worten der Apostel: »Herr, da sind zwei Schwerter«, und der Antwort Jesu: »Es ist genug« (22,38) – lasen sie die Doppelgewalt der Kirche heraus, die dem Papst anvertraut sei, also stehe ihm auch die Gewalt über das weltliche Schwert zu, das der Kaiser nach seinen Weisungen zu führen habe. Innozenz III., diese mächtige Säule des hochmittelalterlichen Papsttums, wählte ein Gleichnis aus dem menschlichen Körper, um die Überlegenheit des Papsttums zu beweisen: die geistliche Gewalt sei der weltlichen überlegen wie die Seele dem Körper. Und John of Salisbury meinte dazu: »Fürsten erhalten ihre Macht von der Kirche und sind daher Diener der Priester.« »Der geringste der priesterlichen Hierarchie«, sagte Honoratius von Autun, »ist würdiger als jeder König. Fürst und Volk sind die Untertanen des Klerus, welcher ihnen überlegen ist wie die Sonne dem Mond.«

Diesem Gedanken wollten nicht alle Zeitgenossen folgen, nicht einmal alle Männer der Kirche. Namentlich in den neugegründeten Bettelorden regte sich Widerspruch gegen die Allgewalt des Papstes. Er beginnt mit der Kritik am Wohlstand der Kirche, und da Besitz und weltliche Herrschaft in engster Beziehung stehen, greift er sofort über auf die weltliche Gewalt der Kurie. Der hl. Bernhard rügt die Begehrlichkeit der Päpste und schilt sie auch ihres weltlichen Herrschaftsanspruches wegen. »Wie konnte Christus«, fragt er Eugen III. in einem Schreiben, »Dir etwas geben, was er selber nicht besaß? Was er selbst hatte, das gab er Dir: die geistliche Fürsorge für die Kirche. Verlieh er Dir je weltliches Regiment? (. . .) Wie kannst Du es wagen, dieselbe für Dich in Anspruch zu nehmen? Willst Du

194

ein Herr sein, so wirst Du aufhören, ein Apostel zu sein. Willst Du ein Apostel sein, so wirf die Herrschaft von Dir. Willst Du beides sein, so wirst Du beides verlieren. Die rechte apostolische Regel lautet: Herrschaft und Regieren ist verboten, Dienen und Helfen ist befohlen.« Und Dante, der in seiner »Divina Commedia« immer wieder auf dieses Thema zurückkommt, widmet dieser Frage eine eigene Schrift, »De Monarchia«. Darin führt er den Nachweis, daß das Kaisertum als Weltmonarchie eine eigenständige göttliche Ordnung ist, gestiftet zum Wohl der Menschheit und verantwortlich nur Gott allein.

Nicht einmal innerhalb der Kirche fand der päpstliche Anspruch, wie gesagt, ungeteilten Beifall. Für Joachim von Fiore, einen strengen Kritiker der Amtskirche, verbot sich jede päpstliche Beschäftigung mit den Dingen dieser Welt; ganz auf Endzeit und Apokalypse waren seine düsteren Gedanken abgestellt. Ägidius von Colonna, Bischof von Brügge, wies nach, daß beide Mächte unmittelbar von Gott eingesetzt waren und daher unabhängig voneinander bestehen, daß aber die Priester in mancher Hinsicht der weltlichen Gewalt unterstehen. Und Ägidius Romanus, ein französischer Bettelmönch, unterschied in seinem Buch »De Regimine Principum« (Von der Fürstenherrschaft) zwischen dem staatlichen Bereich, in dem der Fürst durch Gesetz und Vernunft herrschen solle über vernunftbegabte Untertanen, und dem geistlichen Feld, das völlig abgetrennt davon sei.

Bonifaz VIII. ist der letzte päpstliche Wortführer in diesem Streit. In seiner Bulle »Clericis laicos« greift er die Laienherrschaft scharf an: Falls Laien, auch Fürsten, Geistliche zu besteuern versuchen, so werden sie exkommuniziert, denn sie haben keinerlei Gewalt über Priester. Und, schriller noch, wenige Jahre später in »Unam Sanctam«: Beide Gewalten lägen in der Hand der Kirche; ein Schwert müsse dem andern unterstehen, also sei die weltliche Autorität der geistlichen unterworfen. »Es ist daher allen menschlichen Geschöpfen zu (...) ewigem Seelenheil notwendig, sich dem römischen Bischof zu unterwerfen.«

Der französische König Philipp der Schöne antwortet mit der Streitschrift »Antequam essent clerici«. Er argumentiert historisch: die Laien seien vor den Pfaffen dagewesen. Für ihn liegt damit alles andere auf der Hand. Ein Heer von Publizisten unterstützt den König. Der Jurist Pierre Dubois und Johann von Paris, ein Dominikanerpater, tragen immer kühnere Beweise für ein autonomes, laisiertes Staatswesen vor. Auch Johann kämpft mit historischen Belegen, er greift gleich auf Christus zurück: Hat nicht Christus selbst auf alle weltliche Macht verzichtet? Wie kann der Stellvertreter Christi auf Erden solche für sich beanspruchen? Die Würde der Kirche, räumt Johann ein, sei größer als die des Staates, aber in puncto Besitz anerkennt er den höheren Anspruch der Fürsten. Es ist eine interessante Schrift, methodisch durchdacht, dieser »Tractatus de Potestate Regia et Papali« (Traktat über königliche und päpstliche Gewalt).

Zwei weitere Bettelmönche sind es, beide Franziskaner, die sich in diesem Meinungsstreit auf die Seite der Fürsten schlagen. Der eine ist Engländer, William of Ockham, von ihm war schon an anderer Stelle die Rede; der andere, Marsilius von Padua, stammt aus Italien. Ockham ist stärker an den Fragen der Philosophie interessiert; Marsilius beschäftigt sich mehr mit Fragen des Staates und der Politik. Aber Zerteiler sind sie beide, Aufspalter, die überall ihre Unterscheidungen treffen: Göttliches und Weltliches, philosophische Vernunft und religiöse Überzeugung, Vernunft und Glaube, Glauben und Wissen. Ockham hält das Papsttum ebenso wie den Staat für eine menschliche Ordnung, und er stellt sich auf die Seite des Staates. Er verfaßt einen Dialog, in dem er einen Ritter mit einem Kleriker darüber streiten läßt, ob der weltliche Arm den Klerus besteuern darf. Er darf, entscheidet Ockham, und beweist mit seinen Zitaten aus dem Alten und dem Neuen Testament, daß er sich in der Bibel auskennt, was nicht jeder Kleriker von sich behaupten konnte.

Der andere ist Marsilius, einer der aufregendsten Denker des Mittelalters. Sein Hauptwerk, der »Defensor Pacis« (Verteidiger des Friedens), vollendet gegen 1324, wird bereits drei Jahre später als ketzerisch verurteilt. Es ist das originellste Buch seiner Zeit. Nie hat jemand klarer vorausgesehen, wie sich die neue Ordnung entwickeln würde. Mit der Einheit der Christenheit ist es vorbei, das weiß Marsilius, das Abendland ist in Nationen gespalten, und so wird es bleiben. Er nennt Gründe dafür: die verschiedenen Sprachen, die unterschiedlichen Sitten, die Größe des Raumes. Nach Verdammung seiner Schrift flieht Marsilius vom Hof des Papstes an den des Kaisers Ludwig des Bayern, nach München. Der kann ihn gut gebrauchen, denn auch er mußte sich gegen die Ansprüche des Papstes zur Wehr setzen: Der Papst beansprucht, die letztendliche Entscheidung bei der Wahl des römischen Königs, des Kaisers, stehe ihm zu. Er behauptet, der von der Mehrheit der Kurfürsten Gewählte sei nur dann rechtmäßig gewählt, wenn er, der Papst, seine Approbation erteile. Stück für Stück wird ihm dieser Anspruch entrissen: mit der Sachsenhausener Appellation Ludwigs des Bayern, mit dem Reichsgesetz »Licet Juris«, mit dem Weistum der Kurfürsten zu Rhens, mit Lupold von Bebenburgs bahnbrechender Schrift »De Statu Imperii«, schließlich mit der Goldenen Bulle Kaiser Karls IV. – nun ist dem Papst dieser Anspruch endgültig entzogen. Er ist fortan geistlicher Herr und Potentat in seinem Kirchenstaat; den weltlichen Herrschern der europäischen Nationalstaaten hat er nichts dreinzureden.

Aber Marsilius geht noch einen Schritt weiter, er blickt auch in das Innenleben der Staaten hinein. Er unterscheidet zwischen der gesetzgebenden und der vollziehenden Gewalt und gibt so das früheste bekannte Beispiel dieser Trennung. Es ist ein völlig weltliches Produkt, dieser Staat, wie er ihn zeichnet. Der Souverän sei das Volk, sagt er – auch dieser Gedanke ist ziemlich neu. Marsilius macht sich Gedanken über die Gesellschaft: Sie habe sich zusammengefunden zum Schutz der einzelnen oder aus wirtschaftlichen Gründen, ihr gegenüber habe der Papst keinen weltlichen Anspruch. Und überhaupt kann der Papst seine Autorität nur von einem allgemeinen Konzil beziehen, wobei der Gewählte der staatlichen Zustimmung bedarf. Marsilius dreht den Spieß also um: Verlangte bisher der Papst das Recht der Approbation des neugewählten Kaisers, so verlangt er umgekehrt, daß die höchste geistliche Gewalt sich von der höchsten weltlichen Gewalt approbieren lasse. Der Papst, so sagt er, sei gleichsam die exekutive Spitze des Konzils, die gesetzgebende Gewalt stehe dieser Körperschaft selbst zu. Der Kaiser bekleide innerhalb der Kirche eine hohe Stelle. Er sei gleichsam der Oberherr, der von außen her das Konzil einberufe und leite. Er könne Bischöfe und Priester bestrafen. Überhaupt sei die Bestrafung von Priestern Sache des weltlichen Armes, selbst der Papst sei ihm unterworfen. Das ist ein weiter Schritt nach vorn. »Was haben Priester zu schaffen mit Zwangsmaßnahmen der weltlichen Behörden?« fragt er in seinem »Defensor Pacis«. »Sie sollten keine weltliche Gewalt haben, sondern Diener sein und dem Beispiel Christi nachstreben. Weder Bischof noch Papst sollten gesetzgeberische Gewalt haben, es sei denn, solche sei ihnen von menschlicher Gewalt übertragen worden.«

Bis zu seinem Tod in den frühen 1340er Jahren lebte Marsilius in München; dort starb gegen Ende des gleichen Jahrzehnts auch sein Kollege William of Ockham, vielleicht an der Pest.

Der Ausbruch des großen Schismas, Sommer 1378, veränderte die Einstellung der gesamten Christenheit zum Papsttum. Wer vordem die Kritiker der Päpste als Ketzer betrachtete, mußte sich jetzt fragen lassen, ob nicht das Papsttum unwürdig sei und diese Kritik verdient habe. Wer war denn der rechtmäßige Papst – doch wohl nicht alle beide? So zumindest müssen die Gebildeten sich gefragt haben; das einfache Volk wird »seinen« nationalen Papst für den richtigen gehalten haben. Wer vordem, wie die Engländer, dem französischen Papst in Avignon feindlich gesinnt war, für den lagen die Dinge jetzt anders. Nun gab es wieder einen römischen Papst, und natürlich war er der rechtmäßige, nachdem einer generationenlang in Avignon residiert und die englischen Gelder dem französischen König zugesteckt hatte – so sah man es zumindest auf der Insel. Pragmatisch betrachtet konnte England zufrieden sein, solange der römische Papst seine Bannflüche gegen seinen Kollegen und dessen Schutzherrn, den König von Frankreich, schleuderte, mit dem die englische Krone im Krieg lag, noch immer, seit vierzig Jahren schon.

Anders lagen die Dinge in der Sicht des Theologen. Die Rauferei um die Tiara war unwürdig; das mußte Theologen vor den Kopf stoßen, auch Laien, die es mit ihrer Religion ernst nahmen.

In dieser Zeit, und unter dem Eindruck dieses Ereignisses, der päpstlichen Vermehrung, konnte John Wyclif den Papst nicht mehr für unfehlbar halten; er konnte nicht länger glauben, daß der Papst *iure divino*, nach göttlichem Recht, zum Oberhaupt der Kirche bestellt worden sei. Der Papst könne irren, sagte er jetzt, wie auch Petrus gesündigt habe. *Iure humano* könne der Papst Oberhaupt der Kirche sein, und das hieß: mit all den Einschränkungen, die dem menschlichen Recht nun einmal zugrunde liegen. Nicht von Marsilius hat Wyclif diese Ideen, er scheint niemals von ihm gehört zu haben; jedenfalls erwähnt er ihn nie, obschon er, wie alle mittelalterlichen Gelehrten, gern und ausführlich auf Autoritäten zurückgreift. Er verfolgt die gleiche Spur wie Marsilius, ohne von ihm zu wissen; und der Papst hat – von seiner Warte aus – nicht unrecht, wenn er Wyclif vorwirft, seine Lehren spiegelten »nur mit einigen veränderten Begriffen die pervertierte Auffassung und die ketzerischen Lehrmeinungen des Marsilius von Padua und des Johann von Jandun« wider.

In den wenigen Jahren zwischen dem Ausbruch des Schismas 1378 und dem großen Bauernaufstand in England von 1381 tritt Wyclif, der kurze Zeit im Rampenlicht gestanden hat, zurück in die Schreibstube – was er allerdings dort produziert, bringt ihn im Nu zurück in die Öffentlichkeit. Aber was er jetzt schrieb, war stärker theologisch, von tieferer Bedeutung. In diesen Jahren unterwarf er die römische Kirche einer ätzenden Kritik, während er zugleich das englische Volk zurückführte *ad fontes*, zu den Quellen der Heiligen Schrift.

Zwar hatte schon die Handlungsweise des Papstes gegen die Stadt Florenz und die Exzesse – im päpstlichen Namen – gegen Cesena das Rechtsbewußtsein Wyclifs empfindlich verletzt, aber seine vorläufige Reaktion, Verbalinjurien, war nur gegen die jeweilige Person gerichtet, nicht gegen das hohe Amt des Papstes. Die gegen ihn gerichteten Bullen empfand Wyclif als bares Unrecht. Als er von den Tausenden von Opfern hörte, die in Cesena hingeschlachtet worden waren, wurde er rasend; einen »verstockten Ketzer« nannte er den Papst, einen »fürchterlichen Teufel«, ein »schreckliches Untier«. Als Gregor die Augen schloß, dankte er Gott für den Tod »eines solchen Ketzers«. Trotzdem hielt Wyclif an der Vollmacht des Papstes fest, solange die Päpste in Übereinstimmung mit der Heiligen Schrift regierten. Die Behauptung, daß alles, was der Papst verfüge, Rechtens sei, hielt er für eine Gotteslästerung. Selbst nach Ausbruch des Schismas hielt Wyclif anfangs am römischen Papst fest, »unserem Urban«, weil er ihn für den rechtmäßig Gewählten ansah. Er erwartete Reformen von diesem Papst: »Gesegnet sei der Herr, der seiner Kirche in diesen Tagen ein rechtgläubiges Haupt, einen evangelischen Mann in Urban VI. gegeben hat, einen Mann, welcher im Werke der Besserung der gegenwärtigen Kirche, damit sie dem Gesetze Christi gemäß leben kann, ordnungsgemäß mit sich selbst und seinen Hausgenossen den Anfang macht; daher man nach seinen Werken glaube, daß er das Haupt unserer Kirche ist.«

Doch als offenkundig wird, daß sich dieser Papst vornehmlich mit anderen Dingen beschäftigt und Reformen Reformen sein läßt, erst da tritt Wyclif in grundsätzlichen Gegensatz zum Papsttum – zum Amt, nicht mehr allein zur Person. Es ist die Logik der äußeren Ereignisse, die ihn gegen das Papsttum Stellung beziehen läßt. Das traurige Spektakel, das die beiden Päpste bieten, von denen ein jeder beansprucht, in der Nachfolge Christi zu stehen, erinnert ihn an »Hunde, die sich um einen Knochen streiten«, an »Krähen, die sich auf das Aas stürzen«. Er gießt seinen Spott über alle aus, die Rom für das Haupt der Christenheit halten, weil dort der hl. Petrus gestorben sei. Das Alter eines Bistums sei doch kein Beweis für seine Weisheit oder seine Heiligkeit! Da könne man ebensogut behaupten, sagt er, das Oberhaupt des moslemischen Glaubens in Jerusalem, wo Christus gestorben ist, sei heiliger als ein christlicher Herrscher, nur weil er an der Todesstätte des Heilands residiert.

Wyclif führt auch das mittelalterliche Ammenmärchen von der »Päpstin Johanna« an, um zu belegen, wie sehr sich Kardinäle bei ihrer Wahl irren können. Der Papst sei eher »giftiges Unkraut« als das Haupt der Kirche, nicht »ein Gott auf Erden«, sondern der »Anführer der Armee des Teufels« sei er, »ein Glied Luzifers«, »ein einfacher Idiot, der als Teufel in die Hölle verdammt ist«, »ein Abtrünniger, der sich der Herrschaft Christi entzogen hat«, schreibt er in einer seiner Predigten. Rom, »dieser heilige Ort«, sei »mehr verflucht als Sodom und Gomorrha«; Christus habe der weltlichen Obrigkeit gehorcht, er wurde sogar – um ihr seine Zustimmung zu zeigen – unter ihr geboren, der Papst jedoch strebe danach, sie zu schwächen. Zwölf einfache Männer habe Christus zu seinen Aposteln gemacht; der Papst hingegen habe weit mehr als ein Dutzend der Ehrgeizigsten, Weltlichsten und Schlauesten ausgesucht; Christus habe Gold verachtet, der Papst treibe mit allem seinen Schacher.

Drei Schriften sind es, die Wyclif in den Jahren 1378 und 1379 abfaßt und veröffentlicht: eine über die Kirche, »De Ecclesia«; ferner, gleichsam als Kehrseite dazu, eine über das Amt des Königs, »De Officio Regis«, und eine über die Macht des Papsttums, »De Potestate Papae«. Wyclif greift die bestehende Kirche an, ohne ein eigenes Reformprogramm vorzulegen. Das ist auch nicht seine Aufgabe. Er ist Theologe und Universitätslehrer, und er weist nur auf die Symptome des Verfalls hin. Bevor man sich zu heilen anschickt, muß eine Diagnose des Leidens vorliegen. Der Machtanspruch und die Begehrlichkeit der Päpste erschüttert Wyclif. Fassungslos wiederholt er die Worte Arnolds von Brescia, dem Papst gehe es nur darum, seinen Appetit zu stillen, seine Truhen und Kästen mit dem zu füllen, was er sich aus den Taschen seiner Gläubigen nimmt. »Herr«, fragt er, »wenn Christus nichts weiter hatte als eine kleine Hütte, in der er sein Haupt niederlegen konnte, warum muß dann der Stellvertreter Christi ein so großer Herr sein in dieser Welt?«
Die eigentliche Kirche, sagt Wyclif, sei der mystische Körper des Heilands; als solche habe sie schon bestanden, bevor Christus Mensch wurde. Das folgt zwangsläufig aus Wyclifs philo-

sophischem Realismus, von dem oben die Rede war: Ideen gehen der Existenz von Dingen voraus. Deshalb, so folgert Wyclif weiter, hat es lange Zeit auch eine Kirche ohne einen Papst gegeben, bevor nämlich Christus Petrus zu seinem Stellvertreter ernannte. Die Kirche benötigt beides: Weltlichkeit und Geistlichkeit, beide sind notwendig; die weltliche Gewalt sei wie die Hände, die geistliche wie die Augen. Die Rettung einer Menschenseele hänge nicht ab von der sichtbaren Kirche oder der Vermittlung von Priestern. Worin besteht dann der Unterschied zwischen einem Bischof und einem einfachen Priester? Zwischen diesem und einem Laien? In der frühen Kirche seien Bischof und Priester ein und dasselbe gewesen; und wenn ein Laie in Notzeiten die Taufe vollziehen kann, warum dann nicht auch die Konfirmation? Mit kirchengeschichtlichen und biblischen Begründungen verwirft Wyclif die Unterscheidung von Priester und Bischof. In der Heiligen Schrift sei von Päpsten, Prälaten und Kardinälen nirgendwo die Rede. Ein jeder von Gott Erwählte sei Priester, und jeder Priester könne alle Sakramente so wirksam spenden wie der Papst. Ausdrücklich fügt Wyclif hinzu – was zu seiner Zeit äußerst umstritten und worüber auch er selbst sich nicht immer ganz im klaren war –, daß auch der Priester in Sünde die Sakramente wirksam vollziehen könne, obschon er damit zu seiner eigenen Verdammnis beitrage.

Es sei möglich, schreibt Wyclif, daß es Päpsten oder Kardinälen vorherbestimmt sei, von Gott abzufallen. Der Papst könne nur dann das rechtmäßige Oberhaupt der Kirche sein, wenn er gemäß den Geboten Christi lebe. Die Gläubigen müßten sich bei jedem päpstlichen Gebot fragen, ob es mit der Bibel übereinstimme, folglich müßten sie die Heilige Schrift kennen. Hand und Auge, so haben wir gesehen, sind die Organe, die Wyclif wählt, um mit ihnen weltliche und geistliche Gewalt zu bezeichnen. Gut gewählt! Was ist zu tun, wenn das Auge Ärgernis bereitet? Reiß es aus! Und so sollte auch der König eingreifen, wenn der Klerus vom rechten Pfad abwich.

Nicht Trennung von Kirche und Staat hatte Wyclif im Sinn – das entsprach nicht der Denkweise des Mittelalters; die beiden waren ja in einem Körper vereint, wie sollte man ihn zerteilen? Innerhalb dieses Körpers freilich komme der weltlichen Gewalt die Oberhand zu. Aber wie die Organe des Körpers – bei körperlicher Unversehrtheit – getrennt voneinander arbeiten, so sollten auch die beiden Gewalten sich nicht durchdringen. »Wie konnte sich ein Erzbischof unterstehen«, fragt Wyclif, und er dachte dabei an Simon Sudbury, den englischen Kanzler und Erzbischof, »dieses höchste königliche Amt, das weltlichste aller Ämter, zu übernehmen?« Für ihn war ein solcher Priester ein Verräter am König, am Königreich und an Gott, weil er die ersten beiden ruinierte, Gott aber beleidigte.

»De Officio Regis« vermittelt gleichsam den weltlichen Teil zu »De Ecclesia«. In diesem Werk legt er die Beziehung zwischen den beiden Gewalten innerhalb des einen mystischen Leibes fest. Die Würde des Königs, sagt er, entstamme unmittelbar Gott, daher sei sie unabhängig von der geistlichen Gewalt. Der König sei Stellvertreter Gottes, wie der Papst Stellvertreter Christi sei. Der König repräsentiere die göttliche Seite Christi, wie der Priester seine menschliche Seite verkörpere – dies eine Anlehnung an Augustinus, der den König als das Ebenbild Gottes, den Bischof als das Ebenbild Christi bezeichnet hatte. Der König gleiche dem Christus Pantokrator, dem herrschenden, siegreichen Heiland, der Priester dem leidenden; der König sei der Wille Christi, der Priester seine Liebe. Adam sei der erste König gewesen, Kain der erste Priester. Der König sei der oberste Bewahrer der göttlichen Gerechtigkeit auf Erden – er müsse allerdings sein ziviles Recht gänzlich auf das Evangelium stützen.

Damit redet Wyclif nicht einer theokratischen Herrschaft das Wort, obschon der weltliche Herrscher und seine Untertanen als Teil der Kirche im Sinne Wyclifs an das göttliche Gebot unmittelbar gebunden sind; wobei es allerdings nicht Sache eines Priesters ist, dieses Gebot für sie auszulegen und seine Einhaltung zu überwachen. Aber in einem ursprünglichen Sinne von Theokratie, verstanden als Gottes-Herrschaft, ist Wyclif durchaus einer ihrer Anhänger.

Für den Gipfel hält er es, wenn Könige das höchste Laienamt ihres Staates in die Hände eines Priesters legen. Der König sei verpflichtet, gute Berater um sich zu versammeln, die das göttliche Recht kennen – nur Priester sollen es nicht sein. Der König sei, wie jedermann, dem göttlichen Recht unterworfen; der Klerus sei überdies den königlichen Rechten untertan. Kanonischem Recht müsse ein König nur dann Folge leisten, wenn es sich auf göttliches Recht stütze.

Kirche und Staat – wenn man diese modernen Begriffe gebrauchen will – sind im Denken Wyclifs aufs engste miteinander verwoben. Dem Staat kommen bei ihm wichtige Funktionen zu, die heute nur der Kirche zustehen. Wyclif kommt der englischen Monarchie weit entgegen. Bis in die innersten Belange der Gläubigen erstrecken sich die Rechte des Königs. Da die Sünde eines jeden das Königreich schwächt, sagt er, ist der Fürst befugt, die Sünden seiner Untertanen zu erforschen.

Wyclif sprach Dinge an, die manchem Monarchen zusagten. Er entwickelte Ideen, die dem im Entstehen begriffenen Nationalstaat als geistige Grundlage dienen konnten – und im Mittelalter bedurfte das Neue immer der Rechtfertigung aus dem Alten, es mußte erst mit dem geheiligten Öl der Tradition gesalbt werden, ehe es eigenständige Rechte beanspruchen durfte. Das Mittelalter verbarg seine Originalität stets hinter der Maske der Geschichte.

Was Wyclif sagte, mußte in den Ohren eines Königs verlockend klingen – und trotzdem nahm sein Einfluß bei Hofe ab. Wie kam das? Daß er mit John of Gaunt, dem intriganten Onkel des jungen Königs, gemeinsame Sache machte, sprach gegen Wyclif; und daß im Land, unter den Bauern, bald Unruhen ausbrachen, die man ihm in die Schuhe schob, auch das war nicht geeignet, ihm das königliche Ohr zu öffnen. Der König war jung und um so leichter geneigt, auf Autoritäten zu horchen, besonders auf Männer der Kirche.

Genau mit diesen Leuten lag Wyclif andauernd im Streit. Im Sommer 1378 trug sich eine folgenschwere Affäre zu, die Wyclifs Stellung bei Hofe endgültig erschütterte: Im August 78 waren zwei Untersuchungsgefangene ausgebrochen, Robert Haulay und John Shakell. Die beiden flüchteten sich nach Westminster. Der eine von beiden, Shakell, wurde durch einen

Trick gefangengesetzt; der andere verbarg sich in der Abteikirche. Dort brach Sir Alan Buxhill, der Herr des Londoner Tower, mit etwa vierzig Reisigen ein, als der Priester gerade die Predigt sprach. Einen Mesner, der sich der Schar entgegenwarf, machten sie nieder. Die Soldaten hetzten dem Flüchtigen nach, der zweimal um den Chor rannte, ehe das blutige Fangspiel endete. Angeblich war es Haulay, der zuerst nach seinem Schwert griff. Sein Schädel war gespalten, als seine Häscher seinen leblosen Körper »an den Beinen, schrecklich anzusehen, durch die allerheiligsten Teile des Chors und der Kirche schleppten und dabei alles mit seinem Blut und seinem Hirn bespritzten«, wie ein Chronist berichtet.

Die Erregung war groß, und zwar nicht nur im Klerus, sondern auch im Volk. Die Londoner Bürger vermuteten Gaunt hinter diesem Frevel. Das ist kaum anzunehmen, denn Gaunt stand wieder einmal im Waffenkleid in der Normandie. Der Herzog beauftragte Wyclif, für die englische Regierung eine Stellungnahme zu dem Vorfall auszuarbeiten. Der Theologe verfaßte eine lange Verteidigungsschrift – »für meinen Herrn, den Herzog« –, in der er nachwies, daß Gaunt mit der Sache nichts zu tun hatte. Mehr noch: Wyclif verteidigte die Verletzung des Asylrechts mit dem Hinweis, der Getötete habe zuerst zur Waffe gegriffen. Das hätte er wohl kaum – falls es überhaupt zutrifft –, wenn man ihn nicht in der Kirche verfolgt hätte. Gaunt nahm nach seiner Rückkehr vom Feldzug Wyclifs Stellungnahme mit ins Parlament, das sich im Oktober in Gloucester versammelte. Als Erzbischof Sudbury gegen die Besudelung seiner Kirche protestierte, erhoben sich einige Theologen und Juristen und trugen Wyclifs Schrift vor, deren Argumente in sein Buch »De Ecclesia« einfließen.

Die Geistlichkeit erregte sich über Wyclifs Gutachten nicht minder als über den mörderischen Vorfall. Erzbischof Sudbury exkommunizierte alle, die damit schuldhaft zu tun gehabt hatten – den König und die höchsten Beteiligten wohlweislich ausgenommen. Und Wyclif, der zugunsten des Staates das Unverzeihliche gerechtfertigt hatte, verlor bei Hofe das Quentchen Einfluß, das er zeitweise dort besessen hatte. Der Bruch kam, nicht weil er sich für das Staatswesen eingesetzt hatte, sondern weil er die höchsten Kirchenoberen beleidigt hatte, die bald auch wieder im Staat die erste Geige spielten: Die »Revolution von 1371« – die Entfernung der Prälaten aus den höchsten Staatsämtern – wurde aufgehoben. Der Primas der englischen Kirche, Erzbischof Sudbury, war wieder Staatskanzler.

In der letzten dieser drei Schriften, »De Potestate Papae«, die von der Amtsgewalt des Papstes handelt, bewies Wyclif, daß er über die Geschichte der römischen Kirche mehr wußte als seine Zeitgenossen. Vor allem aber hatte er eine Vorstellung von der Reinheit der christlichen Urkirche, und er konnte den Wandel aufzeigen, der seither stattgefunden hatte. Er wollte die neuen Traditionen niederreißen, weil sie den Zugang zur alten Kirche versperrten. Das zu Suchende Zukünftige, das ihm vorschwebte, lag weit in der Vergangenheit.

»De Potestate Papae« ist im Vergleich mit seinen späteren Schriften über das Papsttum noch gemäßigt. Die Kirche benötige das Papsttum eigentlich nicht, sagt er, sie würde besser von einem Rat regiert werden. Gewiß ginge es der Kirche ohne die beiden Päpste besser. Wie Marsilius, Ockham und Michael von Cesena vor ihm, so plädiert auch Wyclif für eine konziliare Regierungsform. Er bestreitet, daß der Papst der Nachfolger Petri sei. Diese Vorstellung sei menschlichen Ursprungs, das sei die Wirkung des Giftes, das der hl. Konstantin durch seine unselige Schenkung der Kirche eingeträufelt habe.

Wyclif hat diese wie viele seiner Schriften in zweierlei Form veröffentlicht: einmal für ein gelehrtes Publikum, in lateinischer Sprache, dann noch eine gekürzte Fassung in der Sprache seines Volkes. Mit diesen drei Schriften hat er nicht nur die Aufgabe der Kirche und die des Staates neu bestimmt; er hat die Kirche vielmehr auf ihre eigentliche, wesentliche Bestimmung gestoßen: auf die geistlichen Verrichtungen. Die Reformatoren, Wyclif wie später Luther, sind damit Wegbereiter nicht nur einer gereinigten Kirche, sondern auch einer neuen, säkularisierten Welt, in der jeder das Seine tut: die Kirche die Sache der Seelen, der Staat die weltlichen Pflichten seines Amtes.

VOM ABENDMAHL

Es folgten Jahre unermüdlicher Arbeit. Im Sommer 1379 schrieb Wyclif sein Werk über die Eucharistie, im Herbst des Jahres lag es fertig vor. Es war dies ein weiterer Schritt auf den Abgrund zu, auf den Bruch mit der Kirche, denn das Abendmahl, namentlich die Lehre von der Wandlung, war ein tragendes Dogma des katholischen Glaubens. Als die römische Kirche auf die neue Arbeit Wyclifs aufmerksam wurde, war der Bruch vollkommen. Daß Wyclif den Papst als einen »Usurpator« bezeichnet hatte, mochte noch angehen; an der Lehre von der Wandlung durfte niemand deuteln.

Nach der römischen Lehre von der Transsubstantiation verwandeln sich Brot und Wein in den Leib und das Blut Christi; die äußeren Erscheinungsformen von Brot und Wein – die Akzidentien, wie man sagte – blieben erhalten: Brot behält die äußeren Eigenschaften von Brot und Wein von Wein. Aber nach der Wandlung sind sie ihrer Substanzen beraubt, gleichsam innerlich ausgehöhlt, denn beim Eintritt der göttlichen Substanz verschwindet die Substanz des Brotes und des Weines. Das war die – damals ziemlich neue – Auffassung der Kirche. (Unter Laien spottete man damals, ein kluger Hausvater werde niemals einen Mönch in seinen Weinkeller führen, denn der Mönch werde unweigerlich die Substanz des Weines zu bloßen Akzidentien verwandeln.)

Während des ganzen ersten Jahrtausends christlicher Zeitrechnung hatte die Kirche keine dogmatische Vorstellung von diesem Vorgang, so daß Theologen immer wieder nach Erklärungen für das Wunder der Wandlung suchten. Bischof Berengar von Tours bot im 11. Jahrhundert die Erklärung an, durch die Weihe des Brotes und des Weines trete zu diesen sichtbaren

Elementen noch etwas Neues, Unsichtbares hinzu, was aber dennoch Realität annehme. Von einer Wesensverwandlung sagte Berengar nichts. Papst Gregor VII. widersprach ihm und zwang ihn zum Widerruf. Die Lateransynode von 1059 räumte mit der älteren Vorstellung auf, Christus sei nur geistlich – nicht körperlich – in der Hostie. Berengar mußte zugeben, daß »der wahre Leib und das wahre Blut Christi [. . .] von den Zähnen der Gläubigen zermalmt« werde und die geweihte Hostie zugleich dem Verdauungsprozeß unterworfen sei. 1215 erklärte Innozenz III., dem wir hier nicht zum erstenmal begegnen, die Lehre von der Wandlung zum Dogma: Die Substanz von Brot und Wein – *panitas* und *vinitas,* wie die lateinischen Kunstwörter dafür lauteten – verwandelten sich, und was von ihnen sichtbar bliebe, das seien lediglich Akzidentien, ihre äußeren Erscheinungsformen.

Erst mit der Erhebung der Transsubstantiationslehre zum Dogma auf dem vierten Laterankonzil mußten die Laien auf den Genuß des Weines verzichten. Nunmehr war es kirchenoffizielle Wahrheit, daß die geweihte Hostie, ihrer Brotheit wie ihrer Weinheit beraubt, den Leib des Herrn in sich barg, also auch dessen Blut. Gegen Mitte des 13. Jahrhunderts setzte sich endlich durch, daß der Priester in der Kommunion nur die Hostie austeilte. Die Reformatoren, die die Transsubstantiationslehre ablehnten, verlangten daher vom Papst, daß er diese Neuerung aufheben und den Laien wieder den Genuß des Kelches gestatten solle. Sie wußten, daß das Papsttum seine Entscheidung weder auf die Heilige Schrift noch auf die Kirchenväter stützen konnte.

Wie kann Substanz sich wandeln und ihre Erscheinungsformen beibehalten? Die Theologen der Hochscholastik haben sich diese Frage immer wieder gestellt. Thomas von Aquin hat an dieser Stelle den Begriff ›Quantität‹ eingeführt: die Quantität des Brotes ändere sich nicht, aber das Brot nehme eine neue Qualität an. Unzählige Fragen schlossen sich an dieses Problem an – sie klingen in unseren Ohren lächerlich, aber sie waren ernst gemeint: Wenn eine geweihte Hostie verbrennt, was fällt da den Flammen zum Opfer – der Leib Christi oder das Brot?

Was geschieht mit dem Brot und mit der Gottheit, wenn eine Maus die geweihte Hostie frißt? Nährt das Brot der geweihten Hostie seinen Esser? Christus, der in der geweihten Hostie ist – sitzt er dort oder steht er? Ob der Leib Christi in der Hostie räumliche Gestalt einnehme? Ob alle Eigenschaften des Leibes in allen Teilen der Hostie vollständig vereint seien, auch in den allerwinzigsten?

Wir wollen diese Frage nicht zu beantworten versuchen, aber Wyclif hat sich mit ihnen beschäftigt, und mit der Antwort des hl. Thomas war er nicht einverstanden. Das Abendmahl galt ihm stets als das heiligste und ehrwürdigste unter den Sakramenten, daher wachte er ganz besonders über seine Schriftgemäßheit. Wyclif vertrat eine eher spirituelle Auffassung vom Wesen der Hostie: Nicht auf den leiblichen Genuß komme es an, sondern auf den geistlichen; wirklich empfangen könne nur der Gläubige den Leib und das Blut des Herrn. »Sowenig sich der Mensch eine unverdauliche Speise zuführen kann, sowenig genießen die Nichterwählten Christum, wie auch Christus sich dieselben nicht aneignet.« Dieser Satz hätte auch die Zustimmung des hl. Augustinus gefunden; und Luther hat in seiner Schrift »Von der Babylonischen Gefangenschaft der Kirche«, sich auf den Nordafrikaner berufend, ganz ähnliches gesagt. »Das Sakrament«, sagt Wyclif an anderer Stelle, »gereicht nur den Würdigen zum Segen.«

Wyclifs Angriff gegen die neuere katholische Transsubstantiationslehre war ein Argument im Streit unter Scholastikern, doch er war mehr als das. Ob ein Nominalist oder ein Realist zu dieser Frage Stellung bezog, das machte einen Unterschied; aber von Bedeutung war auch, welchen Wert man hierbei den Evangelien beimaß. Der Nominalist Ockham hielt Substanz und Akzidentien nur für zwei Ansichten von derselben Sache, sozusagen Außen- und Innenseite. Entzog man das eine, verschwand auch das andere. Trotzdem glaubte Ockham an die Verwandlung; aber seine Erklärung lautete völlig anders. Ockham beschäftigte sich mit Fragen der Erkenntnistheorie, er wußte, daß die menschlichen Sinnesorgane trügen. Also folgerte er, daß nach der Wandlung das sichtbare Brot und der sichtbare Wein nichts weiter sind als leere Illusion, Sinnestäuschung. Wyclif war mit dieser Erklärung nicht einverstanden. Als philosophischer Realist glaubte er, Universalien – das waren *panitas* und *vinitas* – seien unzerstörbare Ideen Gottes, ihr Sein sei unabhängig von ihrer physischen Existenz. Transsubstantiation besagte aber, daß Substanz urplötzlich verschwindet, sich in Nichts auflöst. Dies lief seinem Realismus zuwider. Er konnte nicht glauben, daß die Substanz von Brot und Wein zu bestehen aufhört, daher verwarf er auch die Lehre der Kirche. Er hielt überhaupt alle fleischlichen Erklärungen für falsch. Wyclif hing, wie Luther, ganz der Schrift an; die Erklärungen, welche die Kirche in den Jahrhunderten zuvor gesponnen hatte, wischte er beiseite wie Spinnweben.

Was sagt die Heilige Schrift dazu? Nur an einigen wenigen Stellen gehen die Evangelien auf das Abendmahl ein. Wyclif nahm sie heraus und stützte auf sie seine Vorstellung. Im Evangelium des Matthäus heißt es: »Während sie aßen, nahm Jesus Brot, sprach den Lobspruch, brach es, gab es seinen Jüngern und sprach: ›Nehmet, esset, dies ist mein Leib.‹ Dann nahm er den Kelch, sprach das Dankgebet, reichte ihn ihnen und sprach: ›Trinket alle daraus, denn dies ist mein Blut.‹« (26, 26) Und ähnlich in den Evangelientexten des Markus (14, 22-23) und des Lukas (22, 19-20). Ferner ist da der erste Korintherbrief, in dem Paulus schreibt: »Alle aßen von der gleichen geistig zu verstehenden ›Speise‹, und alle tranken den gleichen geistig zu verstehenden ›Trank‹: sie tranken nämlich aus einem geistig zu verstehenden ›Felsen‹, der sie begleitete, und dieser Fels war Christus.« (11, 4-5) Und im gleichen Brief: »Der Herr Jesus nahm in der Nacht, da er verraten wurde, Brot, und danksagend brach er es und sagte: ›Das ist mein Leib für euch; dies tut zu meinem Gedächtnis!‹ Ebenso nahm er auch den Kelch nach dem Mahle, indem er sprach: ›Dieser Kelch ist der Neue Bund in meinem Blute; dies tut, so oft ihr ihn trinket, zu meinem Gedächtnis‹!« (11, 23-29)

Nach dieser Lektüre kann man Wyclifs Argument, was es mit diesem »Dies ist mein Leib« wirklich auf sich hat, leicht folgen. Christus, so sagt Wyclif, sei »non corporaliter, sed spiritualiter« im Sakrament anwesend, nicht körperlich, sondern geistlich; da »der Leib Christi im Himmel« sei, könne er nicht zugleich in der Hostie sein. Wyclif leugnete also nicht nur die Verwandlung von Brot und Wein, er deutete auch die »reale« Präsenz Christi als eine geistliche Anwesenheit, nicht als eine körperliche. Seine Vorstellung wird auch als Remanenztheorie bezeichnet, denn er hält daran fest, daß die Substanzen von Brot und Wein erhalten bleiben (*remanere* lat., bleiben, verbleiben), und daß zu ihnen etwas Neues hinzutritt. »Wie Christus Gott und Mensch in einem ist, so ist das Sakrament des Altars zugleich Christi Leib und Brot.« Und an anderer Stelle noch bündiger: »Das Sakrament des Altars ist der Leib Christi in Gestalt des Brotes.«

Wie der deutsche Reformator beruft er sich auf das Zeugnis der Schrift, und zwar auf jene Texte, in denen die Evangelisten die Einsetzung des Abendmahles durch den Erlöser beschreiben und wo Christus sagt, daß das Brot in Wirklichkeit sein Leib sei. Das müsse die Wahrheit sein, sagt Wyclif, denn Christus könne die Unwahrheit nicht sagen. Mit »hoc est« (dies ist) verweise Christus auf Brot und Wein, und zwar auf ihre Substanzen wie ihre Akzidentien. Auch mit den Worten: »Ich bin der Weinstock, ihr seid die Zweige« (Joh 15,5) habe Christus nicht sagen wollen, daß er ein Weinstock sei und die Apostel Zweige. Die Substanzen verwandelten sich nicht, sagt Wyclif, so daß nunmehr dank der Gegenwart des Herrn zwei Substanzen vorhanden sind: die von Brot und Wein und das Wesen Christi.

Brot bleibt Brot, und Wein bleibt Wein – wo finden wir dann den Leib Christi, der doch *realiter* und *sacramentaliter* vorhanden ist? Wir dürfen nicht nach einer allzu präzisen Antwort suchen. Das Mysterium der Abendmahlsfeier ist für den Theologen ein Wunder, und Wyclif ist Theologe. Man muß sich auch über das mittelalterliche Verständnis von ›echt‹ und ›real‹ im klaren sein. Als echt galt auch das, was mit dem Original in Berührung gekommen war. (Nur so läßt es sich erklären, daß man aus dem heute erhaltenen Holz des Kreuzes Christi ohne weiteres ein Schiff zimmern könnte. Nur zum geringeren Teil müssen wir nach anderen Erklärungen suchen, nach Betrügern, die mit diesem »echten« Holz ihre krummen Geschäfte machten.)

Wyclif hat seine Abendmahlslehre später noch prägnanter formuliert; und seine Thesen fanden bald den wütenden Widerspruch der römischen Kirche. Daß er sich auf die Evangelien stützt, macht in Rom keinen Eindruck. Ausdrücklich leugnet Wyclif die körperliche Präsenz des Herrn in der Hostie. »Jener weiße und runde Gegenstand«, sagte er in einer Predigt, »ist nicht seiner Natur nach der Körper des Herrn; daraus folgt, daß ein Christ in diesem heiligen Sakrament den Leib Christi nicht körperlich, sondern auf geistige Weise empfängt.« Ähnlich in seiner Schrift »De Incarnatione« (Über die Fleischwerdung): »Jene Substanz wird nicht der Körper Christi, sondern ist ein Zeichen, welches anzeigt, daß der Leib Christi sacramentaliter da sei und zugleich seine Seele und alle anderen Akzidentien Christi.«

Bestürzung im englischen Episkopat, Frohlocken bei den Bettelmönchen, die seinen Schritt für einen gewaltigen Fehltritt halten. Selbst Menschen, die ihm nahestehen, äußern Befürchtungen, ja Unverständnis. John of Gaunt kommt persönlich angeritten, um ihn zur Mäßigung zu mahnen. Der Ruf der Universität gerät in Gefahr. Eine Kommission wird eingesetzt, um die Rechtgläubigkeit seiner Abendmahlslehre zu untersuchen. Als Wyclif während einer Predigt davon erfährt, wissend, was ihm droht, faßt er sich schnell und entgegnet: »Ihr setzt Gewalt an die Stelle der Gründe. Weist mir nach, daß ich unrecht habe, und ich will schweigen.« Das ist protestantische Art zu denken; so hat auch Luther gesprochen, als das Papsttum ihn zum Widerruf aufforderte. Bessere Gründe wollten sie hören, widerlegt wollten sie werden mit Gründen der Vernunft oder aus der Schrift, nicht mit dem Knüppel.

Wyclifs Verständnis vom Wesen des Abendmahls ist nicht ganz dasselbe wie das des Deutschen, aber die beiden hätten sich verständigen können. Luther hat spätestens seit 1520 die Transsubstantiationslehre der katholischen Kirche verworfen. Nach seiner Auffassung blieb die Substanz des Brotes erhalten, zugleich hat er aber auf der Gegenwart von Christi Leib und

Blut in den Abendmahlselementen bestanden. »Das ist kein Glaubensartikel«, schreibt er in seiner Reformschrift »An den christlichen Adel deutscher Nation«, »daß Brot und Wein ihrem Wesen und ihrer Natur nach im Sakrament nicht vorhanden sind, vielmehr nur ein Wahn St. Thomas' und des Papstes; sondern das ist ein Glaubensartikel, daß in dem natürlichen Brot und Wein wahrhaftig das natürliche Fleisch und Blut Christi sind. So sollte man beider Seiten Meinung dulden, bis daß sie einig werden, weil keine Gefahr liegt, ob du glaubst, daß Brot da sei oder nicht.« Luther hielt es für vertretbar, von einer »geistlichen« Präsenz Christi zu sprechen; hingegen hat er die Auffassung des Honius bekämpft, der das sprachliche Bindeglied *est* – dies *ist* mein Leib – deutete als ›bedeutet‹: Dies bedeutet meinen Leib, dies ist Symbol meines Leibes.

Wyclif stand mit seiner Abendmahlslehre näher bei Zwingli als bei Luther; sein tschechischer Schüler Jan Hus, auch er philosophischer Realist, folgt eher dem Engländer. Die sprachliche Auslegung eines Mysteriums endet fast immer unbefriedigend, denn inhaltlich stecken die Aussagen voll Unfaßbarem. Und Wyclif ist noch ganz der Scholastik verhaftet, anders als Luther, das merkt man seinen Schriften an mit ihren endlosen logischen Raisonnements, ihren Definitionen, Unterscheidungen und Folgerungen. Aber Wyclif war unbefangen genug zu erkennen, wieviel leeres Stroh da gedroschen wurde. Nicht selten äußert er sich abfällig über die gelehrten Spitzfindigkeiten – *argutiae et fictitiae* –, über die man sich damals den Kopf zerbrach.

Wyclifs Position ist platonisch und damit realistisch im Sinne der Scholastik. Sie ist, wie die Position Luthers, eine Konsubstantiationslehre: sowohl Christus als auch Brot und Wein sind in der Hostie, die ihre *panitas* und ihre *vinitas* nicht eingebüßt hat. Daß Brot und Wein nach der »Wandlung« das sind, was sie vorher waren: nämlich Brot und Wein, kann man heute mit naturwissenschaftlichen Methoden leicht beweisen, das ist nicht länger ein Problem der Philosophie. (Das andere läßt sich nicht beweisen; das ist nicht eine Frage des Wissens, sondern des Glaubens.) Wenn wir die Hostie verspeisen, so Wyclif, dann nehmen wir Christus auf; er sei in jedem Teil der Hostie, wie man sein Gesicht auch in jeder Scherbe eines zerbrochenen Spiegels sehen könne und wie die Flamme einer Kerze nicht weniger wird, nachdem sie viele andere Kerzen angezündet hat. Brot und Wein seien – wie Papier und Tinte – die Träger einer Botschaft. »Die geweihte Hostie ist weder Christus selbst noch ein Teil von Ihm, sondern sie ist ein Zeichen.« Dieses Zeichen nehmen wir auf.

Nach Veröffentlichung dieser Abendmahlslehre wurde Oxford zum Schlachtfeld der Theologen. Der neue Universitätskanzler, seit Herbst 1379 war es William de Berton, ein Fellow von Merton College, im gleichen Jahr zum Magister Artium promoviert wie Wyclif, stand im Gegensatz zu Wyclifs Auffassung. Im Frühjahr 1380, ein halbes Jahr nach Erscheinen von »De Eucharistia«, berief Berton, inzwischen selbst *theologiae doctor,* ein Gremium von zwölf Gelehrten ein, um über Wyclifs Thesen zu beraten. Die weltliche Regierung hatte sicherlich nichts dagegen: Das oberste Regierungamt lag wieder in den Händen des Primas der englischen Kirche.

LUTTERWORTH

Lutterworth liegt in Englands Mitte, von der Nordsee so weit entfernt wie von der Irischen See. Weite, flache Ebene mit fruchtbaren Feldern. Dort verbringt Wyclif die letzten zehn Jahre seines Lebens. Das ist der eine Umstand, der den Ort berühmt gemacht hat. Der andere ist Frank Whittle, der als Dreiundzwanzigjähriger ein Patent für ein Stahltriebwerk anmeldete: Er lebte zu Beginn der vierziger Jahre dieses Jahrhunderts, während über seiner Heimat die Schlacht um England tobte, in Lutterworth und entwickelte dort das Triebwerk der Düsenmaschine. Heute ist Lutterworth eine Stadt mit etwa siebentausend Einwohnern; und voller Stolz blickt sie immer noch auf ihren alten Dorfpfarrer John Wyclif.

Lutterworth lag zwei Tagesreisen von Oxford entfernt. Vor dem Bauernaufstand von 1381 verbrachte Wyclif wohl noch immer die meiste Zeit in Oxford; nur die letzten drei Jahre hielt er sich beinahe ausschließlich in Lutterworth auf. Seinen Verpflichtungen als Pfarrherr scheint er von Anfang an nachgekommen zu sein, zumindest erfahren wir von seinen Gegnern nichts, was dagegen spricht. Aber wir wissen ja auch, was unter diesen Verpflichtungen zu verstehen ist: Anwesenheit an den höchsten Feiertagen, gelegentlich einmal eine Messe, die der Herr Pfarrer selbst zelebriert; ansonsten beschäftigt er einen Vikar. Oxford hat John Wyclif zum Gelehrten gemacht, und das blieb er auch in Lutterworth. Er war zu alt, zu sehr den akademischen Denkschablonen verhaftet, als daß aus ihm noch ein Seelsorger geworden wäre, wiewohl er in den letzten Jahren seines Lebens zunehmend mit einfachen Landleuten zusammenkam.

In altsächsischer Zeit, vor der normannischen Eroberung,

lag Lutterworth im Herzen des Königreichs Mercia. Nach 1066 fiel der Ort an die Grafen von Norfolk. Im Domesday Book finden wir Lutterworth in den Händen eines Bretonen namens Mainom; über die Bevölkerung sind wir ganz gut informiert: etwa hundertdreißig Einwohner, davon ein Dutzend Lehnsmänner, sieben Häusler, sechs Pächter, zwei Leibeigene und eine leibeigene Frau; die anderen kennen wir nicht. Das Gut Lutterworth umfaßt 13 *carucates,* also etwa dreihundert Hektar Land. Mainoms Sohn Hano verkauft es an Bertram de Verdun und erhält dafür 13 Silbermark und drei Pferde. Bertram stirbt 1195. Seine Witwe läßt 1218 ein Spital errichten, das sie Johannes dem Täufer weiht. Sie setzt einen Priester und sechs Laienhelfer ein, welche die vorbeiziehenden Pilger verköstigen sollen. 1279 sitzt ein Theobald de Verdun auf dem Gut. Im 14. Jahrhundert erhält Lutterworth das Marktrecht und das Recht auf eine Messe im Jahr, der Ort wird zum *borough.* Der Marktflecken zählt damals dreihundert bis vierhundert Einwohner. 1316, beim Tod Theobalds, geht das Gut an die Ferrers of Groby, und in ihren Händen ruht das Patronatsrecht über Kirche und Spital, als John Wyclif im April 1374 vom englischen König zum Pfarrherrn von Lutterworth ernannt wird.

Die alte Pfarrkiche ist ein behäbiger dreischiffiger Bau, gehalten im Stil der Gotik oder, wie man im Englischen sagt, des Decorated Style, mit einem gedrungenen, fialenbekrönten Turm. Die Kirche ist der hl. Maria der Jungfrau geweiht. Welche Heilige wird im ausgehenden Mittelalter mehr verehrt als die Mutter Christi? John Wyclif, der den Heiligenkult verwirft – »weil es heute Heilige gibt, die Gott zurückweisen würde«, hat stets der Gottesmutter gehuldigt. Zeitlebens hatte er es mit Marienkirchen zu tun: zu Hause auf dem Gut von Wycliffe, in Oxford, wo er unzählige Male in der Universitätskirche St. Mary predigte, in Ludgershall, schließlich hier in Lutterworth. Seine Pfarrkirche wurde im Lauf des 15. Jahrhunderts weitgehend erneuert, sie enthält aber heute noch einige architektonische Elemente des 14. Jahrhunderts. Ihr Turm wuchs im 13. Jahrhundert. Das Guckloch im Nordosten des Chores, das es dem Priester am Seitenaltar erlaubt, den Fortgang der Messe am Hochaltar zu verfolgen, bestand bereits zur Zeit Wyclifs. Zahlreiche Fresken schmückten seinerzeit die Innenwände der Kirche; sie dienten den Gläubigen während der Messe als Unterhaltung: Da sie von der lateinischen Liturgie ohnehin kein Wort verstanden, konnten sie umherblicken und die frommen Bilder betrachten. Eine Restaurierung von 1869 legte zwei alte Fresken frei: Die eine zeigte das Jüngste Gericht, oberhalb des Zugangs zum Chor, die andere, auf der Nordseite des Kirchenschiffes, eine männliche Gestalt.

John Wyclif ist inzwischen ein Mensch Anfang Fünfzig. Wie müssen wir uns den Mann vorstellen? Es gibt Bildnisse von ihm, aber sie sind nicht zeitgenössisch, daher ist es fraglich, ob sie sein Aussehen treffend wiedergeben. Chaucer hat im Prolog seiner »Canterbury Tales« einen Geistlichen gezeichnet, in dem man immer wieder den Pfarrer von Lutterworth sah:

> Es kam ein Pfarrer aus der Stadt sodann,
> Ein gottesfürchtger und gelehrter Mann,
> Zwar arm, doch an heiligen Gedanken
> Und guten Werken reich; und ohne Wanken
> Hielt er an Christi Wort und bracht's zu Ehren
> In der Gemeinde durch sein treues Lehren.
> . . .
> Der beste Priester war er, den es gab,
> Der nicht nach Pomp und äußern Ehren geizte,
> Sich nie in süßem Selbstbewußtsein spreizte,
> Doch Christi und der Jünger Wort so ehrte,
> Daß er es erst befolgte und dann lehrte.

Ein Holzschnitt, angefertigt Mitte des 16. Jahrhunderts, zeigt einen Geistlichen mittleren Alters, der auf einer Kanzel predigt. Die Rechte hat er lehrhaft erhoben, während seine Linke auf einem geschlossenen Buch ruht. Nach diesem Bildnis entstanden im 17. und 18. Jahrhundert weitere Darstellungen. Auch sie zeigen einen Mann, von fünfzig oder mehr Jahren, mit spitzer Nase und stechend scharfen, tiefliegenden Augen. Das Gesicht deutet auf einen hageren, abgezehrten, aber lebhaften Menschen hin. Im 19. Jahrhundert hat Roberton Houston ein Mezzotinto geschaffen, dem ältere Bildnisse Wyclifs als Vorlagen dienten. Aus klugen, leuchtenden Augen blickt uns ein Gesicht voller Stärke, Ernst und Würde an: das Gesicht eines Gelehrten. Eines zeigen die Bildnisse Wyclifs alle: den langen Bart und einen starken Haarwuchs auf der Oberlippe. Aber das sind vermutlich Hinzufügungen einer späteren Zeit, dem Zeitgeschmack des barocken Zeitalters entsprechend. Die Priester des 14. Jahrhunderts trugen selten Schnurrbärte, denn sie wollten vermeiden, daß sich das Barthaar beim Trinken des Meßweins mit dem Blut Christi benetzte. Wyclif war gewissenhaft in derlei Dingen; wäre er es nicht gewesen, dann hätten es seine Widersacher gewiß berichtet.

Die Bildnisse dieses bedeutenden Mannes sind von fragwürdiger Authentizität. Aber wir besitzen Beschreibungen von Personen, die ihn gut gekannt haben; sie sollten zuverlässiger sein. Ein Lollarde – so nannte man später Wyclifs Anhänger – mit Namen Thorpe erzählte bei seinem Verhör vor Bischof Arundel mit viel Wärme von seinem Meister: Er sei von »hagerer, zerbrechlicher Gestalt, ja ausgemergelt, und im Gespräch demütig«. Er schreibt Wyclifs Einfluß weniger seiner Gelehrsamkeit zu als seinem herzlichen Umgang mit Menschen, seiner beispielhaften Lebensführung, seiner Askese und Bescheidenheit. Für Wyclifs Bescheidenheit spricht, daß er sich selber eher als ungeduldig, aufbrausend und anmaßend einschätzte.

Ehelosigkeit von Männern und Frauen ist im England des 14. Jahrhunderts weit verbreitet. Auf hundert Frauen im gebärfähigen Alter kamen hundertzwanzig bis hundertdreißig Männer; es gab also weitaus mehr ledige Männer als Frauen. Das Zölibat der Geistlichen mochte als nichts weiter erscheinen als eine Rationalisierung einer biologischen Notwendigkeit. In altsächsischer Zeit waren die katholischen Priester Englands verheiratet gewesen. Die Einführung des Zölibats hatte sich unterdessen durchgesetzt, obschon ziemlich langsam, und inzwischen sah es so aus, als ob Geistliche es vorzögen, sich statt der einzigen Ehefrau lieber einige Beischläferinnen zu halten. Wyclif, der sein Leben lang unverheiratet blieb, hat sich zur Ehelosigkeit der Priester mehrfach und verschiedentlich geäußert. Er geißelt die erzwungene Ehelosigkeit seines Standes mit scharfen Worten, nennt sie unbiblisch, heuchlerisch und verderbt, weder Christus noch seine Apostel hätten die Priesterehe verboten. Er verweist dabei nicht nur auf die Sitte der alten Kirche, verehelichte Männer zu Bischöfen zu weihen, sondern auch auf diesen Brauch in der orthodoxen Kirche des Ostens. Zwar hielt er Keuschheit und Jungfräulichkeit für eine höhere sittliche Lebensform; aber verboten sollte die Priesterehe deshalb nicht werden. Auch in der Ehe könne es Keuschheit geben; und die Ehe würde den geistlichen Verrichtungen eines Priesters nicht schaden. Er selbst bleibt sein Leben lang dem Zölibat treu, aber seine Beschreibung eines Pfarrhauses zeigt vielleicht, wie er sich sein eigenes Leben in Lutterworth lieber vorgestellt hätte; sie zeigt auch, was er am englischen Dorfleben auszusetzen hatte:

»Ach, wie glücklich und fruchtbar wäre England, wenn jede Pfarrkirche, wie einstmals, einen Pfarrer hätte, der mit seiner Familie im Pfarrhaus wohnt; wenn jedes Gut einen gerechten Herrn hätte, der dort mit seinem Weib und seinen Kindern lebte. Dann läge nicht so viel Land brach darnieder, und es gäbe keinen solchen Bedarf an Vieh. Alles hätte dieses Königreich im Überfluß, auch Leibeigene und Handwerker. Aber heute gibt es nur Dienstboten, die unter der weltlichen Gewalt des Klerus leiden und ihn natürlich verabscheuen; daher sind sie faul, gleichgültig gegenüber der Feldarbeit, denn der Boden ist nicht ihr eigener. Sie stehlen, weil sich niemand um sie kümmert; sie sind zügellos, und sie verschleudern die Güter dieses Reiches. Der Klerus andererseits versucht, die weltlichen Herren an verschwenderischem Lebensstil noch zu übertreffen, wie die weltlichen Herrn den Klerus an Verschwendung und teurer Kleidung zu übertreffen suchen. Daher erleidet das Land vielerlei Nöte, und die Hauptschuld daran trägt, wenn ich mich nicht irre, der Klerus. Denn wenn dieser, wie in allen Zeiten, in Worten und Taten das Wort Christi wirkungsvoll verheißen würde, dann hörten diese Mißstände auf. Und wenn auch noch die Pächter die zeitlichen Güter besäßen, dann gäbe es mehr Eheschließungen und mehr Kinder, die – wie Aristoteles sagt – die Wachstumselemente eines Gemeinwesens darstellen, und des Reiches Wohlstand würde weiter wachsen.«

Die christliche Lehre war im 14. Jahrhundert eine mündlich vermittelte Religion, daher hing ihre Verbreitung in hohem Maße von der rhetorischen Qualität ihrer Priester ab. Die meisten Gläubigen erfuhren das Wenige, was sie über ihren Glauben wußten, aus dem Mund eines Priesters. Viele Reiche hielten sich einen eigenen Kaplan, den sie aus ihrer Tasche bezahlten. Die Armen hielten sich an den Dorfpfarrer und an die Predigten der Bettelmönche. Ihnen zu lauschen war oftmals ein Vergnügen, denn sie vermochten anschaulich zu erzählen.

Der Pfarrer, der vorn am Altar die Messe las, wußte nicht viel mehr, Bildung war teuer; und es gab kaum einen Anreiz, seine Ausbildung zu vertiefen. Seine Kenntnisse der Heiligen Schrift waren dürftig. Grosseteste hatte zu seiner Zeit lediglich darauf bestanden, daß der junge Priester die Zehn Gebote hersagen und sie erläutern konnte, dann noch die Sieben Sakramente verstehen und das Glaubensbekenntnis. Der Dichter Langland tut dem Klerus gewiß nicht Unrecht, wenn er einem von ihnen, einem Dorfpfarrer, das Bekenntnis in den Mund legt: »Seit mehr als dreißig Jahren bin ich nun Pfarrherr, aber ich kann weder richtig nach Noten singen noch eine Lektion vorlesen. Es fällt mir leichter, einen Hasen in einem Feld aufzustöbern, als einen einzigen Psalm richtig zu zitieren, geschweige denn ihn meiner Gemeinde erläutern.«

Der Dorfpfarrer las einmal täglich die Messe, soweit ihm diese Pflicht nicht ein Stellvertreter abnahm, ein Meßpriester. Wer Zeit hatte, wie die vornehmen Stände, ging jeden Tag zur Messe. Die große Mehrzahl der Bauern mußte werktäglich ihrer Feldarbeit nachgehen, und das Glockenläuten zeigte ihnen nur die Tageszeit an. Das »Lay Mass Book«, ein Meßbuch für Laien, war im 14. Jahrhundert innerhalb einer gewissen Schicht verbreitet. Dieses Buch empfahl den Gläubigen, während der Messe mehrere Vaterunser und mehrere Ave Maria für ihre Pächter und die Dienstboten zu sprechen. Es war nicht davon die Rede, für die Herrschaften ein Gebet zu sagen. Schon deshalb müssen wir annehmen, daß sich dieses Büchlein in ihrer Hand befand.

Am Ablauf der Messe konnte der Priester nicht viel ändern, sie war ihm vorgeschrieben. Seine Gläubigen persönlich ansprechen, sie unterhalten und ins Gebet nehmen konnte er in der Predigt. Die Bereitschaft der Gläubigen, einer guten Predigt zu lauschen, war stets größer als die Fähigkeit der Priester, eine gute Predigt auszuarbeiten und vorzutragen. Die Bettelorden waren, wenn überhaupt, ihrer mitreißenden Predigten wegen beliebt; ihre Kirchenhallen waren zum Bersten gefüllt, wenn ihre Starprediger vortrugen.

Zwei Predigten, sagt Wyclif, gab es in seiner Zeit: Da war die Predigt, die gewürzt war mit Anekdötchen, meist Geschichten von den wunderbaren Kräften der Heiligen oder auch mit Possen angereichert, gleichgültig woher sie stammten. Die angesehenen Prediger der Dominikaner und der Franziskaner, die ja möglichst viele Menschen ansprechen wollten, huldigten diesem Zeitgeschmack und mischten ihren Predigten allerlei Anekdoten bei, die manchmal sogar aus der heidnischen Antike stammten. Ihr Lieblingsdichter war Ovid. Ihre Prädikanten wollten vor allem unterhalten. Die zweite Form der Predigt war die scholastische Disputation, häufig in Form eines erfundenen Zwiegesprächs, in dem das Für und Wider einer Sache gegeneinander abgewogen wurde. Solche Reden wurden nicht selten von den Kanzeln von Universitätskirchen herab gehalten, oder auch von Pfarrern, die allzu lange an einer Hohen Schule studiert hatten.

Wyclifs Wunschvorstellung von einer guten Predigt wich von der damaligen Gewohnheit völlig ab; sie war so neu und so umstürzlerisch wie seine Theologie. Was die berühmten Predigtenbücher seiner Zeit zu sagen hatten, kümmerte ihn nicht; er war nicht bereit, sie als seine Vorbilder anzunehmen.

Das beliebteste damalige Predigtbuch war das »Bonum Universum de Apibus« des Dominikanerpaters Thomas de Cambray. Entstanden um 1250, widmete sich dieses Werk vor allem der Naturgeschichte der Biene und wandte sodann die Einsichten, die es aus dem Verhalten des sozialen Insekts gewonnen hatte, auf Klerus und Laien an. In einem späteren Werk des Schwaben Johann Nyder, betitelt »Formicarius«, spielt die Ameise diese Rolle. Dann gab es noch ein Predigtenbuch aus der Feder eines englischen Zisterziensermönches, Odo of Cheriton, und eins von einem Franziskaner namens Nicholas Bozon, »Contes moralisées«, bestehend aus Anekdoten und Fabeln; ein alphabetisches Register ermöglichte es, schnell eine geeignete Predigt für jeden Zweck zu finden. Mitte des 14. Jahrhunderts schrieb der Bettelbruder Jean Gobii de Alais, ein Franzose, seine »Ladder of Heaven«. So beliebt diese Werke in ihrer Zeit auch waren, gerieten sie nach der Erfindung des Buchdrucks rasch in Vergessenheit.

Wyclif sagt beides: was ihm an den Predigten seiner Zeitgenossen mißfällt und wie er sich eine gute Predigt vorstellt. Die scholastische Predigt mit ihren Syllogismen und ihren dialektischen Sprachspielen lehnt er ab. »Wie hätten die Apostel solche Haarspaltereien verachtet, wenn sie sie gehört hätten.« Den Einsatz rhetorischer Stilmittel, hochtönender Worte und heroischer Deklamationen fand er unpassend. Die Worte des Priesters sollten in ihrer Einfachheit den Worten Jesu folgen. »Der Same ist das Wort Gottes«, dieser Satz aus dem Lukas-Evangelium (8,11) steht Wyclif vor Augen. Weil er das Predigen ernst nahm, verwarf er es, den Gläubigen heidnische Geschichten und Anekdoten zu erzählen oder scholastische Weisheiten vor ihnen auszubreiten, die sie ohnehin nicht verstanden.

Die christlichen Lehren sind nicht immer leicht zu begreifen. Wyclif wußte dies, und desto nötiger erschien es ihm, sie angemessen zu erklären. Wyclif hat deswegen viele modellhafte Predigten verfaßt. In späteren Jahren, als er in Oxford nicht mehr geduldet wurde, sandte er seine Anhänger aus, damit sie Gottes frohe Botschaft verkündeten, und für sie schrieb er Sermone, in denen er einfach Ort und Stunde offenließ, so daß der Prediger sie nach Belieben einsetzen und damit einen unmittelbaren Bezug zu seinen Zuhörern herstellen konnte.

Obwohl Wyclif also die Predigten verwarf, die er von seinen Amtskollegen hörte, und obwohl er eine klare Vorstellung davon hatte, wie eine gute, gottgefällige Predigt beschaffen sein sollte, ähneln seine eigenen Sermone doch dem Muster der lehrhaften scholastischen Universitätsrede. Allzulang hat der Meister an der Marienkirche zu Oxford vor einem gelehrten Publikum gesprochen. Es gibt ganze Bände mit Predigten aus Wyclifs Feder, die Mehrzahl davon in lateinischer Sprache, die für ein akademisches Publikum geeignet sind. Seine Reden geben zwar Texte aus den Evangelien wieder, denen sodann eine mystische oder eine allegorische Auslegung folgt; aber sie bleiben doch allzu unpersönlich, um die Aufmerksamkeit einer ländlichen Zuhörerschaft zu fesseln. Das Eingehen auf gesellschaftliche Zusammenhänge, das die zeitgenössischen Predigten oft so anschaulich macht, fehlt Wyclifs Sermonen völlig. Es sind Reden eines Theologen für Theologen. Andere Prediger flochten, wenn sie zur Landbevölkerung sprachen, Wissenswertes über Ackerbau und Viehzucht ein, bei Wyclif findet sich kein Wort davon. Was er sagt, gewährt keinen Einblick in seine soziale Umwelt, nur in sein eigenes Theologenhirn. Der Prediger bleibt ganz auf seinen akademischen Hintergrund bezogen; bloß kein persönliches Wort, nur das eigene Menschsein nicht preisgeben! Seine Beispiele nimmt er aus wissenschaftlichen Disziplinen, aus der Optik etwa, wie er sie in Oxford gelernt hat. Er ist kein Augenmensch, der Pfarrer von Lutterworth, sondern ein Intellektueller. In einem Zeitalter, das weniger Reize anzubieten vermochte als das unsrige, konnte man sich nur mit Anschaulichkeit durchsetzen. Um so erstaunlicher ist es, daß er mit seiner distanzierten Sprache ein so großes Feuer entfachen konnte.

Wer waren die Menschen, die sonntags in seiner Kirche in Lutterworth saßen und dem Prediger zuhörten? Sieht man von den paar Einwohnern ab, die sich ausschließlich oder vorwiegend irgendeinem Gewerbe hingaben oder mit Handelsgeschäften ihr Brot verdienten, so waren es Landleute, Bauern: Leibeigene, kleine und große Pächter, freie Bauern, Grundbesitzer. Die Böden in den Midlands um Lutterworth sind fruchtbares Bauernland. Und wo die Böden ertragreich sind, neigen die Besitzer von Grund und Boden eher dazu, sie gegen Fronarbeit zu verpachten als gegen Geldzahlungen. Die Leibeigenschaft war im England des späten Mittelalters nicht mehr sehr verbreitet, aber in den fruchtbaren Midlands gab es mehr Leibeigene als anderswo.

Unter Wyclifs Schäfchen gab es auch zwei Fieldings, oder besser: Feilding, wie sich diese Familie seinerzeit schrieb, soweit sie des Schreibens kundig war. Es waren zwei Brüder, Thomas und John, sie stammten von einem Geoffrey de Felden ab. John war Kaufmann, er handelte mit Wolle und hatte später einmal mit dem Gericht zu tun: Er soll mit seiner Wolle dunkle Geschäfte gemacht haben. Zu seinen Nachkommen zählt der berühmte englische Schriftsteller des 18. Jahrhunderts Henry Fielding, der Vater des Romans »Tom Jones«.

Wie sah das Landleben damals aus? Den größten Teil des Tages verbrachte man auf dem Feld, zumindest im Sommer, gleichgültig ob man erbuntertäniger Pächter war oder freier Kleinbauer. In den Midlands legte man lange, offene Felder an, jedes etwa so groß, daß man es an einem Tag mit dem Pflug bestellen konnte: ein Tagwerk. Man arbeitete im allgemeinen nach den Regeln der Dreifelderwirtschaft. Unterschiede in der Bewirtschaftung gab es allerdings von Region zu Region, ja von Dorf zu Dorf.

Investitionen flossen zum größeren Teil in die Erschließung neuer Böden, in die Extensivierung also, weniger in die intensivere Bebauung. Gewiß, es gab Neuerungen: Hätte man in Wyclifs Tagen einen römischen Landmann in England aufs Feld geschickt, er hätte seine liebe Not gehabt, sich mit der modernen Technik zurechtzufinden. Die Römer haben zu ihrer Zeit in Britannien, wo sie immerhin vierhundert Jahre lang geherrscht haben, nur die leichten Böden bearbeitet, daher genügte ihnen der leichte Pflug, die *aratra*. Inzwischen mußte in England der Pflug auch schwere Böden wenden, daher gab es jetzt auch schwere Pflüge, wie die *carruca*, die von einem Team Ochsen gezogen wurde. Wenn der englische Bauer von einem ›Team‹ sprach, meinte er immer ein Ochsengespann. Die Römer kannten weder diesen schweren Pflug noch konnten sie den starken Ochsen richtig anspannen. Erst im 11. Jahrhundert wurden die Geschirre erfunden, Ochsenjoch und Kummet, mit denen man Rinder und Pferde wirksam anschirren konnte; frühere Versuche endeten mit kläglicher Strangulation der Zugtiere. Dies waren wichtige Erfindungen des hohen Mittelalters; sie erlaubten eine bessere Ausnützung des Bodens und sicherten höhere landwirtschaftliche Erträge.

Die Tierzucht war allerdings erheblich weniger ertragreich als heute, z. B. war das unveredelte Hausschwein des 14. Jahrhunderts in seinem Aussehen und in seinem Verhalten einem Wildschwein ähnlicher als einem heutigen Hausschwein, und beim Schlachten erbrachte es bedeutend weniger Fleisch. Die Schafe, Schweine und Kühe waren oft unfruchtbar; eine Kuh gab kaum ein Sechstel der Milch, die sie heute gibt; die Schur betrug die Hälfte dessen, was ein Schaf heute liefert. Kühe, Ochsen, Schafe, Ziegen, sie alle waren kleiner als heute. Die Ernteerträge, nicht durch künstliche Düngung hoch gehalten, schwankten stark von Jahr zu Jahr und von Gegend zu Gegend. Wie oft kam es vor, daß man sich in Lincolnshire sattessen konnte, während man im gleichen Jahr in Leicestershire hungrig ging, oder umgekehrt? Schlechtes Saatgut, oberflächliches Pflügen, Mangel an Düngung waren die Ursachen für die schnelle Erschöpfung der Böden. Und wie oft kam es in diesen Zeiten vor, daß die Ernte so schlecht ausfiel, daß man kaum das Saatgut für das nächste Jahr beiseite legen konnte.

In der Gegend von Lutterworth war Getreide die wichtigste Feldfrucht, aber natürlich hielten sich die Dorfbewohner auch eine Anzahl von Tieren. Ob es ein Schwein war, das hing von der freien Fläche ab, der *waste,* wo das Tier herumstreifen und fressen konnte, bis es selbst eines Tages gegessen wurde. Fast überall gab es genügend große Almende, wo ein Schwein sein Auskommen fand. In den landwirtschaftlich weniger intensiv bebauten Randregionen des Nordens und des Westens gab es davon freilich mehr als in den Midlands.

In der Mitte Englands wohnten die Großgrundbesitzer und ihre Abhängigen selten unter einem Dach. Die Wohnhäuser der Bauern waren aus Baumstämmen oder aus bearbeiteten Brettern erbaut. Backsteine, wie sie die Römer in ihrer Zeit gebrannt hatten, gab es seit neuem wieder in England; aber im 14. Jahrhundert fanden sie vornehmlich in den Städten Verwendung, bei den Häusern der Reichen. Die Hauswände spannten sich zwischen Pfähle, die in die Erde gerammt waren; dazwischen wurden waagrechte Balken verankert, die Hohlräume mit unbearbeiteten Feldsteinen und Lehm angefüllt. Die Pächter und die Knechte der Grundbesitzer lebten, wenn sie sehr arm waren, in runden, zeltförmigen Katen: ein paar Holzpfähle in die Erde getrieben, die Zwischenräume mit Lehm oder Torf vollgestopft, vielleicht ein bißchen Flechtwerk dazwischen, das war alles. Gedeckt waren diese Hütten mit Stroh, seltener mit Schindeln, in den Moorgegenden mit Schilfgras. Kamine oder gar Fenster mit Glas besaßen nur die Wohlhabenden. In den Katen der allermeisten brannte in der Mitte des Raumes ein Holz- oder Torffeuer, der Rauch zog, wenn es ging, durch die Fensteröffnung ab. Zwei Räume im Haus waren die Regel; gab es einen dritten, so hausten dort die Tiere: Schweine, Schafe, Hühner.

In den Midlands herrschte, ebenso wie im Süden Englands, die Anerbenteilung vor, das heißt, der Besitz eines Hofes blieb beim Tod des Bauern in einer Hand, meist war es der älteste Sohn, der das Alleinerbe antrat. Das Austraghäusl der Alten bestand aus einer Kammer im Haus des Erben; manchmal besaßen sie sogar den Luxus eines eigenen Zuganges. Unverheiratete Brüder und Schwestern waren weniger zahlreich als man gemeinhin denkt, vielleicht drei oder vier – der Tod sorgte dafür, daß die Familien klein blieben. Hatte ein junger Erbe Geschwister, so lebten sie in Katen auf seinem Besitz. Sie mußten diese Unterkünfte verlassen, wenn sie ihren eigenen Hausstand gründen wollten.

Die Einrichtung war spärlich, selbst bei einem mittleren Bauern: eine Truhe, ein einfach gezimmerter Tisch, ein paar Schemel, ein Wasserkessel, ein Besen, einige wenige hölzerne Teller, dazu Messer und Löffel, eine Schachtel mit Salz, ein paar Kerzenständer, im Schlafraum einige Schlafsäcke mit Stroh. Nicht jeder bäuerliche Haushalt besaß Gabeln zum Essen; sie waren zwar schon in den Tagen König Heinrichs II. ins Land gekommen, von den vornehmen Franzosen, aber sie zählten noch lange nicht zum Gemeingut. Und nicht jeder Bauer nannte ein hölzernes Bettgestell sein eigen, in das er seine Strohsäcke hineinlegte.

Auch das Leben der Landsleute unterschied sich – bei aller Einförmigkeit – von Gegend zu Gegend, von Dorf zu Dorf. Es hing weitgehend ab von der sozialen Stellung und dem Besitz des einzelnen.

Neben dem Bauernhaus lag ein Garten. Dort wuchsen verschiedene Arten von Gemüse; Hühner wurden auch dort gehalten. In einem Teil des Gartens standen ein paar Obstbäume, dazwischen vielleicht ein Bienenkorb, denn Zucker war beinahe unerschwinglich, und für verschiedene Speisen – Ale, Most, süße Weine – brauchte man einen Süßstoff. In einem anderen Teil des Gartens grünten ein paar medizinische Pflanzen für Heilzwecke.

Der Wald bot Früchte und Wild, doch dieser Genuß war den Bauern versagt. Dennoch gehörte das Wildern zu den Lieblingsbeschäftigungen der Landbewohner; obschon verboten, war es eine Art Volkssport. Chaucer erwähnt es im Doctor's Tale seiner »Canterbury Tales«. Im Parlament, bei den Commons, wurde in den achtziger Jahren lebhaft Klage darüber geführt, daß »Handwerker und Tagelöhner, Diener und Knechte sich Jagdhunde und andere Hunde halten und an den heiligsten Feiertagen, während gute Christen in der Kirche sind und dem Gottesdienst beiwohnen, im Park und in den Wäldern ihrer Herrschaft jagen und dortselbst große Schäden anrichten«.

Natürlich unterschieden sich auch die Speisen des Bauernvolkes von Stand zu Stand beträchtlich. An der Küste gab es Fische in Fülle, aber Lutterworth lag weitab vom Wasser, die Transportwege waren schlecht, die Frachtsätze hoch. Man aß viel Roggenbrot damals, bestenfalls eine Mischung aus Roggen und Weizen, manchmal auch mit ein paar anderen Getreidesorten vermengt. Die arme Witwe in Chaucers Erzählungen lebte von Milch, dunklem Brot und gebratenem Speck, gelegentlich einmal verwöhnte sie sich mit einem Ei. Langland erwähnt, daß sich arme Leute vorzugsweise von Käse, gestockter Milch, einem Kuchen aus Hafermehl, Brot aus Bohnen und Kleie, Gemüse und von Früchten des Waldes ernährten.

Gemessen an der Zahl der menschlichen Köpfe war der Tierbestand hoch. Geschlachtet wurde zu Martini, Mitte November also, und der Spätwinter war eine magere Zeit, für Mensch und Vieh gleichermaßen. Das von der Kirche auferlegte Fastengebot klang beinahe wie eine Entschuldigung dafür, daß es ohnehin nichts zu essen gab. Wenn der Winter mit seinen dunklen Tagen in den schmutzigen, verräucherten, übelriechenden Hütten vorüber war, wenn das gesalzene Rindfleisch, der geräucherte Schinken, die getrockneten Erbsen und Bohnen und das bißchen Getreide vom Vorjahr aufgezehrt waren, traten nicht selten um diese Zeit Vitaminmangelerkrankungen auf: Die Widerstandskräfte des Körpers gegen Krankheit waren erschöpft.

Den größten Anteil an der englischen Tierproduktion hatten Schafe, die nicht zur Schlachtung, sondern für die Wollerzeugung gehalten wurden. Gegen Ende des 14. Jahrhunderts hat England etwa vier Millionen Schafe. Die Wollproduktion ist enorm: 1297 schätzt das Parlament, daß die Hälfte des landwirtschaftlichen Einkommens aus dem Erlös von Wolle stammt. England ist der größte Anbieter auf dem Markt; seine Stellung ist so stark, daß es zeitweise den Preis bestimmen kann. Nicht nur die Nation verdient am Export von Wolle, auch der König verlangt seinen Teil: er erhebt eine Ausfuhrsteuer von einer halben Mark je Sack, die *antiqua custcoma*. In der ersten Hälfte des 14. Jahrhunderts führt England jährlich 35 000 bis 40 000 Säcke Wolle aus; das füllt auch die Kassen des Königs. Eduard III. gewährt einer kleinen Gruppe von Geldleuten ein Monopol auf die Wollausfuhr, dafür müssen sie ihm zusätzlichen Kredit geben. Viele Jahre hindurch ist Brügge der einzige Stapelplatz englischer Wolle auf dem Kontinent: Die englischen Exporteure müssen sich verpflichten, ihre Ware nur dorthin zu schaffen.

Am Handel mit Wolle profitiert somit nicht nur der Erzeuger England, sondern auch der Verarbeiter dieses Rohstoffes auf dem Festland. Zunehmend werden also die flandrischen Weber, nachdem Flandern nicht zu erobern gewesen war, zur Einwanderung nach England ermuntert. So entwickelt sich England im 14. Jahrhundert allmählich vom Rohstoffexporteur zum Hersteller von Tuch.

Wolle und ihre Verarbeitung spielten im Alltagsleben des 14. Jahrhunderts eine prägende Rolle: Der englische Kanzler sitzt im Parlament auf einem Sack Wolle, dem Symbol des Reichtums der Nation (ein Ebenbild davon ist noch heute im Oberhaus zu sehen), später war es gesetzlich verboten, Tote zu bestatten, die nicht in ein Wolltuch eingeschlagen waren.

Die Sprache des Webens und Spinnens zeigt sich noch heute in der Umgangssprache des englischen Volkes. Bis zur Industriellen Revolution des 18. Jahrhunderts, als Kohle, Eisen und die Dampfkraft ihre große Bedeutung gewannen, war Wolle die »Lokomotive«, wichtigster Leitsektor der englischen Industrie. Heute noch wird ein Geheimnis im Englischen nicht gelüftet, es wird *unravelled*, aufgedröselt, wie man ein verknotetes Stück Garn aufzupft; und von Dingen, die wir als ›hausbakken‹ bezeichnen, sagt der Engländer, sie seien *homespun*, im eigenen Haushalt gesponnen, daher grob und farblos. Beim Kämmen *(tease)* der Wolle, einer eintönigen Beschäftigung, neckten *(tease)* sich die Geschlechter, und bei keiner dieser Beschäftigungen riß je der Faden *(yarn)* der Unterhaltung ab, auch zwischen den *spinstern* nicht, den alten Jungfern, die heute noch so bezeichnet werden, auch wenn sie nicht mehr ihre Abende am Spinnrad verbringen.

DER GROSSE BAUERNAUFSTAND

Es ist eine schwere Zeit für England. Der Krieg mit Frankreich will kein Ende nehmen – doch jetzt sind es die Spanier und die Franzosen, die, je länger, desto mehr, England zusetzen. Zeitweise befindet sich die Isle of Wight an der Südküste Englands in französischem Besitz; die Überfälle auf englische Schiffe mehren sich. Und von Norden her fallen wieder die Schotten ein. Anno 1380, anläßlich seiner Antrittsrede, sagt der neue Staatskanzler, Erzbischof Sudbury, das Königreich sei niemals in größerer Bedrängnis gewesen.

Nicht nur von außen droht Gefahr: Im Innern wüten erneut die Pest und andere Seuchen. Das Massensterben und die Kosten des langen Krieges rufen neue soziale Spannungen hervor und vertiefen die bestehenden. Soziale Spannungen gibt es in diesen Jahrzehnten nicht nur in England, sondern auch auf dem Kontinent, überall dort, wo die Pest im großen gewütet hat.

»In den Augen des Historikers«, schreibt der große französische Agrarhistoriker Marc Bloch, »gehört der Bauernaufstand mit der gleichen Zwangsläufigkeit zum grundherrschaftlichen System wie der Streik zum kapitalistischen.« In Frankreich kommt es schon wenige Jahre nach der Pest zu einem großen Bauernaufstand, der *Jacquerie* von 1358. Froissart, eine Art »rasender Reporter« des 14. Jahrhunderts, hat sie eindrucksvoll beschrieben; seine Chroniken machen heute noch schaudern, liest man von den Massakern an den adeligen Grundherren und später an den Bauern. Es war ein blindwütiges Umsichschlagen, keine versuchte Machtübernahme durch die Bauern. Das soll nicht heißen, daß es nicht in beiden Ländern greifbare Ursachen gab, welche die Aufständischen abgestellt sehen wollten.

Der unmittelbare Anlaß des englischen Bauernaufstandes von 1381 war die Kopfsteuer. Drei Dinge machten sie zum auslösenden Moment: der Krieg mit Frankreich, der Geld, Geld und nochmals Geld verschlang; der geringe Barbesitz der Bauernschaft; und die stark verminderte Anzahl von Steuerzahlern nach dem Massensterben, durch die sich die Steuerlast für den einzelnen erhöhte.

Daß der Krieg viel Geld kostete, leuchtet ein – aber warum hatten die Bauern so wenig Geld? Die Bevölkerung nahm seit dem zweiten Jahrzehnt des 14. Jahrhunderts ab; dieser Trend kehrte sich erst gegen Ende des Jahrhunderts wieder um. Als Folge davon gab es nicht nur für jeden einzelnen mehr zu essen, es gab sogar landwirtschaftliche Überschüsse, und das hieß: die Nahrungsmittel wurden billiger – wer sie verkaufte, nahm weniger dafür ein. Er hatte jetzt womöglich mehr Nahrungsmittel als in der Zeit vor der Pest, konnte sich also besser ernähren; aber seine erlösten Barmittel waren geringer.

Ein weiterer Umstand, der den Geldbesitz des englischen Pächters auffraß, war die Ablösung der feudalen Fronarbeiten durch Geldzahlungen. Die Fron war unbeliebt, denn sie erinnerte die Bauern an ihr Los als der rechtlich Minderwertigen, daher wollten sie lieber mit Geld bezahlen als die Fron durch Arbeit ableisten.

In der Vergangenheit, im frühen und hohen Mittelalter, war das Gut so etwas wie ein Staat im Staat gewesen, eine Art Verlängerung der Lehnspyramide »nach unten«. Der Grundherr, der Eigentümer eines Guts, war auf seinem Hof der König, die erbuntertänigen Bauern waren seine Untertanen. Die Beziehung zwischen Grundherrn und Bauern spiegelte das Verhältnis zwischen dem Lehnsherrn und seinen Vasallen wider: Wie der Vasall gegenüber seinem Herrn in abhängiger Dienstverpflichtung lebte, so war der Bauer zu Frondiensten gegenüber dem Grundherrn verpflichtet. Dieses Gesellschaftssystem hatte England lange Zeit vor Bürgerkrieg und sozialen Unruhen bewahrt. Das Gut bestand aus zwei Teilen: Den einen Teil bewirtschaftete der Grundherr in eigener Regie, wobei ihm die Bauern mit ihren Frondiensten Arbeit abnahmen. Insgesamt nimmt diese Form der Bewirtschaftung – *high farming,* wie man es in England nennt – seit dem 13., 14. Jahrhundert ab. Den anderen Teil seines Bodens hatte er an seine Bauern verpachtet, dafür zahlten sie ihm Grundzins. Ihre Verpflichtungen gegenüber dem Grundherrn wurden teils durch frei ausgehandelte Kontrakte, teils durch regional vorherrschende Regeln und Traditionen bestimmt.

Nun nahm im Lauf des 14. Jahrhunderts die Geldwirtschaft in Europa zu – aber es wäre falsch zu glauben, daß mit dem Aufkommen der Geldwirtschaft *zwangsläufig* die Ablösung der feudalen Frondienste durch Geldzahlungen Hand in Hand ging. Es sieht im Gegenteil eher so aus, als ob gerade an den Randzonen Englands, also im Norden und Westen, wo die Geldwirtschaft relativ wenig entwickelt war, die Ablösung früher und schneller geschah als in den Midlands, wo es sogar Bestrebungen gab, die bereits erfolgte Ablösung wieder rückgängig zu machen und Frondienste statt der Geldzahlungen zu verlangen. Die Grundherren versuchten vielmehr wegen des Arbeitskräftemangels nach 1350 größere Teile ihres Grund und Bodens zu verpachten. Da die Nachfrage nach Feldfrüchten wegen der schrumpfenden Bevölkerungszahl nachließ, hatten sie kein Interesse daran, ihre wenig gewinnträchtigen landwirtschaftlichen Überschüsse auf dem freien Markt zu verkaufen. Jetzt, da Arbeitskräfte teuer waren, zog es so mancher von ihnen vor, Pächter zu haben, die ihm die Arbeit auf seinem Gutsteil abnahmen; die Frondienste waren wertvoller geworden.

In den siebziger Jahren verstärkten sich diese Tendenzen, als nach weiteren Epidemien die Preise für landwirtschaftliche Güter nicht mehr ihre alte Höhe erreichten. Wichtig ist aber auch, daß die Bauern selbst dort, wo die Feudallasten durch Geldzahlungen abgelöst worden waren, mit scheelen Augen auf ihre Herrschaft blickten, die keine Gelegenheit versäumte, ihnen das bißchen Geld aus den Taschen zu ziehen, das sie für ihre Feldfrüchte erlösten: bei Neuübernahme einer Pacht, bei Vergrößerung der gepachteten Fläche, beim Verlassen eines Gutes, bei Heirat einer Tochter, wenn der Sohn des Pächters eine

Schule besuchen wollte, wenn der Pächter die Mühle des Herrn benützte, wenn der Pächter die Mühle des Herrn *nicht* benützen wollte, bei Benützung des herrschaftlichen Ofens zum Brotbacken – bei all diesen Gelegenheiten wurde vom Pächter gutes Geld verlangt. Sogar das Sterben kostete die Bauern etwas: Starb der Pächter, fiel das Besthaupt an den Grundbesitzer, wenn ein Pächter kein Zugtier besessen hatte, mußte statt dessen oft bezahlt werden. Der größte und oft unnachsichtigste Grundbesitzer war die Kirche, sie machte sich bei den Bauern – der größten Bevölkerungsgruppe des Landes – in dieser Eigenschaft unbeliebt.

Neben den im engeren Sinne wirtschaftlichen Gründen bäuerlicher Unzufriedenheit gab es soziale und rechtliche Faktoren, die mit den wirtschaftlichen in engem Zusammenhang standen. Die Bauern bildeten die große Mehrheit des Volkes – aber wer wurde so verachtet und verspottet wie sie? Auf Schritt und Tritt waren sie den Stadtmenschen unterlegen, und man ließ es sie spüren, sie wurden verlacht als Bauerntölpel. Leibeigene Bauern gab es nach wie vor in dieser Zeit, und wenn es auch in England keine Sklavenmärkte gab, so konnten leibeigene Bauern – Mann, Weib und Kind – doch veräußert und erworben werden. Sie waren wenig mehr als beseelte Handelsware.

Eine weitere Klage im Land betraf die Maximallöhne, unter denen die Unterschichten von Stadt und Land litten. Die Höchstgrenze der Löhne war durch das *Statute of Labourers* nach oben begrenzt worden, da die Regierung es vermeiden wollte, daß der Mangel an Arbeitskräften nach der Pest zu hohe Löhne bewirkte. Nach dem Massensterben zogen zahllose Bauern umher und boten ihre Arbeitskraft an – und sie waren nicht einverstanden damit, daß die Löhne von Staats wegen so bleiben sollten wie vordem, denn sie spürten, daß die Nachfrage nach Arbeitskräften gestiegen war, die Arbeitgeber boten mehr Geld. Langlands Held Peter der Pflüger erzählt von Landarbeitern, die ihrer alten Herrschaft davonliefen, weil sie für die alten Hungerlöhne nicht mehr anpacken wollten. Das Gesetz über Maximallöhne setzte der Rechtsprechung und der vollziehenden Gewalt schwer zu: zwischen 1351 und 1377 fanden mehr als neuntausend Gerichtsverfahren statt, in denen es um diese Frage ging. Die Regierung konnte ihr Gesetz längst nicht überall durchsetzen – also hob sie die Strafen an. Das machte sie nicht beliebter. Und es nützte ihr auch nicht viel, denn viele Rechtsbrecher entzogen sich dem Arm der Justiz. Mancher Landarbeiter schuftete jetzt ein paar Tage hier, ein paar Tage dort, lebte zeitweise von Diebstahl, zeitweise von Bettel oder Raub; aber für weniger Lohn wollte er sich nicht mehr abplacken. Die Rechtsunsicherheit brachte der ohnehin schwachen Autorität König Richards keinen Gewinn. Die ersten Regierungsjahre dieses Königs sind keine glückliche Zeit in der Geschichte Englands, und die späteren Jahre, bis hin zu seiner Absetzung und seiner Ermordung, sind nicht minder leidvoll als die Anfänge. Richard war ein schwacher, menschenscheuer Fürst, keine Führernatur. Sein Leben ist in Shakespeares Schauspiel »The Tragedy of King Richard the Second« einleuchtend und erschütternd dargestellt.

Der unmittelbare Anlaß und die äußeren Ereignisse des großen Bauernaufstands sind schnell erzählt. Das Bürgertum, das in den Commons seine starke Vertretung fand, war nicht gewillt, sich für den Krieg gegen Frankreich schröpfen zu lassen; Klerus und Adel verspürten dazu ebensowenig Lust. Sie setzten im Parlament eine Kopfsteuer durch, die jedermann gleichermaßen traf, gleichgültig über welche Mittel der Steuerzahler verfügte. 1379 ließ der Staatskanzler in rascher Folge zwei Kopfsteuern auflegen, die eine über 50 000 Pfund, die andere über 16 000 Pfund. Schon im Jahr darauf stellte sich heraus, daß die Steuereingänge bei den bisherigen Sätzen nicht die gewünschten Summen einbrachten. Also wurde der Steuersatz pro Kopf angehoben; und weil die Sterblichkeit in den einzelnen Grafschaften verschieden hoch gewesen war, die Grafschaften aber festgesetzte Beträge beibringen mußten, waren die Sätze in den einzelnen Gebieten unterschiedlich hoch. Zwar gab es eine Verfügung, die den Reichen befahl, den Armen bei Aufbringung der Steuer zu helfen – aber wer half dort, wo es, wie in

East Anglia, wenig Reiche gab? Mancher Tagelöhner mußte für sich und seine Frau zwei Schillinge aufbringen, das waren für einen Pflüger zwei ganze Monatslöhne. Und die Steuereintreiber des Königs kümmerten sich einen Pfifferling darum, woher der einzelne sein Geld nahm. Was Wunder, daß viele Arme versuchten, der Steuer zu entkommen. Wenn man die Einwohnerzahl nur nach dem Steueraufkommen schätzte, käme man zu dem Ergebnis, daß die englische Bevölkerung zwischen 1377 und 1381 um ein Drittel schrumpfte.

Die ersten Erhebungen in Essex und Kent richteten sich unmittelbar gegen die Steuereintreiber. Im Süden Englands rotteten sich Bauern zusammen. Zu ihrem Führer ernannten sie Wat Tyler. Sein Name gibt einen Hinweis auf seinen Beruf: seit dem 13. Jahrhundert bilden sich in England die Familiennamen, die auf persönliche Eigentümlichkeiten ihres Trägers, auf Herkunft oder Beruf anspielen. Aber dieser ›Ziegelbrenner‹ war zuletzt Soldat, wie entlaufene und entlassene Soldaten auf seiten der Aufständischen überhaupt eine große Rolle spielen. Unter Wat Tylers Führung marschiert der Trupp nach Canterbury. Dort ermutigen seine Männer die Mönche, einen aus ihrer Mitte zum Erzbischof zu wählen, denn der gegenwärtige Amtsinhaber, Simon Sudbury, sei ein Verräter, sagen sie, der den Tod verdiene. Mitte Juni, kurz vor der Ernte, marschieren sie auf London, mehr als hundert Kilometer in zwei Tagen zurücklegend. Königlichen Boten, die man ihnen entgegenschickt, antworten sie, sie wollten die Verräter richten und den König retten.

Auf ihrem Weg nach London richten die Bauernhaufen einigen Schaden an. Sie zerstören hier das Haus eines Marschalls, verbrennen dort die Akten einer gutsherrlichen Kanzlei, wo über Frondienste und andere bäuerliche Verpflichtungen fein säuberlich Buch geführt wurde. Schließlich kommen sie nach London. Im Gefängnis an der Fleet Street öffnen sie den Gefangenen die Tore; im New Temple dringen sie ins Gericht ein und zerstören die Akten; in der hauptstädtischen Residenz des Bischofs von Lichfield plündern sie den Weinkeller. Die Bewohner der Stadt London, die sich an diesem Aufstand beteiligen,

haben unterdessen den Palast des Herzogs von Lancaster ge-
stürmt; das vornehmste Haus von London wird zur Ruine, das
Innere völlig ausgeraubt. Wären sie seines Besitzers, John of
Gaunt, habhaft geworden, er wäre mit dem Leben schwerlich
davongekommen. Besonders übel erging es den großen Klöstern St. Albans und St. Edmunds; gegen sie als Großgrundbesitzer richtete sich der Zorn besonders. Auch gegenüber der
Universität Cambridge wüten die Bauern, der große Aufstand
von 1381 schlägt eine deutliche Lücke in den Aktenbestand
dieser Hohen Schule des Lernens.

Der vierzehnjährige König Richard ist bereit nachzugeben.
Er verspricht Straffreiheit, wenn sich die Bauern auflösen.
Durch ihren Sprecher verlangen sie vom König, daß er ihnen
»die Verräter« ausliefere. Der König gesteht ihnen zu, sie mit
wirklichen Verrätern nach ihrem Gutdünken umspringen zu
lassen, aber sie müßten ihm den Nachweis für Verrat erbrin-
gen. Die Bauern unterbreiten dem Monarchen eine Bittschrift,
in der sie die Abschaffung der Leibeigenschaft und das Recht
auf frei ausgehandelte Pachtverträge fordern. Sie brechen in
den Tower ein und finden dort den Staatskanzler, Erzbischof
Sudbury, ferner den Schatzmeister Hales, den Leibarzt Gaunts
und ein paar weitere Personen, darunter einige Mönche. Die
Bauern metzeln sie alle nieder und stellen später, immer noch
voller Haß, die abgeschlagenen Köpfe auf der London Bridge
zur Schau.

Dieser »Erfolg« dämpfte die Wut der Bauern, zumindest war
jetzt der wilde Blutrausch verflogen. Ende Juni ebbten die Ge-
walttätigkeiten ab, die Bauernhaufen begannen sich aufzulösen. Doch nun handelte der König. Wir täten der englischen
Geschichte freilich bitter Unrecht, würden wir die Folgen dieses Bauernaufstandes mit denen des deutschen Bauernkrieges
von 1525 gleichsetzen. In England gab es keine Massenhinrich-
tungen, keine Folterungen, nur wenige Exekutionen und die
Mehrzahl davon nach einem halbwegs fairen Prozeß; dort
stellte kein Henker seinem erzbischöflichen Herrn eine Rech-
nung, in der es hieß: »80 enthauptet zu je 1 Gulden, 69 die Augen ausgestochen und die Finger abgeschlagen zu je 1/2 Gul-

den, macht zusammen 114 1/2 Gulden.« Nach dem deutschen Bauernkrieg wurden nicht selten solche makaberen Rechnungen gestellt; in England nicht. Dort wurde mancher Schuldige freigesprochen. Am 30. August 1381 befahl der König das Ende aller Arreste und Hinrichtungen; es sollten nur noch die bislang unvollendeten Anklagen vor den Gerichten zu Ende geführt werden.

Chronisten des 14. Jahrhunderts und katholische Historiker einer späteren Zeit haben versucht, John Wyclif für diese Bauernerhebungen verantwortlich zu machen. Ihre Belege lassen sich mühelos entkräften. Einer der Rädelsführer des Aufstands, John Ball, ein ehemaliger Priester, legte kurz vor seiner Hinrichtung dem Richter ein Geständnis ab: Er sei ein Schüler Wyclifs gewesen, von ihm habe er die Ketzereien übernommen, namentlich dessen Abendmahlslehre. Niedergeschrieben wird Balls »Geständnis« erst ein Menschenalter später, und wir haben allen Grund, ihm keinen Glauben zu schenken. Wyclifs Abendmahlslehre – wie soll sie den Aufstand ausgelöst haben? – wurde erst im Sommer 1381 bekannt, als John Ball bereits im Gefängnis saß. Wenn man schon geistige Aufrührer sucht, dann sollte man sie eher in den Reihen der radikalen Franziskaner finden, die den Reichtum der Kirche ebenso heftig angriffen wie Wyclif. Gewiß spielte ein kruder religiöser Kommunismus in die Forderungen der Bauern mit hinein; die Bauern verlangten nach einem

> *Iesu Cryst of heuene,*
> *In a pore mannes apparaille.*

> (Jesus Christus vom Himmel,
> Im Gewand eines armen Mannes.)

Der Ärger über den ausbeuterischen Adel auf dem Grundbesitz machte sich in einem noch heute berühmten Vers Luft:

> Whan Adam dalf and Eve span,
> Who was thanne a gentilman?

Diese Frage wurde so sehr zum Leitmotiv, daß sie – etwas unvollkommen, aber keineswegs unpassend übersetzt – noch im deutschen Bauernkrieg von 1525 ein fernes Echo fand:

> Als Adam grub, und Evan spann,
> Wo war denn da der Edelmann?

Ebenso hätte sich der Vers gegen die Kirche wenden können, den größten Grundbesitzer auf englischem Boden, einen Grundherrn überdies, der äußerst unwillig war, Leibeigene freizugeben und Feudalrechte durch Geldzahlungen abzulösen: Jeder Bischof mußte bei seinem Amtsantritt schwören, keinen Teil des Grundbesitzes zu entfremden; zur Freilassung eines Leibeigenen war die Zustimmung des Papstes erforderlich. Es waren ja nicht bloße theoretische Auseinandersetzungen über den Verfall der kirchlichen Moral und die Höchstgrenze der Löhne, die diesen Sturm entfachten, sondern die realen Mißstände in der Verteilung des Grund und Bodens, und insofern trifft die Schuld auch die Kirche als den größten Grundbesitzer.

Nein, unmittelbar hat John Wyclif mit diesem Aufstand nichts zu schaffen, so wenig wie Martin Luther mit den Ereignissen von 1525, aber auch er wurde ja beschuldigt, den Bauernkrieg angezettelt zu haben. Selbst wenn es nicht auszuschließen ist, daß die Bauern vielleicht von Wyclifs Vorstellung, daß nur der Gläubige im Vollbesitz der Reinheit ein Gut rechtens besitzen könne, gehört hatten, so wäre doch der Gedanke abwegig, die Bauern hätten einer solchen Abstraktion wegen losgeschlagen. Dort, wo Wyclifs Einfluß im Volk am größten war, in den Midlands nämlich, nördlich und westlich von London, gab es die wenigsten Unruhen; außerdem waren die von den Bauern vorgebrachten Klagen wirtschaftlicher und nicht religiöser Natur. In einigen Regionen waren Priester maßgeblich an den Aufständen beteiligt – was Wunder, Geistliche, Unterbeschäftigte zumal, gab es zuhauf, sie waren überall dabei, wo man Menschen brauchte, die andere leiten konnten; daher haben sie – neben den ehemaligen Soldaten – häufig diese Rolle gespielt. Diese Priester waren aber in den seltensten Fällen Anhänger Wyclifs. Wo die Anhänger Wyclifs zahlreich waren, wie unter den städtischen Unterschichten Londons, waren selten Geistliche in die Aufstände verstrickt. Wie wir es auch drehen, es ist nicht einzusehen, warum Wyclif mitverantwortlich sein sollte an diesen Unruhen.

An den Folgen allerdings hatte er schwer zu leiden. Danach war es mit Wyclifs Einfluß in der Oberschicht vorbei; er fand weder bei Hofe noch sonstwo Sympathie. Selbst die Bindung an seinen Beschützer John of Gaunt ließ nach; überdies mußte der Herzog jetzt selbst zusehen, wie er fertig wurde. Die Bauern hatten gegen ihn ganz besonders gewütet; Gaunt mußte sich den Sommer über in den schottischen Bergen versteckt halten. Natürlich war er ein Feind der Bauern – die Bauern waren ja auch gegen ihn. Schon das leiseste Gerücht, Wyclif habe mit ihrer Sache zu tun oder empfinde Mitgefühl für ihr Los, mußte ihn abwenden von diesem radikalen Theologen, der seine eigene Popularität eingebüßt hatte, nur noch Ballast war. Hinzu kam, daß Gaunt jetzt dabei war, einige außereheliche Kinder durch die Kirche legitimieren zu lassen; da galt es also, sich mit den Spitzen des Klerus gut zu stellen.

Eine weitere für Wyclif unheilträchtige Folge des Bauernaufstands war diese: Nach dem gewaltsamen Tod Sudburys wurde Bischof Courtenay von London zum Primas der englischen Kirche bestellt. Courtenay war der Inbegriff dessen, was Wyclif als »Caesarean clergy« verächtlich gemacht hatte: Kirchenmänner in hohen Staatsdiensten, die dort zuvörderst die Belange der Kirche vertraten. Courtenay, der mit König Richard II. einen Urgroßvater gemeinsam hatte, wurde am 10. August 1381 Lord Siegelbewahrer und Staatskanzler in einem. Da mußte sich Wyclif künftig vorsehen, denn Krone und Altar lagen jetzt in innigster Umarmung. Die Kirche hatte ohnehin schon Gründe, gegen diesen Ketzer vorzugehen; jetzt kam noch ein überaus praktischer hinzu: ein wirtschaftlicher.

Hat Wyclif auch beim Ausbruch dieses Vulkans nicht mehr Schuld auf sich geladen als sagen wir Martin Luther im deutschen Bauernkrieg, so nahm der englische Reformtheologe doch während und nach den Ereignissen eine ungleich noblere Haltung ein als der Deutsche. Niemals hat Wyclif dazu aufgefordert, »zu erschlagen, würgen und stechen, heimlich oder öffentlich«, weil »nichts Giftigers, Schädlichers, Teuflischers sein kann denn ein aufrührerischer Mensch, gleich als wenn man einen tollen Hund totschlagen muß«. Wyclif hat mit versöhnlichen Worten Einfluß zu nehmen versucht, und auch dies wurde ihm zur Last gelegt, es roch nach Komplicenschaft. In seiner Schrift »Of Servants and Lords« und später in »De Blasphemia« verlangte er für die bäuerlichen Rebellen ein mildes Urteil. In letztgenannter Schrift beschuldigte er die Kirche, sich vieler Fehler gegenüber den Leibeigenen schuldig gemacht zu haben, und an die Adresse des Adels richtete er die Bitte, Gnade vor Recht ergehen zu lassen. John Wyclif, Sohn eines Squire, eines bescheidenen Grundeigentümers, hat niemals viel Berührung gehabt mit dem Bauernvolk – trotzdem bringt er mehr Mitgefühl für ihre Armut und ihre Sorgen auf als Martin Luther, der sich nicht selten rühmte, von armen Bauersleuten abzustammen.

Wyclif ist kein radikaler Feind der Leibeigenschaft; aber er wünscht sich Menschlichkeit in der Beziehung zwischen Herr und Knecht. In seinem Traktat »De Servitute Civili« (Von der Knechtschaft) hat er sich mit der Leibeigenschaft auseinandergesetzt. Er erkennt an, daß es Herrschaft gibt, sie sei die Folge des Sündenfalls. Aber dann zeigt er, daß sie in neuerer Zeit faktisch häufiger Folge eines Krieges ist. »Herrschaft und Dienen sind in unserem gefallenen Zustand vonnöten«, schreibt Wyclif, »und diejenigen, denen es an Geist gebricht, die aber schwere Körper besitzen, sind am besten geeignet für schwere Arbeiten.« Es sollte aber kein Volk beständig in Unfreiheit leben, fügte er hinzu, und auch die Leibeigenschaft sollte sich nur auf die Lebenszeit eines Menschen beschränken und seine Nachfahren nicht berühren. Er weiß durchaus auch wirtschaftliche Argumente für seinen Standpunkt einzuflechten: Freie Pächter brächten größeren Zugewinn als Leibeigene, weil diese »in ihrer Unwissenheit oftmals die Samen verwechseln« – Leibeigenschaft zahlt sich, in anderen Worten, für den Eigentümer des Leibeigenen nicht aus.

Wyclifs Stellung ist besänftigend nach beiden Seiten: Er ermahnt die Untertanen, geduldig in ihrer Stellung zu verbleiben, und er bittet ihre Herren, Nachsicht zu üben. Während der Niederschlagung des Aufstands, die ohne viel Blutvergießen geschah, nahm er Partei für die Schwachen, indem er in seinen Predigten zu Mäßigung, Milde und Güte aufrief. Wo Gutsbesitzer in ihren Rechten geschmälert worden waren, sollten sie Wiedergutmachung erhalten – und zwar auf Kosten der Kirche und des Klerus; so würde man zumindest Adel und Volk wieder miteinander versöhnen.

DAS ERDBEBENKONZIL

Von August 1380 bis August 1381 wohnte Wyclif im Queen's College zu Oxford in gemieteten Räumen: »pro pensione Wiclif«, so steht es in den Akten der Universität. Es ist Wyclifs letztes Jahr in Oxford. Über seine neue Abendmahlslehre stritt man an der Universität heftig, und seine schrill vorgetragene Auffassung hatte nicht jeden überzeugt. Vergessen wir nicht: In Oxford herrschte der Nominalismus vor, und Wyclif war Realist, was auch seine Abendmahlslehre widerspiegelte. Inzwischen besaß er in Oxford mehr Widersacher als Freunde, denn über solch gewichtige Fragen wie die Eucharistie konnte man in jenen Tagen nicht so einfach kühlen Blutes miteinander sprechen. Wyclif publizierte in diesen Jahren in unglaublichen Mengen. Er allein hielt die Stationers der Universität auf Trab.

Im März 1382 legte Wyclif »De Blasphemia« vor, eine schroffe Attacke gegen die gesamte Kirche. Er greift nicht zum erstenmal die Mönchsorden an – »die zwölf Töchter des diabolischen Blutsaugers« und »die zwölf Qualen der Kirche« nennt er sie –, diesmal nimmt er auch die Bettelorden nicht aus von seinen Invektiven. Wenn Christus auf die Erde zurückkehrte, schreibt er, das Argument vorwegnehmend, das Dostojewskij als die Geschichte vom Großinquisitor in die »Brüder Karamasow« einflicht, dann würden sie ihn als Ketzer verbrennen. Die Ursachen der kirchlichen Verderbnis? Es sind die Ansprüche von Christi vermeintlichem Stellvertreter, dessen Lebensweise Christus ins Gesicht schlägt. »Besser wäre es für die Kirche, wenn es weder einen solchen Papst gäbe noch solche Bischöfe, sondern wenn arme Priester nur in der Nacktheit das Gesetz Christi lehrten und die gesamte cäsaristische Tradition der Kirche beiseite ließen.«

Wyclif legt sich jetzt mit vielerlei Angehörigen der Kirche auf einmal an. Das ist ungeschickt, und es ist gefährlich. Die Kirche war seinerzeit so wenig in sich geschlossen – Orden stand gegen Orden, Papst gegen Papst –, daß es klüger gewesen wäre, die einzelnen Teile gegeneinander zu führen, statt sie durch einen frontalen Großangriff zusammenzubringen. Aber dieser Mann ist kein Politiker, kein Taktierer. Er greift dort an, wo er Unrecht sieht.

Für die besitzenden Orden hat Wyclif immer nur Verachtung empfunden. »Sie saugen den Boden aus und geben nichts dafür«, schrieb er in jungen Jahren. Er schlug vor, sie zu enteignen und von dem Erlös ihrer Güter den Armen zu helfen. Anders stand er zu den Bettelmönchen: Noch in seinem Buch über die weltliche Herrschaft hatte er für sie nichts als Lob übrig, pries sie als »wahrhaft evangelische Männer«. Als er nach St. Paul gerufen wurde, waren es Bettelmönche, die an seiner Seite standen, und sie nahmen keinen Anstoß an seinen Thesen, zumal sie mit Wyclifs damaligem Widersacher, Bischof Courtenay, selbst im Streit lagen. Hätte der König seinerzeit nicht eingegriffen, hätten die Bettelmönche Courtenay in Rom angezeigt.

Vielleicht hat die Entfremdung zwischen Wyclif und den Bettelmönchen damit zu tun, daß seine Bindung an Gaunt lockerer geworden war. Auf dem Feld der Theorie hätte es zwischen ihnen keine Schwierigkeiten geben müssen: Wyclif stimmte ihrer Lehre von apostolischer Armut zu, wie ihnen seine Kritik an der kirchlichen Hierarchie zusagte. Es war das gelebte Leben dieser Brüder, das dem Reformtheologen immer weniger behagte, und es war der Umstand, daß die Bettelorden ihr altes Zerwürfnis mit dem Papsttum begruben, ja zusehends zur Privatarmee des Papstes auf englischem Boden wurden.

Die Bettelorden waren nicht immer des Papstes liebstes Kind gewesen – man könnte Subjekt und Objekt an dieser Stelle auch umkehren. Die Forderung nach apostolischer Armut hatte den Päpsten zu denken gegeben, vielleicht nahmen sie sie sogar als persönlichen Vorwurf: Der hl. Franz war noch nicht lange tot, da erklärte Papst Gregor IX. sein Testament für nicht verbindlich und gestattete den Franziskanern, Geld von Dritten für sich sammeln zu lassen. Nikolaus III. löste 1279 den sogenannten theoretischen Armutsstreit aus, als er in seiner Bulle »Exiit qui seminat« verkündete, der Besitz von Klöstern und Kirchen in der Hand des Ordens sei vereinbar mit dessen Armutsideal, denn diese Güter gehörten in Wirklichkeit ihm, dem Papst, und der Orden übe nur den *usus facti* aus, den Nießbrauch.

Nicht alle Ordensbrüder wollten sich dieser päpstlichen Rechtsfiktion beugen; aber auch nicht alle Nachfolger auf dem Stuhl Petri waren damit einverstanden. Johannes XXII. widersprach dieser Bulle seines Vorgängers, erklärte ihren Inhalt für Ketzerei. Er wollte nicht zugeben, daß die Eier und die Gänse, welche die Brüder in ihren Klöstern verspeisten, in Wirklichkeit sein Eigentum sein sollten; Nießbrauch und Eigentum hielt er für unzertrennlich. Als das Generalkapitel der Franziskaner aus Perugia verkündete, Christus und seine Apostel hätten niemals etwas besessen, weder als Einzelpersonen noch als Körperschaft, antwortete der Papst mit mehreren Bullen und erklärte gar das Ideal apostolischer Armut für ketzerisch. Im Süden Frankreichs und in Italien wurden Hunderte von Menschen dieses Verbrechens wegen auf dem Scheiterhaufen verbrannt.

Mit der Bulle »Cum inter nonnullos« war der Streit zwar autoritär entschieden, aber von allen Seiten, von Ordensleuten und Gläubigen, regte sich Widerstand gegen die päpstliche Entscheidung. Viele stimmten freilich den Bullen zu, weil sie die Bettelorden ohnehin nicht leiden mochten oder nicht einsahen, daß arbeitsfähige Männer vom Betteln lebten. »Ein Mensch, der bettelt, ohne wirklich bedürftig zu sein, ist ein Betrüger«, meint Peter der Pflüger, und er spricht damit vielen seiner Landsleuten aus der Seele.

Zu diesem Meinungsstreit gesellte sich die weitere Frage, welche Formen die Armut Christi angenommen habe. Christus hat niemals gebettelt, seine Apostel haben nicht gebettelt – wie durften die Bettelmönche behaupten, sie stünden in der Nachfolge Christi? Wyclif konnte dem Papst nicht zustimmen, der das Ideal apostolischer Armut für ketzerisch erklärt hatte; die Auffassung der Orden über das Betteln könne er ebensowenig teilen. Er stimmt ihnen darin zu, daß Christus und die Apostel in absoluter Armut gelebt hätten, aber er verwirft ihre Vorstellung, sie hätten nicht einmal das Allernotwendigste besessen und deswegen gebettelt.

Diese Auffassung setzte seinerzeit Erzbischof Pecham in Umlauf. Dieser Erzbischof versuchte den Nachweis zu führen, daß Christus bis kurz vor seinem Tod den Jüngern nicht einmal erlaubt habe, eine Börse mit sich zu führen. Die Worte des Matthäus-Evangeliums, »Damit ließ er sie stehen und ging aus der Stadt hinaus nach Bethanien und übernachtete dort« (21,17), deutete Pecham so: Christus habe nicht genügend Geld besessen, um in der großen Stadt Jerusalem nächtigen zu können. Daß Jesus den Aposteln kurz vor seinem Tod gestattete, einen Geldbeutel zu besitzen, den sie vorher angeblich nicht besessen hatten – »Als ich euch ausschickte ohne Beutel, Tasche und Schuhe, hat euch da etwas gemangelt?« Sie erwiderten: »Nichts« (Lk 22,35-36) –, erklärte Pecham mit den Verfolgungen, denen Jesus und die Apostel ausgesetzt waren. Wyclif zerpflückt Pechams Thesen, er weist ihm nach, daß er aus einer nicht erfolgten Aussage Schlüsse zieht: Man könne ebensowenig folgern, Jesus habe nur ein einziges Mal in seinem Leben Fleisch gegessen oder sei nur einmal auf einem Esel geritten, weil dies in den Büchern des Neuen Testaments nur einmal erwähnt werde.

Was Wyclif also den Bettelorden vorhält, ist ihre Bettelei und ihre enge Verbindung zum Heiligen Stuhl. Wo sie auftreten, sagt er, machen sie sich zum Werkzeug des päpstlichen Absolutismus und zum Förderer einer schriftwidrigen Theologie. Er tadelt sie, weil sie sich – in einer Zeit des langsam entstehenden Nationalstaats, da sein England von Feinden umgeben ist – zur Privatarmee des Heiligen Stuhls erniedrigen lassen, weil sie befreit sind von der Aufsicht der einheimischen Bischöfe und ihre Treue zuvörderst dem Papst schenken, weil sie dem Königreich keine Steuern zahlen, sondern weiterhin auf dessen Kosten Schätze anhäufen. »Sie besitzen allzuviel Reichtum, und zwar sowohl an luxuriösen Gebäulichkeiten, kostbaren Kleidern, großen Festen und vielen Juwelen und Schätzen.« Das war nicht aus der Luft gegriffen, und der Reichtum der Bettelbrüder nahm zu: Nach der großen Pest vermachte jedes dritte Testament in Oxford einen Teil seines Erbes den Bettelorden; sie waren reich, und ihre Mönche ließen sich's wohlsein. Wyclif sandte seine Schrift »Thirty Conclusions on the Poverty of Christ« nach Rom, damit man auch dort erfuhr, wie er in dieser Frage dachte.

Wyclif will die gesamte Kirche reinigen, sie zurückversetzen in ihren ursprünglichen Zustand von Gnade, Unschuld und Armut. Er greift die Bettelorden an, weil sie die Regeln ihrer Gründer vernachlässigen. Er eifert gegen sie, weil sie nicht in der Heiligen Schrift lesen, sondern mit Gebeten, Seelenmessen und Ablaßverkauf ihren schnöden Schacher treiben. Er wirft ihnen Verschwendungssucht und Völlerei vor. Die Einheit des Königreiches, ruft er aus, ließe keinen Raum für »Vasallen des Papstes«. Als ihn ein gelehrter Karmeliter befragt, Thomas of Walden, ob er die Bettelorden mit einem Bibelzitat belegen könne, entgegnet Wyclif, es falle ihm dazu nur eine Stelle im Matthäus-Evangelium ein, wo es heißt: »Wahrlich, ich kenne euch nicht!« (25,12). Und bei anderer Gelegenheit sagt er über sie: »Christus hat diese Sekten nicht für die Errichtung seiner Kirche herangezogen; in unserem Herrn Jesus Christus finden sie keine Grundlage.«

Nicht allein in Predigten und Streitschriften versucht Wyclif jetzt die öffentliche Meinung zu bewegen, er schickt auch Armenprediger aus, die seine Lehren im Land verbreiten – und er wendet sich unmittelbar an das Parlament und führt dort gegen die Kirche Anklage.

Als Anfang Mai 1382 das Parlament zusammentritt, legt Wyclif eine Denkschrift vor; sieben Klagepunkte erhebt er, um die Commons auf seine Seite zu ziehen. Es ist verständlich, wenn diese Punkte bei vielen Vertretern der Öffentlichkeit ein offenes Ohr fanden: England solle nicht auf die Prälaten hören, es sei denn, sie lebten in Harmonie mit dem Gesetz Christi;

England solle keine Gelder nach Rom überweisen, es sei denn, diese Schuld werde in der Schrift belegt; niemand solle in England ein Benefizium erhalten, es sei denn, er lebe im Lande; das englische Volk solle nicht mit neuen Abgaben belastet werden, solange die Reserven des Klerus und der Kirche nicht aufgebraucht seien; Pflicht des Königs sei es, die Güter jener Bischöfe einzuziehen, die ein gotteslästerliches Leben führen; weder Bischöfe noch andere geistliche Herren sollten in weltliche Amtsgeschäfte eingesetzt werden; niemand solle hinter staatliche Gitter gesteckt werden, nur weil ihn die Kirche exkommuniziert habe. Der letzte Klagepunkt entstand vor einem ebenso realistischen Hintergrund wie die anderen: Seit den Tagen König Heinrichs III. konnten die Bischöfe einen Exkommunizierten, der 40 Tage lang hartnäckig den Widerruf verweigert hatte, hinter Schloß und Riegel bringen; der Staat stellte in solchen Fällen ein *significavit* aus, ein Verhaftungsmandat. Solche Mandate gibt es heute im englischen Staatsarchiv zu Tausenden – der Mehrzahl davon lag nicht etwa Ketzerei zugrunde, sondern einfache finanzielle Dinge, etwa, daß jemand den Kirchenzehnten nicht bezahlen konnte.

Das Parlament ist – bei aller Zurückhaltung gegenüber einem Mann vom Radikalismus Wyclifs – nicht abgeneigt, diesen nationalen Vorstößen ein Ohr zu leihen. Die Rechte der Kurie auf englischem Boden gehen auch den Commons zu weit. Erst unlängst hat das Parlament verlangt, das nicht von ihm autorisierte Statut gegen Ketzer zurückzunehmen. Wenn der König sich derlei Beschränkungen seiner Souveränität vom Papst gefallen läßt, dann ist das seine Sache.

Aber der englische Staatskanzler, Erzbischof Courtenay, schreitet gegen diese Bestrebungen des Parlaments ein und geht energisch gegen die weitere Verbreitung wycliffitischer Ideen vor. Er hat den König auf seiner Seite. Für den 17. Mai 1382 beruft er ins Londoner Dominikanerkloster eine Kommission von namhaften Theologen ein: neun Bischöfe, sechzehn Doktoren der Theologie, ferner elf Doktoren der Rechtswissenschaften und ein paar weitere Vertreter aus diesen beiden Disziplinen. Muß man hinzufügen, daß Courtenay nur Männer seines Vertrauens ausgesucht hat? Diese Leute sollen über die Lehrsätze Wyclifs ein Urteil fällen.

Wyclif wird für diesen 17. Mai nicht vorgeladen. Vom Gang der Verhandlungen im Dominikanerkloster besitzen wir keine Kunde. Die Kommission entnimmt Wyclifs Werken vierundzwanzig Konklusionen und unterzieht sie einer Prüfung. Das erlauchte Gremium befindet, daß zehn davon ketzerisch sind, die anderen vierzehn verwirft es als irrig. Die verketzerten Sätze haben mit Wyclifs Abendmahlslehre zu tun, mit seiner Ablehnung der Ohrenbeichte und seinen Auffassungen bezüglich Papsttum und Herrschaft — allesamt Punkte, die bereits unmittelbar nach ihrer Veröffentlichung dem Papsttum übel aufgestoßen waren. Die Mehrzahl dieser Sätze geben wie die folgenden drei Wyclifs Gedanken korrekt wieder, wenngleich stark verkürzt:

1. Die stoffliche Substanz von Brot und Wein im Sakrament des Altars bleibt auch nach der Konsekration.
2. In diesem Sakrament bleiben nach der Konsekration nicht bloße Akzidentien ohne Substanz.
3. Christus ist im Sakrament des Altars nicht identisch, wahrhaftig und wirklich in eigener Gegenwart.

Das waren Wyclifs Auffassungen, da gab es nichts zu deuten. Und Wyclif beharrte weiterhin auf der Richtigkeit dieser Thesen.

Vier Tage später, am 21. Mai, einem Mittwoch, versammelte sich das hohe Gremium erneut an gleicher Stelle, um über Wyclifs Sätze, ihre Verdammung und die Folgen für die Person Wyclifs und seiner Anhänger zu beraten. Während dieser Sitzung bricht plötzlich ein Erdbeben aus. Als Wyclif davon hört, spricht er sofort vom »Erdbebenkonzil«. Er ficht dessen angeblich von Gott bestellte Autorität an, während Erzbischof Courtenay in dem Erdbeben eine zustimmende Geste des Himmels erblickt. Wie vielseitig lassen sich die Zeichen Gottes auslegen! Am 12. Juni wird ein weiteres Mal beraten, welche Maßnahmen gegen Wyclif und seine Freunde, vor allem die an der Universität, zu treffen sind.

Der Kanzler der Universität Oxford, Robert Rigg, hat soeben einen guten Freund und Mitarbeiter Wyclifs, Philip Repingdon, als Festredner für den Fronleichnamstag bestellt. Repingdon ist Angehöriger des Augustiner-Chorherrenstifts, eines Bettelordens also, und er war bislang bei der päpstlichen Partei gut angeschrieben. Allerdings hat er vor kurzem einige Predigten gehalten, in denen er Wyclifs Abendmahlslehre in Schutz nahm. In letzter Zeit, seit seiner unlängst erfolgten Promotion zum Doktor der Theologie, hat er sich sogar anheischig gemacht, Wyclifs Lehren in allen Punkten zu vertreten. Diesen Mann kann Courtenay nicht als Festredner an Englands würdigster Universität dulden!

Aber die Universität läßt sich nicht daran hindern, Repingdon anzuhören. Es ist Frühsommer, der Gottesdienst findet im Freien statt. Repingdon hält seine Predigt auf dem Kirchhof der hl. Frideswyde, und er predigt ganz im Sinne Wyclifs. Dessen arme Reiseprediger nennt er »heilige Priester«. Nicht alle Anwesenden sollen mit seinen Ausführungen zufrieden gewesen sein, manche hielten sie sogar für aufrührerisch. Für den Erzbischof ist damit auf jeden Fall das Maß voll. Er nimmt diese Predigt zum Anlaß, Rigg in der folgenden Woche vor eine Versammlung von Theologen ins Londoner Dominikanerkloster zu bestellen. Er selbst führt den Vorsitz in dem Verfahren gegen den pflichtvergessenen Kanzler. Der Vorwurf gegen Rigg lautet, er unterstütze Wyclifs Ansichten, die inzwischen als ketzerisch und irrig erkannt und verurteilt wurden; er versage dem Erzbischof die gebührende Hochachtung. Kniefällig muß der Kanzler den Erzbischof um Vergebung bitten; fortan bleibt ihm nichts weiter übrig, als die vierundzwanzig Sätze, die von der Kommission für ketzerisch oder irrig befunden wurden, der Universität als solche zur Kenntnis bringen. Rigg wird gezwungen, Wyclif von allen akademischen Verpflichtungen zu entbinden, desgleichen seine engsten Geistesverwandten: Repingdon, Hereford, Aston, Bedeman. Sie dürfen nicht an der Universität lehren, solange sie sich nicht von dem Vorwurf der Ketzerei gereinigt haben.

Nun holt Courtenay also zum Schlag gegen die Universität

aus, die ihm schon so lange ein Dorn im Auge war. Er läßt Hereford und Repingdon vorladen. Sie erscheinen nicht. Auch einer zweiten Vorladung leisten sie keine Folge. Daraufhin werden sie mit dem Bann belegt: Mitte Juli wird der Kirchenbann über sie von der Londoner St.-Pauls-Kathedrale feierlich verkündet.

Zugleich wendet sich Staatskanzler Courtenay an seinen Herrn, den König, um bei ihm durchzusetzen, daß die Universität von allen wycliffitischen Elementen gereinigt werde. Jeder soll dieser Stätte verwiesen werden, der mit Wyclif und seinen Genossen freundschaftlichen Umgang pflog; Bücher und Traktate wycliffitischen Inhalts seien an den Erzbischof abzuliefern, andernfalls werde die Universität ihre Privilegien einbüßen. Die Bischöfe werden angewiesen, gegen Wyclifs Armenprediger vorzugehen. Besonderen Eifer zeigen darin der Bischof von London und der Bischof von Lincoln, John Buckingham, dem wir schon einmal in Avignon begegnet sind, als er – nicht gerade ein Ausbund theologischer Gelehrsamkeit – dortselbst mit ein bißchen Geld nachhalf, diesen Bischofssitz zu erhalten. Buckingham macht sich mit Eifer auf die Jagd.

Die entflohenen Freunde Wyclifs wurden im ganzen Land gesucht. Den Sommer über konnten sie ihren Häschern entgehen, im Herbst wurden Repingdon, Bedeman und Aston dingfest gemacht. Die beiden erstgenannten widerriefen und wurden in ihre alten Rechte eingesetzt. Hereford gelang es, außer Landes zu fliehen. Er schlug sich nach Rom durch, um dem Heiligen Vater seinen Fall persönlich vorzutragen. Es heißt, der Papst habe ihn vor dem Feuertod bewahrt, weil er dem englischen König gerade einmal freundlich gesinnt war. Hereford wurde zu lebenslanger Haft begnadigt. Bei einem Aufstand der Römer gegen ihren päpstlichen Herrn kam er frei und kehrte nach England zurück. In den Jahren nach Wyclifs Tod trat er selber als Armenprediger auf. Wyclif schwieg nicht, weder in diesem noch in den folgenden Jahren. Trotzdem entging er den Verfolgungen, sieht man von seiner Ausweisung aus der Universität ab.

Er verbrachte die letzten zweieinhalb Jahre, die ihm noch

blieben, in seiner Pfarre zu Lutterworth, wo er die Heilige Schrift in die englische Sprache übersetzte, eifrig predigte und weiter wie im Fieber schrieb – Bücher, Pamphlete, Flugschriften. Courtenay zögerte offenbar, gegen diesen Mann vorzugehen. Wyclif wurde nicht einmal exkommuniziert. War es seine Krankheit, die dem englischen Episkopat soviel Zartgefühl abnötigte? War es dem Umstand zuzuschreiben, daß die Kurie allzusehr mit sich selbst beschäftigt war? War es das Einwirken Gaunts, der seiner Hilfe für Wyclif wegen zeitweise mit seinen Freunden in den Bettelorden übers Kreuz geriet? Gaunt hat ihm zur Vorsicht geraten; daß Wyclif diesem Rat folgte, kann man nicht sagen. Es ist nicht ganz klar, warum er unbehelligt blieb und weiterschaffen durfte; vielleicht hielt man es für besser, ihn einfach totzuschweigen. Zu seinen Lebzeiten wurde John Wyclif niemals zum Ketzer erklärt, der Kirchenbann wurde ihm nicht einmal angedroht. Er blieb bis zu seinem Tod Pfarrherr von Lutterworth.

Mit seiner Gesundheit stand es nicht zum besten. Im Sommer 1381, nach den großen Unruhen, lag er eine Zeitlang darnieder. Im Herbst des folgenden Jahres wurde Wyclif allem Anschein nach vom Schlag getroffen. Ein Schlaganfall ist bei einem Fünfzigjährigen nichts Ungewöhnliches, und der Umstand, daß er wieder so bald auf die Beine kam, spricht dafür, daß er – in der Sprache von heute – ein Mensch mittleren Alters war. Seine Schaffenskraft blieb ungeschmälert; die letzten Jahre seines Lebens zählen zu seinen fruchtbarsten überhaupt. Sein Ton war auch vorher schon scharf gewesen, wenn es um Fragen der Theologie ging; er konnte schreckliche Verwünschungen ausstoßen, und so brauchen wir nicht anzunehmen, daß dieser Schlaganfall, sein erster, tiefgreifende Persönlichkeitsveränderungen hinterließ. Apoplexien schädigen oft Partien der Hirnrinde, welche die Verhaltensweise eines Menschen zügeln, die Angriffslust dämpfen. Aber Wyclifs Kampflust bedarf dieser Erklärung nicht, er konnte auch vorher schon polemisch zuschlagen, wenn er sich angegriffen fühlte.

In dieser Zeit, spät im Jahr 82, erhielt er ein Schreiben des Papstes, des römischen, sollte man sagen, denn dieser war sozusagen der für England zuständige Papst, die Franzosen hatten ja ihren eigenen. Der Heilige Vater zitierte Wyclif nach Rom. Darauf antwortete der streitbare Theologe mit einer Schrift, »De Citationibus Frivolis«. Darin heißt es, der »König der Könige« habe »im Effekt« vollbracht, daß er, Wyclif, nicht nach Rom reisen könne. Das ist der einzige Hinweis aus Wyclifs Feder auf seinen bedenklichen Gesundheitszustand.

Ein weiteres Schreiben gibt es noch, gerichtet an Urban VI., aber es ist nicht mit letzter Sicherheit zu sagen, ob es tatsächlich von Wyclif stammt und ob er es abgesandt hat. Darin heißt es: »Wäre ich in der Lage, nach meinem Willen zu reisen, so würde ich voller Freude den römischen Pontifex besuchen. Aber Gott hat mir das Gegenteil auferlegt, und er hat mich immer gelehrt, Gott mehr zu gehorchen als den Menschen.«

DIE HEILIGE SCHRIFT

»WER WENIG JAR ZURÜCK GEDENCKT / DER MUS bekennen / Das kein Buch so vnbekand gewesen vnd weniger gelesen sey / denn eben die heilige Bibel / (was die ursach sey / ist hie nicht zeit zu sagen).« Diese Worte, die Martin Luther seiner eigenen Bibelübersetzung in die deutsche Sprache voller Bedauern vorangestellt hat, könnten auch von Wyclif stammen. Auch er wollte, im schmerzlichen Bewußtsein dessen, daß die Heilige Schrift weder vom Klerus noch von Laien gelesen wurde, seinem Volk eine vollständige Version der Heiligen Schrift in seiner eigenen Sprache vorlegen. Es gab zwar einzelne Teile der Bibel in englischen Übersetzungen; eine vollständige Ausgabe in der Volkssprache gab es nicht.

Wyclif erkennt zwei Quellen an, aus denen christliche Erkenntnis zu schöpfen sei: *auctoritas et ratio,* die göttliche Offenbarung und die dem Menschen eingegebene Vernunft. *Auctoritas* ist für ihn vornehmlich die Heilige Schrift; *ratio* dient ihm dazu, das dort Offenbarte sinngemäß auszulegen. Die Scholastiker verstanden unter *auctoritas* alles mögliche: Konzilsbeschlüsse ebenso wie päpstliche Erlasse, Sentenzen der Kirchenväter, echte wie unechte, und vieles mehr. Aber wie konnte man päpstliche Verlautbarungen als *auctoritas* anerkennen, wenn so manche päpstliche Bulle einer anderen päpstlichen Bulle widersprach, sie gar für ketzerisch erklärte – wie noch Johannes' XXII. Bulle »Cum inter nonnullos«, mit der er der Bulle »Exiit qui seminat« seines Vorgängers widersprach! Durften etwa beide Bullen gleichermaßen als *auctoritas* gelten – oder waren sie beide nur Wasserblasen? *Deus dixit* – Gott hat gesprochen; die Aufgabe des Menschen war es, dieses Wort zu erfahren und ihm zu gehorchen.

Wyclif hat diese Auffassung bereits in den siebziger Jahren vertreten. Er hält es für Unglaube und Sünde, »goddis lawe« – »Gottis Wortt«, wie Luther schreibt – nicht zu befolgen und statt dessen auf menschliche Überlieferungen zu bauen. Die Schrift sei die Grundlage des christlichen Glaubens, ihre Charta – nicht zufällig spielt der Engländer mit dem Wort auf die Magna Charta an, das Verfassungsdokument des frühen 13. Jahrhunderts, in dem König Johann den Großen seines Landes wichtige Freiheiten garantierte.

Die Theologie des Mittelalters war davon überzeugt, daß die Schrift einen vierfachen Sinn in sich berge. Deshalb müsse sie von Priestern ausgelegt werden. Wyclif, wie auch die anderen großen Kritiker der mittelalterlichen Kirche, von Marsilius von Padua bis William of Ockham, versteht die Bibel anders. Für ihn ist die Bibel eine klare Quelle, die jedermann zum Trinken einlädt.

Wyclif betrachtet die Bibel mit Ehrfurcht; es sind seine Anhänger, nicht die römische Kirche, die ihm den Ehrennamen eines *doctor evangelicus* gaben. »Kein Christ«, schreibt er, »darf zugeben, daß die Heilige Schrift irgendwie Falsches lehre. Auch darf derjenige, der sie unrichtig versteht, nicht einräumen, daß sie falsch sei; denn die Falschheit liegt nicht in der Heiligen Schrift, sondern in dem, der sie falsch auslegt. Denn wenn die Heilige Schrift irgendeinen unmöglichen Sinn ergäbe, so hätte Gott selbst ihn gegeben, und man dürfte sie dann nicht die Heilige Schrift nennen.« – »Wenn wir auf den gegenwärtigen Stand der Kirche sehen, so finden wir, daß es für die Kirche nützlicher wäre, wenn sie von dem Gesetze der Bibel als von menschlichen Traditionen, die mit evangelischen Wahrheiten untermischt sind, regiert würde. Gottes Wort ist die Grundlage für jeden Glaubenssatz, das Vorbild und der Spiegel, in dem der Christ jeden Irrtum und jede ketzerische Verkehrtheit erkennen kann.« – »Die Heilige Schrift ist der Glaube der Kirche, und je deutlicher sie uns in ihrem richtigen Verständnis bekannt ist, desto besser. Deshalb sollte sie, da auch die Laien den rechten Glauben kennen müssen, in der Sprache, die ihnen am besten bekannt ist, gelehrt werden.« – »Christus und die Apostel belehrten das Volk in der ihm bekannten Sprache – warum soll man es jetzt nicht tun?« – »Die Franzosen haben trotz aller Hindernisse die Bibel aus dem Lateinischen ins Französische übersetzt, warum sollen's die Engländer nicht? Und wenn englische Lords französische Bibeln haben, so wäre es doch nicht wider die Vernunft, sie auch englisch zu haben.«

Darüber schrieb Wyclif ein Buch, »De Veritate Sacrae Scripturae« (Von der Wahrheit der Heiligen Schrift), viele der obigen Zitate stammen daraus. Das Buch lag am letzten Tag des Jahres 1377 vor, also am 25. März 1378, am Tag der Verkündigung Mariens. (Das ganze Mittelalter über und weit in die Neuzeit hinein begann für die Engländer das Jahr mit der Verkündigung Mariens, während in Mitteleuropa der Nativitätsstil vorherrschte, das heißt, das Neue Jahr mit Christi Geburt begann. Die englischen Finanzämter erhoben bis in unsere Tage die Steuer nach diesem alten Jahr.) Die Form des Werks deutet darauf hin, daß es zum größten Teil aus Vorlesungen besteht, die er vermutlich in Oxford gehalten hatte, bevor er mit seiner Bibelübersetzung begann. Mühelos könnte man mit Auszügen aus diesem Werk ein kleines Buch füllen, das Wyclifs Hochachtung gegenüber der Heiligen Schrift ausdrückt.

Für Wyclif wie für Luther legt sich die Schrift selbst aus. Warum sollte Gott sich gegenüber dem fehlsamen Menschengeschlecht in dunklen Zweideutigkeiten geäußert haben? Wenn der Geist der Liebe und der Bescheidenheit den Leser begleitet, dann kann er die Schrift auch ohne einen Priester verstehen. Jesus möchte mit seinen Worten genau das sagen, was in diesen Worten steht, ohne Klauen und Zähne und ohne Hintersinn: Wyclif baut auf den buchstäblichen Inhalt der Bibel. Etwas großzügiger klingen seine Predigten, die eine freiere Deutung zeigen und den Einfluß des hl. Augustinus und dessen Vorliebe für symbolhafte Interpretation deutlich werden lassen.

Eine Fortentwicklung der christlichen Lehre läßt er nicht zu: Was sind die Verfügungen des Papstes gegen das Wort Gottes? Würde man sie so ernst nehmen wie die Schrift, dann würde man ihn, den Sterblichen, der nicht von den Toten auferstehen kann, gleichsetzen mit dem unsterblichen Heiland.

Wyclif folgt mit seiner Forderung, allein die Autorität der Bibel anzuerkennen, Grosseteste und Ockham. Aber diese beiden hatten noch einen Einklang von Bibel und Dogma gesehen. Wyclif dagegen sieht den tiefen Riß, der sich zwischen beiden aufgetan hat: »Verkaufe alles, was du hast, und verteile es an Arme, und du wirst einen Schatz im Himmel haben« (Lk 18,22), so spricht Jesus – und Papst Johannes XXII. geht hin und erklärt die Idee der apostolischen Armut für reine Ketzerei! Aber Wyclif weiß, wo die größere Autorität zu finden ist. Die tiefere Ursache für die Mißstände der Kirche schreibt er ihrer Mißachtung der Heiligen Schrift zu. Seine eigenen Werke wimmeln von biblischen Zitaten: In seinem Buch über Herrschaft sind es an die tausend.

Indem Wyclif auf die biblische Grundlage des Christentums verweist, leitet er eine Wandlung des religiösen Bewußtseins ein, die in der Reformation ihren Höhepunkt findet. Die Vertreter der römischen Kirche vermochten dem nichts entgegenzusetzen; gegen das Schriftprinzip konnten sie kaum streiten, und bezüglich der Beziehung zwischen Schrift und kirchlicher Tradition fiel ihnen offenbar nichts ein.

Man kann die geringe Verbreitung der Heiligen Schrift und die spärliche Bibelkenntnis der Laien wie der Kleriker nicht allein der Kirche anlasten. Es kamen andere Umstände zusammen: Die handgeschriebenen Bücher waren teuer, auch Papier war teuer, im übrigen konnten die wenigsten Laien lesen. Nur die Reichen hatten Bücher: Daß die größte Privatbibliothek eines hohen kirchlichen Würdenträgers in der Diözese Exeter aus ganzen 14 Bänden bestand, deutet den hohen Preis für Bücher an. Die Literatur der Laien war nicht das Buch, sondern das Bild – *pictura est laicorum litteratura.*

Dennoch war die Kirche das größte Hindernis für die allgemeine Schrift. Wo immer sich in Laienkreisen Interesse für die Bibel regte, witterte der hohe Klerus Abtrünnige. Zahllose Gläubige, die sich für das Lesen der Bibel in den Nationalsprachen interessierten, werden von der Kirche zu Ketzern gestempelt, wie zum Beispiel die Waldenser in Südfrankreich. Die Prediger der Waldenser konnten die Heilige Schrift lesen, sie waren des Lateinischen mächtig, und zu ihrer Verfügung stand die Vulgata, eine lateinische Version, die der hl. Hieronymus zu Beginn des 5. Jahrhunderts im Auftrag von Papst Damasus aus dem Griechischen und Hebräischen übertragen hatte: keineswegs eine vorbildliche Arbeit. Waldes, ein Kaufmann aus Lyon, der der Waldenser-Bewegung den Namen gab, war der erste Laie, von dem wir mit Sicherheit wissen, daß er sich aus Unkenntis des Lateinischen einzelne Bibelstellen ins Französische übertragen ließ.

Die Kirche sah das höchst ungern. Zwar gab es in der römischen Kirche niemals ein allgemeines Verbot, die Bibel zu lesen, aber noch die Päpste des Konzils von Trient – das ausgelöst und befruchtet wurde durch die Reformation – verfügten, daß die Lektüre der Bibel in der jeweiligen Landessprache nur mit Erlaubnis des zuständigen Bischofs oder Inquisitors geschehen dürfe. Weitaus strenger waren ihre Bestimmungen im Mittelalter. 1229 untersagte die Synode von Toulouse den Laien den Gebrauch der biblischen Schriften, auch den der Vulgata übrigens. Auf dem Konzil von Reims wurde verboten, Bücher der Heiligen Schrift ins Französische zu übertragen. Im gleichen Jahr werden in Trier deutsche Übersetzungen einzelner Teile von Waldenserbibeln beschlagnahmt. Die Kirche ließ »bare Texte« nicht zu, das heißt Texte in den Nationalsprachen ohne eine zusätzliche lateinische Version; das Lateinische galt als eine der drei heiligen Sprachen, dessen Anhören bereits religiösen Nutzen brachte. (Im Islam gilt eine ähnliche Auffassung bezüglich des Arabischen bis in unsere Tage.) Aus dieser Sprache ins Englische zu übersetzen galt als Sakrileg. »Die Sprache der Engel ist nicht die der Angeln«, spottete John Knighton.

Wie aber sprachen die »Angeln«, in deren Sprache Wyclif die Bibel übertragen wollte? In den dreihundert Jahren nach der Eroberung Englands durch die Normannen, von 1066 bis in die Mitte des 14. Jahrhunderts, war das angelsächsische Englisch als die Sprache des einfachen Mannes lebendig geblieben. Die Dinge des Alltags trugen englische Namen, solange sie sich in den Händen des einfachen Volkes befanden; sie nahmen französische Namen an, sobald die Oberschicht sie besaß. Der angelsächsisch-englische Bauer zog *sheep, swines, pigs, caeves* und *oxen* auf, der normannisch-französische Baron verspeiste *mutton, pork, veal* und *beef* – darauf weist auch der Knappe Wamba hin, ein scharfsinniger Hofnarr aus Sir Walter Scotts Roman »Ivanhoe«.

Im kirchlichen Bereich wurde das Englische nur dort geschrieben, wo es darum ging, dem Volk die Regeln seines Glaubens beizubringen, ansonsten war es eine gesprochene, regional sehr unterschiedliche Sprache. Das Französische blieb bis weit ins 14. Jahrhundert hinein die Sprache des Hofes und der Verwaltung. Wer sich in der Gesellschaft bewegen wollte, mußte Französisch lernen. Die Chronik der Stadt London wurde bis zur großen Pest in Französisch geführt; wichtige Verträge zwischen den Städten London und Oxford wurden noch anno 1348 in Französisch abgefaßt.

Das große Sterben zur Jahrhundertmitte brachte eine drastische Veränderung auch dieser Tradition mit sich, da so viele ältere Menschen und zahllose Kleriker starben. Ein übriges taten die anti-französischen Ressentiments, die sich damals, mitten im Hundertjährigen Krieg, stark auswirkten. 1362 wurde Englisch zur Sprache der Gerichtshöfe erklärt. Wichtige rechtstechnische Begriffe des Französischen blieben freilich erhalten, einige davon bis zum heutigen Tag, und auch das Wappen des Staates – *Dieu et mon droit* – trägt weiterhin eine französische Inschrift, wie auch die konservativen Anwälte nicht aufhörten, miteinander in der alten Sprache der Oberschicht zu verkehren. Am 13. Oktober 1363 wurde zum erstenmal in der englischen Geschichte ein Parlament in eben dieser Sprache eröffnet. Gegen Ende des Jahrhunderts mußte in den Gerichtshöfen der Gebrauch des Französischen eingeschränkt werden, weil »too little known in the realm«.

In den regierungsamtlichen Dokumenten bleibt das Französische bis weit in das 15. Jahrhundert hinein dominierend, wiewohl es bereits unter Heinrich IV., zu Beginn dieses Jahrhunderts, englische Gesandte gibt, die sich im Gespräch mit französischen Unterhändlern des Lateinischen bedienen müssen, weil sie der Sprache ihres Gegenübers nicht mächtig sind. Ihr König, Heinrich IV., sprach Tag für Tag Englisch, was sein Vorgänger Eduard I. hundert Jahre zuvor nur beim Fluchen gemacht hatte. Die großen englischen Dichter des 14. Jahrhunderts, Chaucer, Langland und Gower, bedienten sich vornehmlich der Sprache ihres Volkes; aber John Gower dichtet ebenso flüssig in zwei weiteren Sprachen, sein Werk widmet er seiner Heimat, doch die Widmung faßt er in Französisch ab: »O gentile Engletere, a toi j'escrits.«

Gegen Mitte des 14. Jahrhunderts setzte sich das Englische auch in der Geschäftssprache durch. Während 1345 die Anweisungen der Großkaufleute für ihre Gewürzhändler noch französisch abgefaßt waren, lauteten sie wenige Jahre später englisch. In der zweiten Jahrhunderthälfte bildet sich allmählich eine neue Standardsprache heraus – an ihrer Entstehung hat Geoffrey Chaucer keinen geringen Anteil. Sächsischer und französischer Wortschatz vereinen sich in seiner Sprache, die »all understanden«. Als egalisierende, umfassende Standardsprache bietet sich ein Dialekt der südöstlichen Midlands an, der geographischen Landesmitte. Dort sind die beiden Universitäten ansässig, und der König ist mit seiner Verwaltung dort häufiger zu Gast als anderswo. Wenn man heute vom Englischen als einer germanischen Sprache spricht, vereinfacht man allzusehr; die Sprache steht nämlich sehr ausgewogen auf zwei starken Beinen, und nicht selten gibt es zwei Begriffe für ein und dieselbe Sprache: einen Begriff aus der gehobenen Sprache, der im Lateinischen wurzelt, und einen stärker umgangssprachlichen, der mit dem Deutschen verwandt ist.

Die Teilübersetzungen aus der Heiligen Schrift, die schon vor der Mitte des 19. Jahrhunderts in England angefertigt wurden, waren in Dialekten abgefaßt, die stark voneinander abwichen. Vorherrschend waren die nördlichen Dialekte und die der nördlichen Midlands. Nicht daß dort die Menschen frömmer waren oder mehr von ihnen lesen konnten, sie verstanden einfach weniger Latein und Französisch als ihre Landsleute im Süden. Diese Schriften wurden zur Volksliteratur ihrer Zeit, sie wurden als Lieder, Romanzen und lehrhafte Sentenzen und Anekdoten feilgeboten. Es war eine Handvoll Themen, die immer wieder auftauchten: die Geschichte von der Erschaffung der Erde und von den verbotenen Früchten des Paradieses, von Noah und seiner Arche, von der Weisheit König Salomons und dem Schicksal Nebukadnezars. Ein Mystiker aus Yorkshire namens Richard Rolle veröffentlichte eine englische Fassung einzelner Psalmen, in denen er von der Süße spricht, die es bedeutet, Jesus zu singen. Es ist fraglich, ob John Wyclif damit etwas anzufangen wußte.

Wyclifs Wunsch, eine vollständige Fassung der Heiligen Schrift in englischer Sprache vorzulegen, entspringt der Logik seiner Theologie. Er wollte möglichst allen seinen Landsleuten Gottes Wort zugänglich machen.

Im Frühjahr 1380, vielleicht auch schon früher, begann Wyclif mit seinem Unternehmen. Er stellte ein kleines Team von Theologen zusammen, das sich anschickte, zusammen mit ihm die Bibel zu übersetzen. Anfangs arbeiteten sie in Oxford, nach ihrer Ausweisung im Sommer 1382 übersiedelten sie nach Lutterworth, in Wyclifs Pfarrhaus. Das wenigste von dem, was dort in den nächsten Jahren entstand, stammt von Wyclif selbst, aber er war die Seele dieser Arbeit. Was sie schufen, war, gemessen an den Möglichkeiten ihrer Zeit, ein respektgebietendes Werk. Am fleißigsten ging Wyclif sein Freund Nicholas of Hereford zur Hand, der große Teile des Alten Testaments übersetzte; nach seiner zweiten Vorladung durch Erzbischof Courtenay ins Londoner Dominikanerkloster floh er außer Landes.

Das kleine Übersetzerteam hatte unendliche Schwierigkeiten mit seiner höchst uneinheitlichen Textvorlage der Vulgata, die der hl. Hieronymus in mehr als zwanzigjähriger Arbeit an verschiedenen Orten abgefaßt hatte. Sie arbeiteten gleichzeitig am Neuen und am Alten Testament. Die Urhandschrift ihrer Arbeit befindet sich heute in der Bodleian Library zu Oxford.

Eine gerechte Würdigung erfährt diese Übersetzungsleistung am ehesten im Vergleich zu Luthers Übersetzungskunst. Luther schrieb anderthalb Jahrhunderte nach Wyclif – inzwischen hatten die Humanisten mit ihrem Ruf »ad fontes« die Sprachwissenschaft und die Sprachkenntnisse unschätzbar bereichert. Ohne ihre editorischen Leistungen hätte Luther nicht einmal eine brauchbare Ausgabe des Neuen Testaments zur Verfügung gehabt. Die Humanisten sorgten dafür, daß die Kenntnisse der alten Sprachen in der Reformationszeit auf einem wesentlich höheren Niveau lagen als hundert Jahre zuvor.

Auch Luther setzte sich mit einem Team an die Arbeit, weil er wußte, welche Schwierigkeiten eine solche Übersetzung bereitete. Dabei war er ein Meister der Sprache, der das Deutsche beherrschte wie kein anderer vor ihm. Selten hat einer mit solch majestätischer Kraft, mit einem solchen Reichtum an Wortschatz geschrieben. Luther schreibt das gesprochene Deutsch der Märkte und der Gassen. Mit dem Ohr prüft er den Klang der Worte, lauscht dem Rhythmus der Sprache und setzt das deutsche Wort, das dem fremdsprachigen Original am getreuesten ist, zugleich aber gutes Deutsch ist. »Ich mühte mich«, sagt er einmal, »Moses so deutsch zu machen, daß niemand vermuten würde, er sei ein Jude«, und er beweist damit, daß er die Aufgabe des Übersetzers verstanden hat: aus einem fremden Text einen eigenen zu machen. Er befragt Fachleute aller Gebiete – vom Schlächter bis zum Numismatiker –, um sich über die Wahl des richtigen Wortes klar zu werden. Und er ist ein Kenner der deutschen »Dialectici«, wie er sie nennt, denn er hat das Land durchwandert und erhält Briefe aus allen Teilen des Reiches.

»Ich hab mich geflossen«, schreibt Luther in seinem Sendbrief vom Dolmetschen, »daß ich rein und klar Deutsch geben möchte. Und ist uns wohl oft begegnet, daß wir vierzehn Tage, drei, vier Wochen haben ein einiges [einziges] Wort gesücht und nicht gefragt, haben's dennoch zuweilen nicht funden.« Und an anderer Stelle: »Wir arbeiten jetzt an den Propheten, ach Gott, wie ein groß und verdrießlich Werk es ist, die hebräischen Schreiber zu zwingen, deutsch zu reden. Wie sträuben sie sich und wollen ihre hebräische Art gar nicht verlassen und dem groben Deutschen nachfolgen; gleich als ob eine Nachtigall soll ihre liebliche Melodie verlassen und dem Kuckuck nachsingen.« Luther schuf mit seiner Bibel das Buch der Deutschen, das für die nächsten zwei-, dreihundert Jahre ihre Sprache formte.

Wie völlig anders stand es doch mit der Philologie im England Wyclifs! Kaum jemand beherrschte die alten Sprachen; selbst im gelehrten Oxford gab es nur wenige, die des Griechischen mächtig waren. Vom Hebräischen verstand keiner etwas, obschon es in der Stadt noch genügend hebräische Sprachzeugnisse gegeben hätte. Die wenigen Übersetzer, die es gab, hatten die Vorstellung – sie war im Mittelalter verbindlich –, die Übersetzung müsse in Syntax und möglichst auch im Vokabular sklavisch an dem geheiligten Latein des Originals festhalten. So entstand eine Übersetzung, die am fremden Buchstaben klebte. Ein besonderer Pedant in dieser Hinsicht war Wyclifs Mitarbeiter Hereford, der im steifen Dialekt der Midlands schrieb, ohne Rücksicht auf die Idiomatik der englischen Sprache zu nehmen. Seine Übersetzung ist so eng an die lateinische Editio vulgata angelehnt, daß ihr Wortsinn meist dunkel bleibt. Nicht selten ist die Wiedergabe falsch, weil der Übersetzer die lateinische Reihenfolge Wort für Wort beibehält und dadurch Subjekt und Objekt durcheinanderwirft. Im Englischen, das den Kasus nicht durch eine Endung ausdrücken kann, führt das unweigerlich zu Sinnentstellungen. Im ersten Buch Samuel, wo es heißt: *Dominum formidabunt adversarii ejus,* übersetzt er widersinnig: »Der Herr sollte seine Feinde fürchten«, obschon offensichtlich die Feinde es sind, die im Nominativ stehen und daher sie es sind, die fürchten müssen, und zwar *dominum,* den Herrn.

Etwas besser geraten sind die Teile des Neuen Testaments, die man gemeinhin Wyclifs Feder zuschreibt. Wyclif verwendete nicht seinen nördlichen Heimatdialekt, der wäre im Süden unverständlich gewesen, sondern den Dialekt der östlichen Midlands. Es ist eine schlichte und kräftige Prosa; das größte Wörterbuch der englischen Sprache beweist seine großen Verdienste um den Wortschatz der englischen Spache. Wyclif anglisierte lateinische Wörter, indem er die Präfixe einfach germanisierte: aus *insatiable* macht er *unsatiable,* aus *inglorious unglorious,* aus *indiscreet undiscreet* und so weiter. Heute sind diese Formen so gut wie ausgestorben, aber noch die weitverbreitete »Authorized Version oft the English Bible« aus dem Jahr 1611 verwendet Formen wie *unpossible*. Dennoch kann man Wyclif wohl nicht als den »Vater der englischen Prosa« (G. P. Marsh) bezeichnen, wie dies protestantische Historiker des 19. Jahrhunderts getan haben. Wyclif war ein Neuerer in der Theologie, nicht in der Philologie. Aus seiner Feder stammt übrigens auch der einzige vollständige Kommentar zur Bibel, den das 14. Jahrhundert uns hinterließ.

Die erste Übersetzung stellte Wyclif und seine Mitarbeiter so wenig zufrieden, daß sie kurz nach Fertigstellung, vielleicht noch zu Wyclifs Lebzeiten, damit begannen, eine neue, verbesserte Fassung zu schreiben. Diese Arbeiten leitete John Purvey, der Wyclif in seinen letzten Lebensjahren als Sekretär diente; abgeschlossen wurden sie anno 1388. Im Prolog dieser zweiten Fassung heißt es, er, Purvey, habe diese Arbeit unternommen mit »mych travile, with diverse felawis and helperis« (viel Mühen, mit verschiedenen Freunden und Helfern).

Im 19. Jahrhundert haben viele Philologen Wyclif an den Anfang des Mittelenglischen und Luther an den des Neuhochdeutschen gestellt. Dies ist sicherlich eine Übertreibung, für Wyclif mehr als für Luther. Es ist sehr viel mehr Wyclifs Zeitgenosse Geoffrey Chaucer mit seiner Lebendigkeit der Schilderung, seinem Humor und seiner reizvollen Charakterisierung einzelner Personentypen, der das Mittelenglische geprägt hat. Mit Chaucers Schilderungen ist uns ein deutliches Bild vom mittelalterlichen englischen Leben überliefert. Chaucer ist mehr als nur ein Dichter: er ist Höfling, Diplomat, Beamter in der Zollverwaltung des Königs. Nebenher schreibt er Gedichte und das große Werk, das seinen Ruf bis heute begründet, die »Canterbury Tales«.

Chaucer läßt sich von den Themen des Boccaccio inspirieren. Als Gesandter des englischen Königs reist er 1370 zum ersten Mal ins Ausland, vermutlich in den Norden Frankreichs oder nach Flandern. Er ist nicht der einzige Dichter seiner Zeit, der auf diplomatische Missionen entsandt wird, auch seine

Kollegen Dante, Boccaccio, Petrarca dienen ihren Fürsten in dieser Eigenschaft. Später schickt man ihn nach Italien, wo die Renaissance ihn sehr beeindruckt haben dürfte. Vielleicht hat er dort sogar Boccaccio kennengelernt.

John Purveys verbesserte Fassung der Heiligen Schrift gewann im 15. Jahrhundert großen Einfluß, und noch heute gibt es von ihr etwa hundertsiebzig Exemplare, darunter sehr kostbar illuminierte. Gedruckt wurde diese Fassung allerdings erst 1850. In den dazwischenliegenden Jahren geriet Wyclifs Bibel in Vergessenheit, zumindest war seine Urheberschaft unbekannt. Noch John Wesley, der Begründer des Methodismus, konnte davon sprechen, Tyndales Übersetzung der Heiligen Schrift sei »die erste englische Übersetzung der gesamten Bibel« gewesen. Das war sie keineswegs, aber sie wurde früher gedruckt als Wyclifs Fassung. Tyndale fertigte seine Übersetzung fast ganz allein an, und zwar – mitten im Zeitalter des Humanismus – nach dem griechischen Text des Erasmus von Rotterdam. Auch starke Anklänge an Luthers Fassung sind erkennbar – die Arbeit Wyclifs hingegen scheint er nicht verwendet zu haben. Tyndale wurde für seine Bemühungen im Jahr 1536 wegen Ketzerei verbrannt.

Gerade in dieser Zeit wurde in England, das gerade im Begriff war, sich von Rom zu lösen, die Bibel populär, gefördert von Heinrich VIII. 1538 übersandte Thomas Cromwell an Erzbischof Thomas Cranmer eine Verfügung des Königs, in welcher der Monarch befahl, in jeder Pfarrkirche seines Landes für die Gläubigen ein Exemplar der »Great Bible« auszulegen, die wenige Jahre zuvor Miles Coverdale gedruckt hatte. Seine erste Fassung hat Coverdale noch im Ausland gedruckt, das war 1536, aber schon im Jahr darauf durfte, mit königlicher Erlaubnis, die zweite Auflage in England erscheinen. Coverdale stützte sich vornehmlich auf die Übersetzung von Tyndale, dessen Einfluß auf die später englische Bibel so groß wurde, daß man behauptet hat, neun Zehntel der weitverbreiteten »Authorized Version« von 1611 stamme von ihm. Die vorangegangenen Übersetzungsleistungen blieben lange Zeit vergessen.

REFORMATORISCHE GEDANKEN

Es gibt zwei verschiedene Ansichten darüber, was Wyclif den Anstoß gab zu seinen reformatorischen Überlegungen: Die eine Seite hält dafür, daß Wyclif – wie nach ihm Luther – bereits vor seinen Zusammenstößen mit der Kirche eigene, im wesentlichen reformatorische Auffassungen vertrat; zum andern besteht die Auffassung, es sei der Hader mit der Kurie gewesen, der den Theologen zum Reformtheologen machte. Müssen wir hier nicht die Frage stellen, warum Menschen eine Einrichtung wie die Kirche überhaupt kritisieren? Warum hat sich Martin Luther so heftig gegen den Ablaßhandel der Kirche gewehrt? Warum hat er – binnen weniger Jahre – seine Kritik ausgedehnt auf das Papsttum, die sieben Sakramente, die Abendmahlslehre der Kirche und vieles mehr? Nicht nur Psychologen haben sich mit der Erklärung nicht zufriedengegeben, er habe zu einer Disputation über die Praxis des Ablaßvertriebs eingeladen, weil das Leben der Kirche von ihrer Lehre abwich. Es gab Hunderte von Theologen in Deutschland – warum hat dieser eine sich aufgelehnt? Der »normale« Mönch und Professor schwieg dazu.

Man hat Wyclif den Vorwurf gemacht, im Grund hätten Konflikte mit der Kurie, insbesondere der Umstand, daß sie ihn nicht wunschgemäß mit dicken Pfründen ausgestattet habe, seine Kritik ausgelöst. Wir wissen nicht, ob Wyclif eine Pfründe erwartete, ob er eine erwarten durfte. Wyclifs Kritik am Papsttum und an der Kirche mag von persönlicher Enttäuschung über eine Kurie geleitet gewesen sein, aber worauf es ankommt, ist nur die Frage, ob seine Kritik gerechtfertigt war. Nur daran läßt sich die Bedeutung dieses Mannes messen.

Und wie die äußeren Umstände waren – die Mißstände in der

Kirche, in England wie auf dem Kontinent, waren so groß, daß der Schrei nach einer Reform an Haupt und Gliedern von allen Seiten kommen mußte. Daß die Kirche des späten Mittelalters nicht mehr den göttlichen Geboten entsprach, spürten viele. Theologen sprachen es aus, darunter Wyclif, darunter später Luther, der in seiner Reformschrift »Von der Babylonischen Gefangenschaft der Kirche« einen »himmelweiten Unterschied« festhält »zwischen dem, was durch göttliche Eingebung in der Heiligen Schrift überliefert, und dem, was in der Kirche von Menschen erfunden worden ist«. Dabei ist Wyclif Konservativer und Revolutionär in einem: Als die Kirche der Zukunft will er die Urkunde der Vergangenheit in ihrer Reinheit wiedererstehen sehen, eine Kirche, die der Heiligen Schrift folgt; dies und seine Abendmahlslehre sind seine wichtigsten theologischen Anliegen. Veränderungen lehnt er ab, darin folgt er dem hl. Augustinus: »Die Zeiten ändern sich, nicht aber der Glaube.«

Im Herbst 1382 ist Wyclifs letztes großes Werk fertig. Er nennt es den »Trialogus«, da in seinem Buch drei Wesen miteinander ein »Trigespräch« führen – die Wahrheit, die Falschheit und die Weisheit –, und er glaubt, Dialog bedeute lediglich »Zwiegespräch«. Darin geht er einigen neuen Fragen nach, zeigt neue Perspektiven auf, auch Nuancen in der eigenen theologischen Betrachtungsweise. Der »Trialogus« ist das erste seiner Bücher, das gedruckt wird. Es erscheint 1525 im Heiligen Römischen Reich. Damit ist der erste Zusammenhang zur europäischen Reformation des 16. Jahrhunderts hergestellt. Luther verschaffte sich dieses Buch, vielleicht konnte er sogar ein eigenes Exemplar davon erwerben: Einer der schönsten Codices der Österreichischen Staatsbibliothek zu Wien zeigt auf dem Vorsatzpapier den Namenszug ›Doctor Martinus Luther‹ in einer Handschrift des 16. Jahrhunderts.

Wyclif bekennt in diesem Spätwerk, er habe zu seinen Lebzeiten vielfältige innere Wandlungen durchlaufen. In jungen Jahren übernahm Wyclif viele Gedanken von Augustinus und folgt dem Nordafrikaner auch später, namentlich in seiner

Auffassung von der Vorherbestimmtheit des Menschen. Mit zunehmendem Alter nähert sich Wyclif zusehends dem strengen Determinismus seines Lehrers Bradwardine. Das göttliche Wollen war für Bradwardine eine »absolute Entität«, folglich also auch die Grundvoraussetzung für jegliches menschliche Handeln – insofern war Gott auch für jede menschliche Sünde verantwortlich. Wyclif schwächt Bradwardines Determinismus etwas ab und damit auch die göttliche Allmacht: Gott als der Inbegriff des Guten könne zwar, wenn er so wolle, Sünde vernichten, aber er könne unmöglich die Sünde schaffen.

Die Philosophiegeschichte der Kirche führt diesen alten Streit auf Pelagius zurück, einen englischen Mönch. Pelagius war ein Zeitgenosse des hl. Augustinus von Hippo. Er vertrat, gestützt auf eine Stelle im Römerbrief des hl. Paulus, die Auffassung, die Erbsünde gebe es nicht, der Mensch sei frei und ohne Sünde geboren; er könne sich selbst seine Seligkeit erarbeiten, indem er die Lehren Christi befolgte. Augustinus vertrat dagegen die Ansicht, daß der Mensch seiner Natur gemäß sündigen müsse und daher dem Tod verfallen sei: »Der Tod sei, wie Paulus sagt, der Sünde Sold«. Gott könne aber in seiner Barmherzigkeit durch seine Gnade den Menschen erlösen. Einige seien dazu auserwählt, andere nicht. Dies alles geschehe nach dem weisen und geheimen Wohlgefallen seines göttlichen Willens.

Die alte Kirche bezog in diesem Streit eine Position, die zwischen der der beiden Kontrahenten lag, näher freilich bei ihrem Kirchenvater. Gott hat danach nicht von vornherein den einen erwählt und den anderen verworfen, aber infolge seiner Allwissenheit sei ihm natürlich im voraus bekannt, wer sich für den Himmel und wer sich für die Hölle entscheide. Auf dem Konzil von Ephesus (431 n. Chr.) wurde die Lehre des Pelagius verdammt (was Bradwardine nicht hinderte, neunhundert Jahre später den englischen Mönch zu attackieren, als sei er ein ihm persönlich bekannter Widersacher). Der freie Wille des Menschen, so befindet die Kirche nunmehr, sei eine Beeinträchtigung der Allmacht Gottes.

Damit war von seiten der Kirche zwar der freie Wille des Menschen bestritten, nicht aber seine Verantwortung. Nach den damaligen Vorstellungen der Kirche besteht die menschliche Freiheit darin, das zu vollziehen, was Gott bereits weiß. Die *praedestinatio duplex,* so hieß es, binde den Menschen gleich doppelt: Sie besage, daß Gott die Handlungen des Menschen erstens kennt und sie zweitens lenkt. Die einfache Prädestination hingegen – vermittels der göttlichen Allwissenheit – lasse dem Menschen Entscheidungsfreiheit, er könne sich ja auch gegen Gottes Wissen entscheiden; Gott wisse nur, er beeinträchtige damit nicht die Entscheidung.

Der Wortsinn bleibt in der Philosophiegeschichte oft dunkel; ungeliebte Konsequenzen des eigenen Denkens verbirgt man gerne hinter einem Wortschwall von Unverständlichem. Berühmt ist Luthers Äußerung über Judas, der Jesus verriet. Luther sagt von ihm, er sei »mit Notwendigkeit, aber nicht gezwungen« zum Verräter geworden. Treffender hat sich ein späterer Philosoph zu diesem Thema geäußert, als er die menschliche Freiheit mit einem Stein verglich, der in die Luft geworfen wird und sich am Höhepunkt seines Fluges einredet, er könne – wenn er nur wollte – noch höher hinauffliegen in den Himmel. Gewiß kann er es nicht, seine Flugbahn ist ihm vom Schöpfer seines Wurfs vorbestimmt.

Theologen, besonders die Reformatoren, haben versucht, den Streit der Philosophen zu schlichten, indem sie drei wichtige Begriffe in die Debatte einbrachten: Glaube, Gnade und gute Werke seien vielleicht imstande, den Menschen vor ewiger Verdammnis zu retten. Während Luther ausschließlich auf Glaube und Gnade baut – *sola fide et sola gratia* –, verläßt sich Wyclif trotz seines Determinismus auch auf die menschlichen Verdienste, die man sich in dieser Welt erwerben kann. Über Glauben und über Gnade können wir nicht bestimmen, aber wir können gute Werke verrichten. Der Mensch solle so handeln, meint Wyclif, als ob er zu den Erwählten gehöre. Dem Common sense des Engländers will es nicht einleuchten, daß diese guten Werke völlig vergeblich sein sollen; also empfiehlt er, gute Werke zu tun – auf jeden Fall können sie nicht schaden!

Wyclif unterscheidet feinsinnig zwischen den *praedestinati*, den für den Himmel Erwählten, und den *praesciti*, den »Vorhergewußten«, also jenen, von denen Gott im voraus weiß, daß sie in die Hölle fahren werden. Offenbar scheut sich Wyclif, sie mit der gleichen Bestimmtheit dem Teufel zu überantworten, wie er die *praedestinati* in den Himmel schickt. Es ist, als wollte er an der Himmelspforte einen Spalt offenlassen, damit der *praescitus* dort seinen Fuß – in Gestalt guter Werke – hineinstellen kann.

Die guten Werke sind für Wyclif wichtig, aber nicht sie allein; für ihn ist vor allem der innere Beweggrund des Handelns von Bedeutung. Wyclif empfiehlt dem Menschen, das Beste zu erstreben und so zu leben, als sei er zur Erlösung bestimmt – als ob der *praescitus* damit erreichen könne, daß er, selbst wenn seine Bestimmung anders gelautet hatte, durch sein eigenes Zutun diese Bestimmung aufzuheben vermöchte.

Da Wyclif die Verdammung von dem inneren Beweggrund des Handelnden abhängig macht, lehnt er auch die rein äußerlichen Zeichen der Bußfertigkeit ab, wie sie Ablaß und Seelenmesse darstellen. Für einen Toten zu beten sei unsinnig, sagt er, denn wenn der Tote zu ewiger Verdammnis bestimmt war, dann ging er ohnehin zur Hölle; war er für den Himmel auserwählt, so bedarf es solcher Hilfe nicht. Vor allem aber konnte an dem Motiv seines Handelns ohnehin nicht mehr gerüttelt werden. Genauso verhielte es sich mit dem Ablaß. Die Behauptung der Kirche, sie verfüge über einen Gnadenschatz aus den »überschüssigen Verdiensten« der Heiligen, fand er widersinnig. Die Kirche sei nicht imstande, einen solchen »Gnadenschatz« zu verkaufen, sagte Wyclif, weil sie ihn überhaupt nicht besitze. Für Wyclif, wie später für Luther, war es eine schreckliche Vorstellung, daß der Sünder, für andere oder für sich selbst, ohne Reue, ohne Buße, ohne eine schöne Regung seiner Seele, lediglich durch eine Geldzahlung Rechtfertigung finden könne. Würde Gott etwa noch über den Preis mit sich feilschen lassen?

Wyclif verwirft die äußeren Dinge, auf die die alte Kirche seiner Zeit soviel Wert legt: Glaube und fromme Gottesverehrung finden im Innern eines Menschen statt; es ist nicht äußerliches

Gehabe, das vor Gott zählt. Wyclif ist zu sehr Denker, Hochschullehrer, Intellektueller, um sich von den römischen Finanzmechanismen der Bußfertigkeit beeindrucken zu lassen. Er verwirft Wallfahrten, weil er weiß, daß man Gott an einem Ort ebenso gut verehren kann wie an einem andern. Reliquien- und Heiligenverehrung finden nur sein Kopfschütteln. Eine heilsame Wirkung kann er ihnen nur zuschreiben, wenn sie fromme Andacht gegenüber dem Erlöser selbst bezeugen. Er warnt vor den Heiligen, weil er die Gründe kennt, aus denen sie heiliggesprochen wurden – nicht selten aufgrund ihrer Herkunft oder aus anderen bedeutungslosen Gründen, sagt er –, wohingegen er an der Heiligkeit der Apostel keine Zweifel hegt. Er warnt vor dem Glauben, es sei einer als Seliger oder als Heiliger im Himmel, nur weil die Amtskirche ihn dazu erklärt. Die Kirche könne nicht einmal wissen, wer heilig sei, weil sie nur in seltenen Fällen das Leben ihrer Heiligen wirklich kenne.

Wyclif lehnt die Äußerlichkeiten dieser Kirche ab, weil sie an die Stelle echter Gottesverehrung getreten sind. »O daß doch in unserer Kirche nicht der Zeremonien und Zeichen so viele wären«, so ruft er einmal aus. Zustimmend zitiert er den hl. Augustinus: »So oft mich der Gesang fröhlicher stimmt als das Gesungene, gebe ich zu, daß ich gefehlt habe.« Wyclif verabscheut alle äußeren Zeichen des Glaubens, selbst lautes Singen, zieht das stille Gebet vor. Ähnlich puritanisch verhält er sich gegenüber den Heiligenbildern und ähnlichem. Ein Bilderstürmer ist er dennoch nicht.

Seine Theologie ist leicht zu verstehen, weil sie in sich viel Geschlossenheit zeigt. Das äußere Zeichen ist ihm stets unbedeutend, die innere Einstellung ist ihm das Wesentliche. So ist die Kirche für ihn nicht die sichtbare, hierarchisch geordnete römische Institution, sondern sie ist ihm ein Corpus mysticum, eine Gemeinschaft und Gesamtheit der Auserwählten, *communio praedestinatorum,* ihr Haupt Christus. Jeder Erwählte gehört ihr an, ob Laie oder Priester, ob Priester oder Bischof, einen Unterschied gibt es nicht. Wyclif lehrt das allgemeine Priestertum, obschon er diesen Begriff nicht verwendet. Was alle Auserwählten auszeichnet, ist das Auserwähltsein in den Augen Gottes. Ausgeschlossen wird aus dieser Gemeinschaft nur der, der sich selbst ausschließt, der sich selbst in seinem Innern lossagt.

Wyclifs Theorie von der Kirche als einer *communio praedestinatorum* mit Christus als Oberhaupt samt der Vorstellung von der allgemeinen Priesterschaft bringt ihn auch in Konflikt mit der Sakramentslehre der katholischen Kirche. Durch das Spenden der Sakramente bewahren die Geistlichen ihren Vorrang gegenüber den Laien. Aber wenn ein Laie in Notfällen das Sakrament der Taufe gültig vollziehen kann, warum dann nicht auch unter anderen Bedingungen? Wo in der Heiligen Schrift hat Christus ausdrücklich Priester eingesetzt, um Sakramente zu spenden? Und wo in der Schrift ist von einer Siebenzahl die Rede?

Sie auf sieben zu beschränken, hält Wyclif für bare Willkür, um nicht zu sagen: Überlieferung heidnischen Brauchtums. Ist das Sakrament, so schreibt er im »Trialogus«, bloß »das Zeichen einer heiligen Sache, das sichtbare Zeichen einer unsichtbaren Gnade«, so genüge die Sieben nicht, denn »solcher sichtbaren Zeichen gibt es in der Schrift zu Tausenden«. Eigentlich sei dann alle lebende Natur ein Sakrament; »warum nimmt man nicht jene sieben heraus und macht namentlich die evangelische Predigt nicht dazu?« In der Schrift finde das Abendmahl die stärkste, die Letzte Ölung die schwächste Rechtfertigung. Für die meisten der sieben Sakramente vermag Wyclif in der Bibel überhaupt keine Begründung zu finden. Die wichtigste Vorbedingung für den Empfang eines Sakramentes ist ihm die Bußfertigkeit des gläubigen Sünders; aus ihr komme das Heil, nicht aus der einfachen Verabreichung des Sakraments durch den Priester.

Beichte sei notwendig, sagt Wyclif, aber sie müsse nicht die Form annehmen, wie sie im Jahrhundert zuvor von Innozenz III. eingeführt worden war. Von einer jährlichen Beichte sei in der Bibel nirgendwo die Rede. Die Ohrenbeichte könne, aber müsse nicht geleistet werden. Der individuellen Beichte zieht Wyclif die allgemeine Beichte der Sünder vor; gegen die private Beichte führt er an, sie führe leicht zur Unkeuschheit.

273

Nicht die Vermittlung des Priesters sei nötig, um von seinen Sünden freizuwerden, wichtig sei nur, daß der Gläubige sein sündiges Herz vor Gott ausschütte und ihn um Vergebung bitte. Die Absolution könne der Priester nicht erteilen; die Reue bewirke die Befreiung von den Sünden, die nur Christus aussprechen könne. Die Verweigerung der Absolution hält Wyclif für »einen neuen Trick der römischen Kurie«.

Die Sakramentenlehre Wyclifs war ein weiterer wichtiger Schritt, der ihn von der Kirche wegführte. Indem er der römischen Lehre von der Überordnung des Priesters gegenüber dem Laien den Boden entzog, zerschnitt er das letzte Band zwischen sich und der Kirche. Seine Lehre vom allgemeinen Priestertum war eine Kampfansage an die Amtskirche und den einfachen Klerus. Und jetzt grub er auch noch die alte Frage aus, ob der Priester, der selber im Zustand der Sünde lebte, die Sakramente für den Empfangenden wirksam spenden könne – doch nunmehr verneint Wyclif diese Frage. Er lehrt, wie später seine Anhänger, daß der Wert des Sakraments von der Reinheit des Priesters abhänge. Will er damit erreichen, daß Priester sich angespornt fühlen, ein reines Leben zu führen, um vor ihrer Gemeinde bestehen zu können? Es ist ein unterschwelliger Vorwurf an den Lebenswandel der Geistlichkeit. Im englischen Klerus findet Wyclif mit seinen Auffassungen keinen Zuspruch: Was die Gleichsetzung Priester-Bischof dem einzelnen Pfarrer gab, entzog ihm die Lehre vom allgemeinen Priestertum aller Auserwählten wieder.

Die äußeren Ereignisse sind für die theoretischen Schriften Wyclifs in seinen letzten Lebensjahren nicht unwichtig. Sie bestimmen zwar nicht den Inhalt seiner religiösen Doktrinen, geben ihm aber entscheidende Denkanstöße. Die Zeitläufte machen augenfällig, woran die Christenheit krankt.

Der Hundertjährige Krieg und das Schisma des Papsttums bestimmen den Meinungsstreit in seinen letzten Jahren. Der große Krieg läßt England nicht mehr los. Was einst als ein Familienzwist begonnen hatte, sprengte die Familienbande endgültig. Die Eroberungen Frankreichs in seinem Norden führten dazu, daß englische Kaufleute sich aus dem Flandrischen zurückzogen. Der Krieg schafft nicht nur neue militärische und – in seiner Folge – ökonomische Sachverhalte, sondern auch neue religiöse: Die Franzosen, die es mit dem Papst in Avignon halten, vertreiben im Flandrischen die »urbanistischen« – soll heißen: die rom-freundlichen – Priester und begünstigen die »clementistischen«. Als die Stadt Brügge ihre Loyalität zu Rom aufgibt und sich unter die Obhut von Avignon begibt, verlassen viele Einwohner die Stadt und ziehen nach Lüttich oder sonstwohin, wo man weiterhin auf den römischen Papst hört.

In England erregt der Abfall Flanderns viel Aufmerksamkeit. Der englische Episkopat, der in staatsmännischen Ämtern ohnehin im Krieg gegen Frankreich eine überragende Rolle gespielt hat, ruft jetzt zum Kreuzzug gegen die Schismatiker auf. Auch der römische Papst Urban VI. fordert einen Kreuzzug gegen diese Ketzer. In England finden seine Worte begeisterten Widerhall. Die Bettelmönche – »die Welpen des Papstes«, so nennt sie Wyclif jetzt – machen sich zu Verkündern des päpstlichen Hasses. Sie versprechen den Kriegsteilnehmern einen vollständigen Ablaß – und reiche Beteiligung an der Beute. Die materiellen Tröstungen sollen nicht geringer sein als die geistlichen. Die Stimmung schwillt an zur nationalen Hysterie. Unter der Führung des Bischofs von Norwich, Spencer, bricht das »Kreuzzugsheer« Mitte Mai 1383 auf. Es dauerte nicht lange, bis das militärische Unternehmen gegen die Clementisten in einem Fiasko endete.

Die Kirche hat mit diesem »Kreuzzug« nur Öl in Wyclifs ohnehin brennende Flamme gegossen. Wyclif erhob lauten Protest gegen die blutigen Greueltaten im Namen der Kirche. Er schreibt einen wütenden Brief an den Erzbischof von Canterbury, und in einer seiner letzten mächtigen Streitschriften, »De Cruciata«, gießt er noch einmal seinen flammenden Zorn über die in eine Feldkanzlei verwandelte Kurie aus. Er wähnt den Papst nicht mehr auf Christi Wegen, sondern auf den Pfaden Satans.

Unermüdlich kämpft er in diesen Jahren gegen die Kurie und ihre Helfershelfer, die Bettelmönche, die er in seiner Streitschrift »De Quattuor Sectis Novellis« giftig befehdet. Niemals zuvor hat er den Papst so heftig gegeißelt wie in einer weiteren späten Schrift, man darf die Zeitumstände nicht übersehen, die dieser Kritik vorangingen. Der Papst ist endgültig der Antichrist für ihn, »ein Teufel, denn er ist sowohl die Falschheit selbst als auch der Vater der Lügen«. Dieser Papst bewirkt nicht das Seelenheil der Gläubigen, eher ihre Verdammnis. »Wenn beide Päpste mit allen ihren Kardinälen vom Abgrund der Hölle verschlungen würden, so könnten die Gläubigen ebensogut als jetzt selig werden, denn nicht Gott, sondern der Teufel hat Papst und Kardinäle erschaffen. Ihr Name wird in der Bibel nicht genannt und ist erfunden worden, als das Gift in die Kirche eingeträufelt wurde.« Und an anderer Stelle: »Ist es denn etwas anderes als eine Brutstätte des Streites um die weltliche Herrschaft? Wahrlich, besser wäre es, man hätte keinen Papst und keine Kardinäle. Christus, unser Seelenbischof, würde ohne sie die Kirche viel besser regieren, wie er es auch in der Zeit vor der Dotation getan hat.« Wieder tauchen hier das »eingeträufelte Gift« und »die Dotation« (die Konstantinische Schenkung) als die Ursachen des päpstlichen Verderbnisses auf. Man möchte Wyclif wünschen, er hätte noch gelebt, als hundert Jahre später Lorenzo Valla die Schenkung als das entlarvte, was sie in Wirklichkeit war: eine Fälschung.

Sicherlich klingt Wyclifs Stimme in diesen Jahren schrill, schriller denn zuvor. Das hat nichts mit Wyclifs Alter und seiner Verbitterung zu tun. Will man sich in dieser Zeit Gehör verschaffen, gegen den Kriegsrausch einer ganzen Nation, dann muß man selbst gegen diesen Sturm anbrüllen. Und Wyclif besaß zeitlebens ein stürmisches Temperament, einen Hang zu kräftigen Ausdrücken; aber auch die Natur der Sache – dieser unerhörte Kreuzzug – verlangte nach einer starken Stimme. Wenn wir den Sozialhistorikern glauben dürfen, die sich vornehmlich mit den Sitten des 14. Jahrhunderts beschäftigt haben, dann findet in der Zeit nach der Pest und dem Massensterben eine Zerrüttung der Umgangsformen statt; die feinen Sitten fallen dem Pesttod zum Opfer. Auf den Gräbern der Verstorbenen erhebt sich eine neue Kultur. Aber vielleicht bedarf es dieser Erklärung gar nicht. Abgesehen von den obersten Spitzen der spätmittelalterlichen – und der frühneuzeitlichen – Gesellschaft, war diese Gesellschaft immer stark von ihrer Landbevölkerung geprägt, die keine feineren städtischen Formen kannte. Der Grobianismus der Lutherzeit bleibt durchaus ein ganzes Zeitalter lang, bis zur industriellen Revolution des 18. Jahrhunderts, bestimmend.

Mit seiner Schrift über Christus und seinen Widersacher, den Antichrist, zog Wyclif einen endgültigen Trennungsstrich unter seine Beziehung zum Papsttum. Der Papst ist nur noch Gegner für ihn, ein Negativbild Christi, dessen äußerste Verneinung: »Christus ist die Wahrheit, der Papst die Lüge; Christus die Armut, der Papst der Reichtum; Christus die Milde und Sanftmut, der Papst der Übermut und die Rachsucht; Christus der Schöpfer des Evangeliums, das zur Regierung dieser Welt ausreicht, weil es alle Wahrheit in sich birgt, der Papst die Quelle von Gesetzen, die von der ewigen Wahrheit wegführen.«

Das Papsttum hat diese Angriffe überstanden; es hat sogar, nach Überwindung des Schismas, eine kurze Erneuerungsphase erlebt, die bald in neuerliche Klagen über ihre Mißstände und in die Forderung nach einer Reform der Kirche an Haupt und Gliedern einmündete. In der Reformation des 16. Jahrhunderts wurde das Papsttum entscheidend geschwächt; aber Wyclifs grundlegende Forderungen nach Beschlagnahmung des Kirchenguts und Erlösung der Kirche von ihren weltlichen Pflichten wurden erst im 19. Jahrhundert erfüllt. Erst mit der Säkularisation wurde die Kirche ihrer Ländereien beraubt, wurde ihr die Verfügung über den Kirchenstaat entzogen. Erst eine moderne laizistische Gesellschaft versagte es ihr, künftig die allgemeinverbindlichen Normen menschlichen Zusammenlebens zu bestimmen.

277

DIE REINEN

Wyclifs letzte Jahre sind eine Zeit rastlosen Schaffens. Zwar fehlte ihm in Lutterworth der lange, einflußreiche Arm der Universität, aber um so schöpferischer war er in seiner Einsamkeit. Er bot alles auf, dem Antichrist das irdische Regiment wieder zu entreißen, er schrieb unermüdlich.

Das Werk, das in den zweieinhalb Jahren nach seinem Schlaganfall entstand, ist riesig. Wie es zu dieser Zeit um Wyclifs Gesundheit stand, wissen wir nicht genau. Seine persönliche Bescheidenheit verbot es ihm, sich wenigstens in einer seiner zahllosen Schriften über sein Wohlbefinden zu äußern. Das entsprach nicht seiner Vorstellung, das entsprach auch nicht der Zurückhaltung dieses Jahrhunderts. Wir wissen nicht einmal, welche Körperhälfte nach dem Apoplex von Lähmungen befallen war, was uns Rückschlüsse über die betroffene Hirnpartie und über etwaige weitere Ausfallserscheinungen gestatten würde. Er scheint auf jeden Fall die Folgen dieses ersten Schlages gut überstanden zu haben.

Viele seiner Schriften waren unvollendet, als der Tod im Jahr 1384 nach ihm griff; er arbeitete also gleichzeitig an mehreren Dingen, diktierte sie vielleicht umrißhaft seinem Sekretär, John Purvey, und überließ es dann ihm, ihre Einzelheiten auszuarbeiten. Die Form seiner späten Werke ist mangelhaft, sie wiederholen sich häufig, und die Gedanken finden nur zögernd an ihr Ende. Womöglich können Bewußtseinstrübungen des Kranken die Nachlässigkeit erklären.

In diesen Jahren sandte Wyclif Prediger aus, damit sie das Wort Gottes verkündeten. Offenbar vermißte er das mächtige Sprachrohr, das ihm die Universität Oxford einst gewesen war; aber John Wyclif war überdies von der Heiligkeit der Predigt überzeugt. Die Verkündung von Gottes Wort war ihm das vornehmste Anliegen. Geistliche Vorbilder dafür gab es genug: Hatte nicht der hl. Franz von Assisi seine Brüder als Prediger ausgesandt, weil er wünschte, daß sie durch die Verkündung der Botschaft und durch ihr Leben in Armut in die Fußstapfen Christi traten? Die Prediger waren für Wyclif das, was für Luther die Druckerpresse wurde, ein Medium zur Verbreitung einer Botschaft.

Es ist fraglich, wann zum ersten Mal mit Wyclifs Wissen und Wollen Prediger ausgesandt wurden. War es in den Jahren 1376/77, als er erste Berühmtheit erlangte, oder zu Beginn der achtziger Jahre, nach seiner Ausweisung aus Oxford? Auch die geistige Urheberschaft dieser Sendung ist umstritten; möglicherweise stammt die Idee aus seinem Freundeskreis in Oxford.

Spätestens im Jahre 82 wanderten seine Prediger umher, angetan mit rohen, härenen Gewändern, die bis zu den Füßen hinabreichten – so hatte sich Wyclif in Oxford gekleidet –, nicht einmal Sandalen an den Füßen, den Wanderstab in einer Hand. Was Essen, Trinken und ein Quartier für die Nacht betraf, verließen sie sich ganz auf die Freundlichkeit der Menschen. Mit sich trugen sie Abschriften von Wyclifs Predigten und Flugblätter. Sie hatten den Auftrag, überall, wohin sie auch kamen, in Straßen, Gassen und Märkten, die Mißstände der Kirche anzuprangern und die rechte Botschaft Christi zu verkünden, aus der – wie Wyclif hoffte – die rechte christliche Lebensweise folgen würde. Für diese Prediger hatte ihr Meister etliche Traktate und Predigten vorbereitet, denen die Heilige Schrift zugrunde lag.

Sie machten sich schnell einen Namen. Bettelmönche sah man in diesen Jahren schon seltener auftreten, die zogen es vor, in ihren bequemen städtischen Klöstern zu leben statt wie vordem, zu zweit über Land zu wandern. Die *poor priests* nannte man Wyclifs Prediger anfangs. Wo immer man sie gewähren ließ, manchmal auch an geweihten Orten, traten diese Redner auf. Sie wurden echte Volksprediger, die in der Sprache des Volkes zu jedermann sprachen. Ob es in den ersten Jahren ausschließlich Priester waren, wie die Bezeichnung *poor priests* andeutet, ist zweifelhaft. Für John Wyclif war die Unterscheidung zwischen Priester und Laien ohnehin bedeutungslos, und der Name mochte ebensogut auf ihre arme, heiligmäßige Lebensweise hinweisen. In späteren Jahren, nach Wyclifs Tod, waren auch Laien unter ihnen, und soweit sie tatsächlich geweihte Priester waren, besaßen sie sicherlich keine Pfründen, sondern waren zum größten Teil geistliches Proletariat, Menschen, deren Armut sicherlich nicht die Folge davon war, daß sie, wie das Evangelium lehrt, vollkommen sein wollten und daher ihre Habe verkauft und den Erlös unter den Armen verteilt hatten. Sie waren arm und offen für radikale Ansichten.

Es dauerte nicht lange, bis man sie Lollarden nannte. Der Name war nicht neu, damit bezeichnete man alle möglichen unerwünschten Elemente, Ketzergesindel. Daß es kein Schmeichelwort war, beweist Chaucer, der sich brüstet, er könne »smelle a loller in the wind« – gegen den Wind riecht man immer nur das Unangenehme. Öffentlich angewandt wurde diese Bezeichnung erstmals von Dr. Henry Cromp, einem Zisterzienser und Widersacher Wyclifs, der dafür immerhin seiner akademischen Rechte verlustig ging. Das war 1382. Cromp wurde bald wieder in seine Rechte eingesetzt, das Schimpfwort blieb an den *poor priests* hängen. Dieser Name wurde wahrscheinlich auf dem Festland geprägt, in den Niederlanden; die Bezeichnung Lollarde kommt von *lollen, lullen,* ein Hinweis auf ihre unermüdliche Predigertätigkeit. Die Bezeichnung Begharden war, ebenso lautmalerisch, auf die Bettelmönche gemünzt. Nicht alle, die damals als Lollarden bezeichnet wurden, waren allerdings Anhänger Wyclifs.

Wycliffiten, Lollarden, Ketzer: In den Augen der Kirchenoberen waren diese Bezeichnungen gleichbedeutend, bald waren sie es auch für die weltlichen Behörden. (Das Wort Ketzer war schon damals negativ besetzt, obwohl der Ursprung dieser Bezeichnung ironischerweise auf ganz anderes hinweist: Ketzer leitet sich ab von dem griechischen *catharoi,* das soviel bedeutet wie die Reinen.) Die wycliffitischen Lollarden standen in einer alten Tradition europäischer Ketzerei, die allerdings nur auf dem Festland, bis dahin noch nicht in England, weit verbreitet gewesen war.

Die Gemeinsamkeit dieser europäischen Ketzerbewegungen war ihre Kritik an der Verweltlichung der Kirche und ihre Forderung nach einer schriftgemäßen Kirchenlehre, nach religiösem Ernst sowie nach der Laienpredigt. Den gleichen Katalog von Forderungen hatten die Lollarden.

Der gemeinsame Ursprung dieser Laienbewegungen liegt im frühen und hohen Mittelalter, in den *dark ages,* wie man in England die Jahrhunderte zwischen den Verwüstungen der Völkerwanderungen und der Blüte des hohen Mittelalters nennt. Aus dem Osten, im Umweg über Spanien und Süditalien, strömte im Lauf der Zeit religiöses und philosophisches Gedankengut ein; die Kreuzzüge begünstigten den »Import« dieser geistigen Güter. Eine (wenn auch nur zaghaft) sich ausbreitende Bildung brachte es mit sich, daß Laien bemerkten, wie sehr die Gebote der Kirche sich von der Lebensweise des Klerus abhoben; die Laien begannen zu bemerken, daß auch die Kirche nicht gegen die Mächte der Finsternis und des Verfalls gefeit war. Diese Erkenntnis förderte die Einsicht, daß man sein religiöses Heil auch neben – leichter vielleicht als in – der Kirche erlangen konnte. Die Laienschaft begann sich zu fragen, ob nicht im theoretischen Überbau der Kirche einiges im argen liegen mußte, wenn es im Alltag der Kleriker solche Zerfallserscheinungen geben konnte.

Laienbewegungen entstehen, und es dauert eine gute Weile, bis die Kirche die einen endgültig zu Ketzern erklärt, die andern zu Heiligen. Die Unterschiede zerfließen. Am stärksten treten diese Laien in den wirtschaftlich höherentwickelten Regionen Europas hervor: im Süden Frankreichs, in der Lombardei, in den Rheinlanden, in Flandern. Diese Menschen wenden sich vom Reichtum ihrer Umgebung und von der Sattheit ihrer Mitmenschen ab. Sie steigen aus, verdienen sich ihr Brot mit einfachen Dingen, vielleicht als Weber, wie der hl. Paulus, auf den sie sich dabei berufen (Apg 18,3). Für sie bedeutet die Nachfolge Christi persönliche Armut, apostolische Lebensführung, das Umherziehen als Prediger und die Verkündung des Heilands. Die Bereitschaft dieser der Kurie verdächtigen Laien, für ihre Überzeugung das Martyrium zu erleiden, ist mehr als bloße Redensart.

Einer von ihnen ist Waldes, ein reicher Kaufmann aus Lyon, den sein Bischof wegen unerlaubten Predigens aus der Stadt ausweist. Er versteht sich als Katholik; er will sich nicht von seiner Kirche trennen, er will einfach gemäß dem Evangelium, das er buchstäblich versteht, sein Leben einrichten. Daher antwortet er dem Bischof als Rechtfertigung für sein Predigen mit den Worten: »Wer Gutes tun könnte und es nicht tut, versündigt sich« (Jak 4,17), und er beruft sich auch auf das Evangelium des Markus: »Gehet hin in alle Welt und verkündet aller Schöpfung die frohe Botschaft!« (16,15). Und weil er Gott mehr gehorchen wollte als den Menschen (Apg 5,29), scherte er sich nicht um das Verbot seines Bischofs, sondern wandte sich nunmehr an den Papst.

Die Kurie war auf das unerlaubte Predigen von Laien nicht gut zu sprechen. Ihr klangen noch immer die feurigen Worte eines Arnold von Brescia in den Ohren, vorgetragen mit hinreißender Beredsamkeit, die Geistlichkeit ermahnend, sie solle um ihres Seelenheiles willen allem weltlichen Besitz entsagen, auf alle weltliche Herrschaft verzichten. Die Forderung der Laien nach apostolischer Lebensführung und Armut der Kirche war an der Kurie nie populär. Auf dem Konzil von Verona verhängte Papst Lucius III. über diese Laienbewegung den Kirchenbann.

Die verbotene Bewegung schwoll dennoch weiter an und wurde immer bedrohlicher für die Kirche.

Was machte die Ketzerei so gefährlich? Warum ging die Kirche überall so gewalttätig gegen die Ketzer vor?

Das Christentum war die allgemeinverbindliche Lehre des mittelalterlichen Europa, mehr als das: *extra ecclesiam nulla salus,* außerhalb der Kirche gab es kein Heil. Die Kirche war die bedeutendste, umfassendste Organisation. Die religiösen Dinge im engeren Sinne zu bezweifeln war weniger gefährlich – und weniger zerstörerisch –, als die Kirche als Organisation zu kritisieren. Der ganze weltliche Alltag beruhte auf den Regeln der Kirche. Das Jahr bestimmte sich nach der Geburt des Heilands, der Tag nach den Heiligen, die Stunde nach dem Gebet. Wie lange ein Ei zu kochen war, wie lange eine Speise zubereitet wurde, alles war ausgedrückt in der Länge von Gebeten. Nicht nur Tag und Stunde, das ganze Leben war eingeteilt in christliche Formeln: Geburt und Tod, Alltag wie Feiertag, Arbeit und Vergnügungen. Die Kirche war allumfassend; wer dem Menschengeschlecht angehören wollte, mußte auch der Kirche angehören. Man konnte sich nicht gegen sie entscheiden, wie es auch nicht nötig war, sich bewußt für sie zu entscheiden. Geboren zu werden in dieser Welt und die Taufe zu empfangen, das war eins – im Grunde war man erst mit der Taufe ein Mensch. Selbst Dante, keineswegs ein unkritischer Bewunderer der römischen Kirche, hat die Stifter falscher Lehren an den schauderhaftesten Platz seiner Hölle verwiesen:

Die Deckel waren halb gelüftet,
Und grelle Klagen drangen aus den Gräbern,
gewiß von armen, schwer Gepeinigten.

Und ich: »Was sind das, Meister, wohl für Menschen,
die eingesargt in jenen Archen stecken
und seufzend, jammernd sich bemerkbar machen?«

Er sprach: »Das sind die Stifter falscher Lehren
und allerlei sektiererischer Anhang.
Viel voller als du denkst, sind diese Gräber.«
(Inferno, 9. Gesang)

Die Jahre zwischen 1209 und 1215, vom Albigenserkreuzzug bis zum vierten Laterankonzil, bilden die Wasserscheide in der römischen Politik gegenüber den Ketzern. Vorher hatte das Papsttum gegen alle verdächtigen Laienbewegungen blindwütig losgeschlagen, nach 1215 versuchten die Päpste, die kompromißbereiten Laien im Schoß der Kirche zu behalten. Das vierte Laterankonzil versucht, das katholische Bekenntnis neu zu fassen und damit eine Verbindlichkeit des Glaubens herzustellen. Sodann ist die Frage zu beantworten, was als Ketzerei zu gelten hat. Lange Zeit fehlten dafür die Maßstäbe gänzlich. Vor Innozenz III. hatte die Kirche wenig Interesse daran gehabt, einen klaren, begründbaren Trennungsstrich zwischen sich und den Abtrünnigen zu ziehen. Die Behörden, weltliche wie kirchliche, wußten weder, wie man Ketzer erkennen noch wie man mit ihnen verfahren konnte. Nicht selten überließ man die Unglücklichen einem Gottesgericht oder der Lynchjustiz, weil die kirchlichen Organisationsformen noch so wenig ausgeformt waren, daß nicht einmal klar festgelegt werden konnte, was unter Ketzerei zu verstehen war.

Erst gegen 1215 erfolgte die Gründung der Bettelorden und damit die Aufnahme der Integrationsfähigen in die Kirche. Zwar schlug auch ihnen das unverhohlene Mißtrauen der Amtskirche entgegen, auch das der – vorgewarnten – Laien, aber das Papsttum war nun entschlossen, sie durch Einbindung zu zähmen. Wie Waldes, so kam auch der hl. Franz aus dem Haus eines Kaufmannes, der mit Tuchen handelte; sein erster Gefährte, Bernhard von Quintavalle, entstammte gleichfalls einer angesehenen Kaufmannsfamilie. Ihr nächster Gefährte war ein Petrus Cattaneo, der in Bologna die Rechte studiert hatte, vielleicht sogar Kanoniker gewesen war. Zu ihrem Kreis zählten ferner zwei Adelige. Es war also die gleiche Gesellschaftsschicht, aus der auch an anderen Orten die Ketzer stammten.

Innozenz III. kehrte sich ab von der Ketzerpolitik seiner Vorgänger. Auf dem vierten Laterankonzil wurden die alten Ketzererlasse aufgehoben oder vereinheitlicht. Das Konzil schickte eine katholische Glaubensformel voraus, wer gegen sie verstoße in seinen Glaubensanschauungen, sei Ketzer. Gottesurteile sind künftig untersagt, dafür werden die Bischöfe jetzt ermahnt, sorgfältige Untersuchungen anzustellen – Inquisitionen –, ob in ihren Bistümern Ketzer ansässig seien.

Innozenz nahm die Forderung nach apostolischer Armut und Wanderpredigt in die Kirche auf. Bereits 1210 approbierte er eine Gruppe armer Wanderprediger unter der Führung von Bernhard Prim. Wahrscheinlich war es im gleichen Jahr, als Franz von Assisi mit elf Gefährten bei ihm erschien und gleichfalls zum Leben in Armut und zur Ausübung der Predigt die Erlaubnis erhielt. Zwar schlug der Papst ihnen vor, sich zu einer der bestehenden Ordensregeln zu bekennen, aber das wollten sie nicht. Schließlich erkannte er sie an als eine Gemeinschaft von Bußpredigern, ohne daß sie sich zur Annahme einer der alten Regeln verpflichten mußten. Nur zwei Bedingungen stellte er ihnen: die Tonsur zu empfangen und damit Kleriker zu werden und dem Papst Gehorsam zu geloben. Eine schriftliche Bestätigung ihres Ordens erhielten sie nicht.

Die Predigt war den Laien weiterhin untersagt; die Auslegung der Heiligen Schrift blieb den Klerikern vorbehalten. Dafür wurden nun aber die Bischöfe angehalten, den religiösen Bedürfnissen ihrer Gläubigen entgegenzukommen und häufiger einen Prediger einzusetzen. Dennoch blieben die neuen Bettelorden verdächtig, und mancher Erzbischof hat ihnen – wie später den Jesuiten – jahrhundertelang sein Territorium versperrt. Als die ersten italienischen Franziskaner 1219 nach Deutschland kamen, wurden sie prompt gefragt, ob sie Ketzer seien. Unschuldig antworteten sie mit dem einzigen deutschen Wort, das sie zufällig kannten: »Ja.«

Zulassung und Anerkennung – soviel Großmut erwarteten die Anhänger Wyclifs nicht. Sie wollten lediglich unbehelligt durch England ziehen und dort predigen, wo sie ein offenes Ohr fanden. Was in Oxford als ein intellektueller Zirkel begonnen hatte, der gelehrte Gespräche über religiöse Fragen führte, und später in Lutterworth die Bibel übersetzte, das wuchs sich bald aus zu einer Vielzahl von Personen. John Purvey haben wir in diesem Zusammenhang bereits kennengelernt, desgleichen Repingdon und Hereford. Ein weiterer aus diesem engeren Kreis von Oxfordianern war John Aston, in jüngeren Jahren ein Fellow von Merton College. Er soll 1365 über die Frage promoviert haben, wie viele Jahre zwischen der Sintflut und dem künftigen Weltuntergang mindestens vergehen müssen; ein bedeutender Mathematiker hat sich später die Mühe gemacht, Astons Thesen zu widerlegen. Auch Thomas Brightwell war ehemaliger Fellow von Merton; er war Weltgeistlicher und hatte zusammen mit Wyclif Zimmer in Queen's College gemietet. Ferner gehörte ein Lawrence Bedeman zu diesem Kreis. Er kam aus Cornwall und wurde nach dem Bauernaufstand beschuldigt, einer der Rädelsführer gewesen zu sein.

Die *poor priests,* diese »Wölfe im Schafspelz«, wie Courtenay sie nannte, wurden bald zu einflußreichen Predigern. Chroniken berichten, sie seien im Land umhergezogen und hätten »selbst Adelige und hohe Herren« verführt, und die Folge davon sei gewesen, daß an manchen Orten »jeder zweite, dem man begegnet, ein Lollarde ist«, wie John Knighton, ein Widersacher Wyclifs, ärgerlich schrieb. Das war gewiß eine Übertreibung, aber in einzelnen Teilen des Südens, namentlich in den Diözesen London und Lincoln, gewannen sie tatsächlich viele Anhänger. Allerdings scheinen sie mit ihren religiösen Lehren auch sozialen Streit verursacht zu haben. Ein Volkslied aus dieser Zeit spricht von ihnen als Streithanseln und Schlangengezücht, wie es sie in der Kirche niemals gegeben habe:

> Lollardi sunt zizania,
> Spinae, vepres, ac lollia,
> Quae vostant hostem viveae;
> Nam pejor pestilentia,
> Non fuit in ecclesia,
> Incedens tam erronea.

Daß ihr Ernst und ihr Eifer Menschen beeindruckte, steht außer Zweifel. Die Behauptung der Bettelmönche, Wyclifs *poor priests* seien »idiotische Ketzer, die nicht das geringste über die Heilige Schrift wissen, da der Schatz des Herrn bei den Bettelmönchen geborgen ist«, legt nahe, daß sie den Lollarden ihren Erfolg nicht gönnten. Denn daß diese mit ihren feurigen Reden nicht nur das Bürgertum ansprachen, sondern auch den Adel und die Gentry, ist gut bezeugt. Mehr als einer dieser Lollardenprediger stand eines Tages als Kaplan in den Diensten eines adeligen Herrn.

Natürlich ließ man sie nicht unbehelligt. Seit dem großen

Bauernaufstand hielt der junge König Wyclif für einen gefährlichen Radikalen, und daß Wyclif in seinen letzten Jahren seine Lehre von der Herrschaft wieder aufgriff und ausdrücklich sagte, auch weltliche Eigentümer in Sünde hätten keinen Anspruch auf Herrschaft, machte die Sache nicht besser. Die kirchliche Hierarchie und das Königshaus waren einer Meinung, und nach 1382 erklärten sich auch die Commons mit der Verfolgung der Lollarden einverstanden. Erzbischof Courtenay ermahnte seinen Amtsnachfolger, den Bischof von London, er solle endlich gegen die unberufenen Reiseprediger einschreiten, die in seiner Diözese umherzögen und »irrige, ja ketzerische Behauptungen aufstellen, und zwar nicht nur in Kirchen, sondern auch auf öffentlichen Plätzen und an anderen profanen Orten«.

John Wyclif lebte in diesen letzten Jahren abgeschieden in Lutterworth. Die Verfolgung seiner Anhänger, die für ihn die biblische Lehre verbreiteten, erregte seinen Zorn, wie überhaupt alles, was die Kirche jetzt machte, ihn verärgerte. Nicht einmal die Universität, der er sein Leben lang gedient hatte, war jetzt vor seinen Angriffen sicher. Sie solle abgeschafft werden, meinte er zuletzt, Christus wolle keine spitzfindig gebildeten Priester, die über den gewöhnlichen Sterblichen standen; er wolle einfache Menschen, die ihn und seine Lehren liebten.

Selten ist ein Theologe beides zugleich: Seelsorger und Wissenschaftler. Luther war beides, und das erklärt einen Teil seines Erfolgs: Als Hochschullehrer wußte er, auf welche Lehren es im christlichen Glauben ankam, und als Seelsorger vermittelte er diese Lehren. Luther war das Bindeglied zwischen wissenschaftlicher Theologie und den religiösen Bedürfnissen des Volkes. Anders John Wyclif. Er war geprägt von den vielen Jahren in Oxford; Pfarren waren für ihn immer nur Sinekuren gewesen, die ihm seinen Lebensunterhalt sicherten. So wichtig er die Verbreitung der christlichen Lehre auch nahm, Seelsorger wurde er niemals, nicht einmal in den letzten Jahren, als er erzwungenermaßen in Lutterworth residierte. Auch dort überließ er die Seelsorge einem Kaplan, den er bezahlte, während er sich auf seine Schreibarbeit konzentrierte. Er blieb akademischer Lehrer, Gelehrter und Bibelkundiger. Der Hilfsgeistliche, der in den letzten Jahren an seiner Seite wachte, hieß John Horn. Die ältere Wyclif-Forschung hat geglaubt, Horn sei sein Nachfolger geworden, aber das stimmt nicht. In der Marienkirche zu Lutterworth hängt eine vollständige Liste ihrer Pfarrer, und sie nennt einen John de Morhous als Nachfolger Wyclifs.

Es war der Tag der unschuldigen Kindlein (28. Dezember), als Wyclif todkrank wurde. Böswillige Zungen behaupteten später, es sei der Ehrentag des hl. Thomas Becket gewesen, der 29. Tag des Monats. Wyclif, so behaupteten seine Verleumder, habe diesen Heiligen lästern wollen, daher habe ihn am gleichen Tag der Tod ereilt. John Horn, ein Augenzeuge, gibt uns eine anderslautende Beschreibung: »Am Tag der unschuldigen Kindlein hörte Wyclif in seiner Kirche die Messe. Etwa zur Zeit der Wandlung, da die Hostie erhoben wird, wurde er von einem schweren Schlag niedergeworfen. Die Lähmung traf vor allem die Zunge, so daß er weder dann noch später sprechen konnte.« Die Freunde nahmen sich seiner an, trugen ihn hinüber ins Pfarrhaus. Wyclif erlangte das Bewußtsein wieder; verständlich sprechen konnte er allerdings nicht mehr. Am Tag des Papstes Silvester – desselben, der von Konstantin die »Schenkung« angenommen hatte –, dem letzten Tag des Jahres 1384 (nach unserem heutigen Kalender), schloß John Wyclif die Augen für immer. Beigesetzt wurde er in der Pfarrkirche von Lutterworth, die genaue Stelle ist nicht mehr bekannt. Es wird ein kleines, unscheinbares Grab gewesen sein; noch in einer seiner letzten Predigten hatte er gegen kostbare Grabmäler gewettert.

Die Wycliffie, das Lollardentum, fand mit dem Tod des Meisters kein Ende. Die englischen Behörden bemerkten bald, daß die Lollarden inzwischen eine eigenständige Kraft waren. In den ersten Jahren nach Wyclifs Tod bestanden sie aus zwei Gruppen: einem engeren Kreis, bestehend zumeist aus Theologen, die Wyclif noch persönlich kannten; und einem weiteren Kreis von Wanderpredigern, die Wyclifs Gedanken und die

Lehren der Schrift ins Volk trugen. Sie mußten sich im Schatten der Geschichte aufhalten, diese Prediger, denn sie wurden verfolgt, von der Kirche stärker als von Staats wegen. Über ihre Organisationsform und ihre Verbreitung läßt sich aus ebendiesen Gründen wenig sagen: Sie lebten im dunkeln. Oftmals sind Gerichtsakten die einzigen Quellen über ihr Tun – und das sind keineswegs immer objektive Quellen.

John Purvey ließ sich nach dem Tod Wyclifs in Bristol nieder. Die Stadt war günstig gelegen, sie lag wie Oxford an der Grenze von zwei Diözesen, da fühlte sich offenbar niemand so richtig zuständig.

In Oxford galt die Wycliffie lange Zeit nur als eine intellektuelle Mode; sie wurde nicht allzu streng verfolgt. Hereford und Aston konnten sich bis 1387 halten, dann mußten sie fliehen. Sie machten zusammen eine Predigttour durch den Westen Englands. Der Constable von Nottingham nahm Hereford gefangen und übergab ihn Erzbischof Courtenay. Unter der Behandlung, die ihm der hohe Kirchenmann angedeihen ließ, widerrief Hereford bald, und seine Freunde haben daraus gefolgert, daß er für seine Überzeugungen schrecklich gefoltert wurde.

Die Lollarden wollten vom Parlament als eine religiöse Minderheit anerkannt werden, um vor weiteren Nachstellungen geschützt zu sein. Anno 1395 legten sie dem Parlament ihre zwölf Artikel vor. Sie zeigen deutlich, daß sich in den elf Jahren seit Wyclifs Tod neues Gedankengut entwickelt hatte: Es sind Forderungen darin enthalten, die seither immer wieder vornehmlich von puritanischen Protestanten gestellt wurden. Neben den traditionell wycliffitischen Reformvorstellungen verlangten die Lollarden die Abschaffung aufwendiger kirchlicher Feiern und der Kirchenmusik, sie verurteilten die Heiligenverehrung und die Bilder an den Wänden der Gotteshäuser. Ihr Protest reicht noch weiter, ihre Forderungen klingen aggressiver. Sie agitieren jetzt brennender, mit weniger Toleranz, gegen Eidesschwüre, gegen Wehrdienst, gegen priesterlichen Zölibat und gegen Seelenmessen, die sie allesamt als unbiblisch ablehnen.

Papst Bonifaz IX. war im November 1383 Urban VI. auf dem römischen Stuhl Petri gefolgt; der andere Papst, Neapolitaner wie Bonifaz, residierte weiterhin in Avignon. Bonifaz litt »in seinem Herzen zutiefst daran«, wie er an König Richard schrieb, daß der englische Monarch nicht mit mehr Sorgfalt und Strenge gegen die Ketzer in seinem Königreich vorging. Sehr bildhaft und drastisch verlangte er, es solle »in der Asche kein Fünkchen von ihnen übrigbleiben, sie sollen schnell und vollständig ausgelöscht werden«. Das konnte niemand mißverstehen. Er sandte vorsorglich weitere Schreiben an englische Amtspersonen und bat sie, in diesem Sinne Druck auf die Regierenden auszuüben.

Der neue König, Heinrich IV., ein Sohn des John of Gaunt, der 1399 Richard vom Thron stieß, begann gleich nach Regierungsantritt, die Lollarden zu verfolgen. Dieser König mußte sich die Legitimität seiner Herrschaft erst verschaffen und wollte offenbar vom Öl der päpstlichen Zustimmung gesalbt werden. Die Prälaten hatten schon zuvor im Parlament dem Monarchen und den Lords vorgehalten, sie sollten strenger gegen die Ketzer im Königreich vorgehen. Nach dem Regierungsantritt Heinrichs IV. führte die englische Kirche für Ketzer den Feuertod ein. Ein solches Gesetz gab es in England nicht, daher suchte der Episkopat zur Ausführung die Hilfe des Staates. 1401 verabschiedete das Parlament das Gesetz »De Heretico Comburendo«, das jedem Ketzer, der nicht widerrief, den Feuertod androhte.

Der erste, den die neue Maßnahme traf, war ein Priester namens Sawtry. Er hatte sich der lollardischen Ketzerei schuldig gemacht. Erzbischof Arundel schickte ihn 1402 auf den Scheiterhaufen. Das gleiche Schicksal hätte Wyclifs Sekretär John Purvey ereilt, hätte er es nicht im darauffolgenden Monat vorgezogen, sich der Kirche zu unterwerfen.

Wenige Jahre später, 1407, berief Arundel eine gelehrte Versammlung von Theologen ein, die alle Werke Wyclifs einer strengen Prüfung unterziehen sollte. Dieses Gremium nahm an nicht weniger als 267 Sätzen Wyclifs Anstoß; man befand sie für ketzerisch oder irrig. Sie übersandten die lange Liste nach

Rom: Bald nährten die Schriften Wyclifs die römischen Schei-terhaufen. Es dauerte nicht mehr lange, und selbst die Universi-tät Oxford mußte Teile ihrer akademischen Lehrfreiheit und andere Privilegien aufgeben. So war es dem Erzbischof bislang verwehrt gewesen, die Universitätskirche, der Jungfrau Maria geweiht, auch nur zu betreten. Dieses Privileg fiel 1407. Und der Name Lollarde, der bislang in Gelehrtenkreisen als ein leicht rebellischer Beiname gegolten hatte und von geistiger Unabhängigkeit zeugte, wurde jetzt lebensgefährlich. Als Hie-ronymus von Prag in den ersten Jahren des 15. Jahrhunderts an der Universität Oxford weilte, fand er dort noch eine lebendige Wyclif-Tradition vor. In den Bibliotheken standen auch Bü-cher des Meisters, einige davon nahm er mit heim nach Prag. Damit war es jetzt vorbei.

Die englische Regierung hielt die Lollarden für gefährlich, weil sich jetzt viele Adelige, unter denen sich das Lesen allmäh-lich verbreitete, zu Wyclif bekannten. Im gleichen Jahr, als die Lollarden ihre zwölf Artikel verfaßten, traten drei der bedeu-tendsten Vertreter des englischen Adels, John Montague, der nachmalige Graf Salisbury, Lord Thomas Latimer und Lord Richard Stury, dem Lollardentum bei. Sie wollten sich für die zwölf Artikel im Parlament einsetzen – aber soweit kam es nicht, der Papst hatte rechtzeitig davon erfahren und war dage-gen eingeschritten. Es blieb den Lollarden versagt, als konfes-sionelle Minderheit anerkannt zu werden.

Der Sohn Heinrichs IV., der fünfte Heinrich, der 1413 den Thron bestieg, ging noch energischer gegen die Lollarden vor als sein Vater: Immer mehr staatstragende Elemente bekannten sich zum Lollardentum. Unter Heinrich V. wurden die Verfol-gungen von Staats wegen so gut organisiert, daß die Lollarden nach Schottland auswichen; das Land wurde zum Refugium englischer Glaubensflüchtlinge. Zuvor jedoch, im Januar 1414, unternahmen die Lollarden in England verzweifelte Auf-standsversuche, die zwar gut vorbereitet waren, aber trotzdem niedergeschlagen wurden. Das geistige Haupt dieser Ver-schwörung war ein Adeliger namens Oldcastle. Er hatte wegen seines protestantischen Glaubens einige Zeit im Gefängnis verbracht, konnte aber entfliehen. Viele der Aufständischen wurden erhängt, insgesamt über hundert Personen. Die Regierung bot Oldcastle Straffreiheit an, wenn er sich ergäbe, aber er ging nicht darauf ein. Es gelang ihm, sich bis Herbst 1417 versteckt zu halten, dann wurde er von den Häschern des König gefaßt. Er wurde im gleichen Jahr im Tower von London erhängt, die Leiche verbrannt. Shakespeare hat in einem seiner Stücke versucht, ihn zu rehabilitieren: am Ende des Königsdramas »Heinrich IV., Teil Zwei« sagt der Tänzer in seinem Epilog: »Oldcastle starb als Märtyrer.«

Von da an galt Wycliffie und jegliche Art von Ketzerei als schweres staatliches Verbrechen. Lollarden wurden mit Mördern und Hochverrätern auf eine Stufe gestellt. Selbst geringe Abweichungen von der vorgeschriebenen Lebensweise der katholischen Kirche wurden schwer geahndet: 1430 wurde ein Richard Hunden hingerichtet, weil er am Freitag Fleisch gegessen hatte. In den zwanziger und dreißiger Jahren des 15. Jahrhunderts gab es zahlreiche Hinrichtungen von Lollarden. Viele wurden eingekerkert, weil sie zu seinem Grab pilgerten.

John Wyclif selbst war zu seinen Lebzeiten niemals exkommuniziert worden. Aber nach Beendigung des Schismas, als das Papsttum wieder mächtiger wurde, wollte es die Kurie nicht länger ertragen, daß dieser Verbreiter von Irrlehren in geweihtem Grund ruhte. Je mehr seine Prediger von sich reden machten, desto verhaßter wurde der Meister. Seine Gedanken fielen inzwischen auch auf dem Festland, im entfernten Königreich Böhmen, auf fruchtbaren Boden. Wyclifs größter Nachfolger, Jan Hus, der Tscheche, wurde vom Papsttum zum Konzil nach Konstanz geladen, er erhielt freies Geleit zugesichert. Am 4. Mai 1415, noch bevor das Konzil sich mit Hus beschäftigen konnte, lieferte eine Kommission von vier Personen, vom Konzil Mitte April dazu bestellt, einen vorläufigen Bericht der Ketzereien Wyclifs und seiner Nachfolger ab. Die papsttreuen Theologen verdammten Wyclif nicht weniger als 260mal, seine Schriften sollten verbrannt werden, »seine Gebeine ausgegraben und aus geweihtem Grund entfernt werden, vorausgesetzt sie können von den Gebeinen nahebei bestatteter Christen unterschieden werden«.

Viel Rücksichtnahme und Umstände wegen der paar hinfälligen Knochenreste. Die Exhumierung und Verbrennung der sterblichen Überreste von Ketzern war damals keine selten geübte Praxis. Ein bekannter Inquisitor, Bernard Gui, Verfasser eines Handbuches der Inquisitionspraxis, ließ alleine in Südfrankreich zwischen 1308 und 1322 siebenundsechzig Leichname von Ketzern ausgraben und verbrennen.

Mit einer papierenen Ketzerkappe auf dem Kopf, auf der geschrieben stand: »Ich bin ein Erzketzer«, wurde Jan Hus zum Scheiterhaufen geführt, ihn hatten sie ja in der Hand. Aber betreffs John Wyclif blieb die Verfügung des Konstanzer Konzils einige Jahre lang toter Buchstabe. Die zuständigen Bischöfe, Fleming und Repingdon, waren selbst beide zeitweilig Anhänger Wyclifs gewesen, und sie scheuten sich, die Ruhe des Toten zu stören. Am 9. Dezember 1427, ein Dutzend Jahre nach dem Konzilsbeschluß, erhielten sie von Papst Martin V., der das päpstliche Dreigespann abgelöst hatte, die strikte Anordnung, »persönlich an die Stelle zu gehen, wo John Wyclif begraben liegt, seine Gebeine ausgraben zu lassen, sie aus dem kirchlichen Grund zu entfernen und sie öffentlich verbrennen zu lassen. Über seine Asche soll derart verfügt werden, daß von ihm keine sichtbare Spur zurückbleibt.« Eine Woche später ergingen Schreiben ähnlichen Inhalts an die Bürgermeister von Exeter, London, Winchester und andere Gemeinden.

Es war Winter, der Boden gefroren. Die Bischöfe konnten sich nicht länger der Anordnung ihres päpstlichen Herrn versperren. Im folgenden Frühling, anno 1428, ein volles Menschenleben nach Wyclifs Ableben, ließen sie seine sterblichen Überreste ausgraben und verbrennen. Nach Einbruch der Dunkelheit wurde die Asche hinausgetragen vor den Ort und südlich von Lutterworth in den vorbeifließenden Swift geschüttet, einen Nebenfluß des Severn, der sich in die Irische See ergießt. In Lutterworth erzählt man noch heute die Legende, beim Gang durch die High Street habe man einen Knochen des Toten verloren, und von daher rühre die Quelle, die dort entspringt.

JOHN WYCLIF UND DIE FOLGEN

Wären unsere Prälaten nicht mit solch hartnäckiger Verbohrtheit gegen den bewunderungswürdigen Geist Wicklefs vorgegangen, den sie als Schismatiker und Neuerungssüchtigen unterdrückten, so wäre der Ruhm, all unsere Nachbarn reformiert zu haben, vollständig der unsere geworden.

John Milton, 1644

Nichts kann vergessen machen, daß dieser wenig liebenswürdige Mann, mit mächtigem Intellekt und wenig menschlichem Gefühl, bereits im 14. Jahrhundert all die Schlußfolgerungen erreicht und ausgesprochen hat, die später auch die protestantischen Reformatoren erreicht haben. Sein Einfluß war beschränkt, weil ihm die Gabe fehlte, Menschen für sich einzunehmen, und wegen seines Radikalismus, so daß sich die Konservativen gegen ihn verbündeten.

May McKisack, 1959

Im Jahr 1366 zeigte der römische Kaiser und König von Böhmen Karl IV. dem englischen Hof die Geburt seiner Tochter Anna an. Die Neugeborene wurde bald dem ältesten Sohn des Schwarzen Prinzen versprochen, der 1377 als Richard II. den englischen Thron bestieg. Papst Urban VI. begünstigte diese Heirat; sie war Teil seiner »anti-clementistischen« Einkreisungspolitik. Die Vermählung fand im Januar 1382 statt, gut drei Jahre nach dem Tod von Kaiserl Karl. In England war die königliche Braut anfangs nicht beliebt. Die Engländer fürchteten, sie hätten zuviel bezahlt *pro tantilla carnis portione* (für so eine kleine Portion Fleisch), wie es in der »Westminster Chronicle« heißt.

Die Verbindungen zwischen den beiden Völkern, dem englischen und dem tschechischen, blieben schwach; sie beschränkten sich im wesentlichen auf die Königshäuser und die Universitäten. Die Universitas Carolina zu Prag, eine Gründung Karls IV. aus dem Jahr 1348, blickte zu ihren älteren Schwestern nach Westen. 1367 bestimmte ein Gesetz der Carolina, daß die Magister sich bei ihren Vorlesungen der Hefte bekannter Mitglieder der Universitäten von Paris oder Oxford bedienen müßten.

Nach der Vermählung zwischen der Schwester König Wenzels und dem englischen König nahmen die Beziehungen zwischen diesen Völkern zu. Bald gelangten Wyclifs Ideen nach Böhmen: Seine theologischen und philosophischen Werke werden bereits in den 1380er Jahren von Prager Universitätslehrern erwähnt. Besonders seine philosophischen Arbeiten erfreuen sich dort der Wertschätzung, denn auch die Tschechen sind Anhänger des Realismus. Im März 1388 werden in England für tschechische Studenten Stipendien eingerichtet. Die ersten Tschechen gehen zum Studium nach Oxford. Im Herbst 1401 kommt Hieronymus von Prag aus England zurück. Er führt ein Bildnis Wyclifs mit sich, ferner Kopien von Wyclifs »Trialogus« und von anderen seiner Werke, die Hieronymus mit eigener Hand abgeschrieben hat. Als Universitätslehrer führt er seine Prager Schüler, darunter Jan Christian von Prachatice, Stanislas von Znaim und Jan Hus, in die Gedanken Wyclifs ein. Jan Hus soll mit Hilfe seines Lehrers den »Trialogus« ins Tschechische übersetzt haben. Im ersten Jahrzehnt des 15. Jahrhunderts beginnen die Verbrennungen von Wyclifs Schriften. Im gleichen Jahr, da seine Bücher auf die römischen Scheiterhaufen fliegen, gehen sie auch in Prag in Flammen auf.

In Böhmen gab es, besonders bei den Deutschen dort, die mit den Tschechen rivalisierten, heftigen Widerstand gegen die Lehren Wyclifs. Realismus, Wycliffie, Tschechentum, bald auch Hussitismus waren für die Deutschen gleichbedeutend. Sie wenden sich an die Kurie, bitten den römischen Pontifex, zu ihren Gunsten einzuschreiten. 1408 erreicht Magister Ludwig Meistermann, daß all denen schwere Strafen angedroht werden, die sich die Wycliffie zum Bekenntnis machen. Magister und Studenten werden vom Papst aufgefordert, Wyclifs Werke der Kirche zur Vernichtung zu übergeben. Wyclifs Ideen führen zum Zusammenstoß zwischen Tschechen und Deutschen. Im Januar 1409 erläßt König Wenzel in Kuttenberg ein Dekret, das den fremden Nationen in Prag künftig eine der böhmischen drei Stimmen gewährt. Das schwächt das deutsche Element. Im gleichen Jahr verlassen die deutschen Studenten Prag; fünfhundert sollen es gewesen sein. Sie gründen in Leipzig eine neue Universität. Im Herbst dieses Jahres wird Magister Jan Hus zum Rektor der Universität Prag gewählt.

Jan Hus war seit 1402, ein Jahr nach seiner Ordinierung zum Priester, Prediger in der neuen Bethlehem-Kapelle zu Prag. (Man kann dieses Kirchlein heute wieder in Prag besichtigen.) Seine wichtigste Aufgabe war dort die Predigt – und Hus war ein feuriger Prediger. Hus war nicht nur Anhänger Wyclifs, er war überdies ein prominenter Vertreter des Konziliarismus. Zwischen dem Tschechen und dem Engländer gibt es allerdings unterschiedliche Auffassungen im methodischen Ansatz und in der Theologie, daneben auch Unterschiede im Temperament. Hus hat am Anfang stärker auf die menschlichen Unzulänglichkeiten abgehoben und von daher die Verderbnis der Kurie und des Klerus erklärt. Er hat die Schwächen der Kirchenoberen angeprangert, bevor er – unter dem Einfluß Wyclifs – anfing, die Kirche selber auf ihre Schriftgemäßheit hin zu untersuchen. Anfangs fordert Hus nur eine Reform der Gesinnung, sein Biblizismus ist eher moralischer Natur. Aber allmählich schwenkt er auf die Position Wyclifs ein und nimmt die Bibel als Grundlage, an der sich die Kirche messen lassen muß. Er fängt an, wie Wyclif den von Gott gewollten apostolischen Zustand der Kirche einzuklagen. Da wird der Mahner von Menschen zum Kritiker an der Kirche und zum Reformator. Seine Reformforderungen entstammen im wesentlichen der Hinterlassenschaft Wyclifs. Sie sind so sehr dessen Erbe, daß Historiker Hus später den Vorwurf des Plagiats machen.

Nicht in allen Punkten folgt Hus dem Beispiel Wyclifs. In der Abendmahlslehre nimmt er eine etwas andere Position ein; daher wird für ihn der Laienkelch so wichtig, der Empfang des Leibes Christi in beiderlei Gestalt. Aber er wettert wie der Engländer gegen die Äußerlichkeiten der Kirche, gegen die Verweltlichung des Klerus; und er gerät mit der kirchlichen Hierarchie aneinander, als er gegen einen Ablaßverkäufer angeht, dessen Erlös dazu dienen soll, einen Kreuzzug gegen den schismatischen Papst zu führen.

Unterschiede auch in der Persönlichkeit: Hus ist ein begnadeter Prediger, und er besitzt einigen politischen Einfluß und organisatorisches Geschick. Und er ist ein Vereinfacher; er schmiedet die schwerfälligen Lehren Wyclifs zu geistigen Waffen. Hus vulgarisiert Wyclif. Wo der Engländer Gelehrter ist, da ist er Demagoge, daher rührt sein Erfolg. Schließlich zieht Hus einen beträchtlichen Teil seines Volkes auf seine Seite, wobei man die politischen Umstände und den tschechisch-deutschen Gegensatz nicht übersehen darf, die Hus sich zunutze machte.

Hus war vielleicht der kleinere Theologe, aber gewiß der größere Politiker, auch der erfolgreichere Reformator. Bis in die Zeit des Dreißigjährigen Krieges, als das Königreich Böhmen gewaltsam rekatholisiert wurde, folgten ihm große Teile des tschechischen Volkes, und noch heute bilden die Böhmischen und die Mährischen Brüder im westlichen Landesteil der Tschechoslowakei ansehnliche Minderheiten. Erfolgreicher war er als Wyclif, aber Hus hat seinen Erfolg auf dem Scheiterhaufen mit dem Leben bezahlt.

Hus und die Hussiten waren ein Politikum. Als der Wittenberger Augustinermönch und Lehrstuhlinhaber der Bibelprofessur Dr. Martin Luther 1519 mit dem Ingolstädter Professor Dr. Johannes Eck in Leipzig disputierte, da versuchte der, ihn an Hus' Seite zu stellen, »des verruchtesten Ketzers aller Zeiten«, wie Eck ihn nannte. Hus, genauer: der Hussitismus, vor allem natürlich die Feldzüge der Hussiten samt ihren verlustreichen Folgen, waren in Luthers kursächsischer Heimat sehr schlecht angesehen: Hus war ja nicht nur von einem Papst verurteilt worden, sondern auch von einem Konzil. Luther ließ sich deswegen nicht einschüchtern: Er habe bislang alle Meinungen Hus' gelehrt und für wahr befunden, und auch Staupitz habe sie gelehrt. Nach dem Streitgespräch mit Eck wiederholt Luther: »Wir sind alle Hussiten, ohne es zu wissen.« Und bei anderer Gelegenheit sagt er über Hus: »Sol der ein Ketzer sein, so ist freilich noch nie kein rechter Christt auff erden komen.« Doch in einem Punkt irrt Luther: Er »war hier nicht nur zum Hussiten, sondern auch zu einem Schüler Wyclifs geworden«, wie Richard Buddensieg zu Recht bemerkt. Luther wußte nicht, wie dicht er Wyclif auf den Fersen folgte, weil er dessen Lehren viel zu wenig kannte.

Die reformtheologischen Parallelen zwischen dem Deutschen und dem Engländer sind vielfältig; die Persönlichkeiten der beiden sind grundverschieden. Luther war ein tiefreligiöser Mensch, von so tiefgreifenden existentiellen Ängsten erfüllt, daß die moderne Psychologie geglaubt hat – mit zweifelhaften Erfolgen übrigens –, sie müsse sich dieses Menschen annehmen, müsse seine Ängste aus tiefliegenden Neurosen, physiologischen Schwächen und anderen Gebrechen herausfiltern. Luthers Religiosität war ernst. Überall sah er Satan am Werk, sah sich verstrickt in den »kosmischen Kampf zwischen Christus und Satan«, aus dem der Mensch sich nicht heraushalten kann. Luther war selber ein »Mensch zwischen Gott und Teufel« (Heiko A. Oberman). Er war erfüllt von Prädestinationsnöten, ihn quälte die Angst, Gott könne seine Person vom Heil ausgeschlossen haben. Ständig wurde er von Anfechtungen und seelischen Nöten heimgesucht: »Reicht die Reue, die ich im Beichtstuhl an den Tag lege, aus, um die Absolution zu empfangen?« Aus der Heiligen Schrift liest er, daß alle Menschen Sünder und damit Feinde Gottes seien (Röm 5,10-12). Seine Folgerung daraus lautet nicht etwa, daß der Herr dies eben so eingerichtet habe und er als einzelner dafür nichts könne. Nein, Luther fürchtet, er allein sei verworfen. Das macht Luther zum *homo religiosus* und zu einem mittelalterlichen Menschen.

Welch völlig anderer Mensch ist daneben John Wyclif. Theologe auch er, gewiß, aber er fühlt sich als Gelehrter, wo Luther sich als sündigen Menschen sieht. Wyclif beschäftigt sich als Hochschullehrer mit theologischen Problemen, wie sich Physiker mit den Fragen der Optik befassen. Daß theologische Probleme ihn in seinem Innersten aufgewühlt, ihm schlaflose Nächte bereitet hätten, kann man sich bei diesem Menschen nicht vorstellen. Man hat Wyclif den gleichen Vorwurf gemacht wie dem großen Franziskaner William of Ockham: Die Wahrheit des Glaubens habe ihn nicht gekümmert. Er bleibt distanziert; die Fragen der Theologie berühren ihn gleichsam nur als wissenschaftliche Probleme.

Grundverschieden sind die beiden auch im Umgang mit anderen. Luther ist nicht nur Philologe und Prediger des Wortes, er ist auch ein »instinktsicherer, schlauer Politiker und Demagoge« (Golo Mann), indes John Wyclif politisch sein Leben lang ein Kind blieb (McFarlane). Der Unterstützung bedurften sie beide, aber Luther wählte sich mit Friedrich dem Weisen einen uneigennützigen Beschützer und Förderer seiner Reformtheologie. Dieser Mann bedeutete zweierlei für ihn: Er gewährte ihm persönlichen Schutz, und er ließ ihn gewähren, als Luther sich eine Massenbasis suchte. Der Kurfürst ließ ihn reden und schreiben und hielt seine Hand schützend über ihn.

Wie völlig anders nimmt sich daneben die Beziehung zwischen Wyclif und Gaunt aus. Zwar war auch der Herzog seinem Lehnsmann bis zu einem gewissen Grad ein loyaler und selbstloser Freund; aber in weitaus stärkerem Maße blickte Gaunt auf seine eigenen Belange. Für Wyclif bot diese Verbindung persönlich Schutz – aber sie verschaffte ihm keine Massenbasis, ganz im Gegenteil. Mönchszeit, Ritterzeit, Bürgerzeit – so hat man, vereinfachend, das Mittelalter nach seinen tragenden gesellschaftlichen Elementen bestimmt. Wyclif lebte am Übergang von der Ritter- zur Bürgerzeit, und da ließ er sich mit einem konservativen feudalen Ritter ein. Das konnte nicht gutgehen. Der Ritter schützte zwar den Theologen – Wyclif endete nicht am Pfahl –, aber Wyclifs Mißerfolg war der Preis für sein physisches Überleben.

Neue Ideen brauchen Zeit, bis für sie der Boden bereitet ist. Im Deutschland des frühen 16. Jahrhunderts war die Aufnahmebereitschaft für die Reformgedanken weitaus größer als im England des 14. Jahrhunderts. Das hat zum einen damit zu tun, daß in Mitteleuropa bei Luthers Auftreten die Reformforderungen – die Gravamina Nationis Germanicae – schon seit hundert Jahren erhoben wurden. Aber Wyclifs geringer Erfolg läßt sich auch anders erklären: Seine Kritik war die akademische Kritik eines Gelehrten. Der Boden war nicht bereitet, aber auch das Samenkorn zeigte Mängel. Wyclif konnte Gelehrte und Bischöfe aufhorchen lassen, selbst die römischen. Was er über das Abendmahl sagte, war hochexplosiv – aber er konnte damit keine Massen gewinnen. Seine geistreichen Distinktionen, ob Christi Leib *in signo* oder *ut in signo* in der Hostie sei, waren für die große Zahl der Gläubigen bedeutungslos. Seine Persönlichkeit und seine Leistungen liegen dicht beieinander: Seine Ideen waren geeignet, die Einheit der mittelalterlichen Kirche zu zersprengen; aber sie waren in sich so komplex, daß er damit keine Massenbasis auf die Beine stellen konnte.

Hätte Luther sich damit begnügt, seine 95 Thesen einer einsamen Theologenkommission vorzulegen oder sie an die Schloßkirche zu Wittenberg anzuschlagen, wäre auch sein Erfolg fraglich geblieben. Luthers Gewinnen ist ohne die Erfindung Gutenbergs kaum denkbar. Luther kannte die Bedeutung der Druckerpresse; er setzte dieses Instrument energisch und zielsicher ein: Die Jahre 1520 bis 1524 haben mehr Druck-Erzeugnisse hervorgebracht als jedes andere Jahrfünft des 16. Jahrhunderts. Luthers Produkte wurden dem Drucker förmlich aus der Hand gerissen. Er war ein Verkünder des Wortes, des gesprochenen wie des geschriebenen, wie es Wyclif niemals war. Jede erfolgreiche Massenbewegung hatte ihr Medium, einige davon ein völlig neues: Die amerikanische Unabhängigkeitsbewegung und die Französische Revolution besaßen ihre Tageszeitungen, die Massenbewegungen des 20. Jahrhunderts bedienen sich des Rundfunks – die Reformation des 16. Jahrhunderts setzte die gedruckte Flugschrift ein. Was waren daneben Wyclifs arme Wanderprediger?

Vergessen wir nicht die politischen Umstände! Zentralismus in England, föderative Strukturen in Deutschland: damals wie heute. Um in England eine Neuerung durchzusetzen, bedurfte es der Unterstützung der Zentralgewalt. Die Struktur des Heiligen Römischen Reiches hingegen begünstigte den Neuerer, sofern es ihm gelang, sich zumindest eines der Staaten zu bemächtigen und von dort seinen Einfluß auszubreiten. Die Zentralgewalt des Reiches – wenn man den Kaiser so nennen will – war schwach. Wer war schon der Kaiser? Die zaghaften Versuche, die gerade in den 1520er Jahren gemacht wurden, ihn zur Spitze der Exekutive zu machen, verliefen bald im Sande. Nicht die Fürsten brauchten den Kaiser und mußten sich deswegen gut mit ihm stellen, umgekehrt: Der Kaiser benötigte die Fürsten des Reiches. Von Südosten her kam der Türke, der 1529 die Stadt Wien belagerte; und von Westen her drohte ständig der Franzose, der in diesen Jahren das Reich unablässig mit Krieg überzog. Einen Augenblick lang, 1546, gleich nach Luthers Tod, war es dem Kaiser vergönnt, zu einem Schlag gegen die Protestanten auszuholen, aber da waren sie bereits zu mächtig, zu sehr gefestigt von unten, um sich ihre Machtbasen entreißen zu lassen.

Man hat gegen Wyclif den Vorwurf erhoben, er sei kein sonderlich origineller Denker gewesen. Wyclif hatte tatsächlich Vorläufer: Seine Theorie von der Herrschaft nahm er von Fitzralph; apostolische Armut predigten auch schon die Bettelmönche, namentlich die Spiritualen unter den Franziskanern; Grosseteste und William of Ockham hatten lange vor ihm gelehrt, daß der Bibel in Glaubensfragen die oberste Autorität zukomme; in der Prädestinationslehre folgte er Augustinus und Bradwardine. Als Philosophen waren ihm der hl. Thomas und Ockham überlegen; als politischer Denker übertraf ihn Marsilius; und wer kam als Prediger dem hl. Bernhard und an Süße und Reinheit dem hl. Franz von Assisi gleich? Wyclifs Größe liegt nicht in seiner Originalität, sondern in seinem Weitblick und darin, daß er »die mittelalterliche Kirche in ihrem ganzen Gefüge schärfer und radikaler angegriffen hat als je ein Gegner zuvor«, wie Gustav A. Benrath schreibt. Wyclifs Größe besteht darin, daß er künftigen Entwicklungen den Weg bereitet.

Der niederländische Historiker Johan Huizinga hat vor vielen Jahrzehnten angeregt, das späte Mittelalter nicht als ein Bindeglied zur Neuzeit zu sehen, nicht als eine Vorbereitung für ein neues Zeitalter, sondern als eine Endzeit, das Aufhören einer Epoche. Wer aber die entstehenden Bewegungen einer neuen Zeit verstehen möchte, namentlich die Reformationen des 16. Jahrhunderts, der wird das Spätmittelalter anders sehen müssen, nämlich als den Frühling einer neuen Epoche Menschheitsgeschichte. Wyclifs Verdienst in diesem Spätmittelalter ist groß: Die neue Epoche gebiert nicht nur ein völlig neues Verständnis von der Bedeutung der Heiligen Schrift, sie öffnet auch den Weg des Individuums zur Selbstbestimmung. Wyclif läutet eine neue Epoche ein, die schon auf das Zeitalter Kants und dessen Definition von Aufklärung hinweist: »Befreiung des Menschen aus seiner selbstverschuldeten Unmündigkeit.«

Wyclifs größter Erfolg stellt sich nicht im 15. und 16. Jahrhundert ein, sondern in viel späterer Zeit. Als Vater der Anglikanischen Kirche kann man ihn nicht bezeichnen, mit den Vorgängen im England des 16. Jahrhunderts hatte er wenig zu tun. Aber er ist der Vorläufer der Puritaner und der Non-Konformisten des 17. und 18. Jahrhunderts. Er ist der Bote eines Frühlings, dessen Blüten in der Reformation sichtbar werden, dessen eigentliche Reife aber erst in späterer Zeit eintritt: im 19. Jahrhundert, im Zeitalter der Säkularisation und des Laizismus, als die alte Kirche endgültig ihre weltliche Herrschaft verliert. In diesem Sinne, von diesem Blickwinkel her betrachtet, war John Wyclif »der bedeutendste Engländer seiner Zeit« (Barbara Tuchman), ja der »einzige seines Zeitalters, der die grundlegenden Notwendigkeiten seiner Gegenwart und die Möglichkeiten der Zukunft gesehen hat« (George Trevelyan).

AUSWAHLBIBLIOGRAPHIE

Abkürzungen

ARG Archiv für Reformationsgeschichte
HZ   Historische Zeitschrift
PP   Past and Present
Sp   Speculum. A Journal of Mediaeval Studies
WS   Wyclif Society
ZKG Zeitschrift für Kirchengeschichte

Abel, Wilhelm: Die Wüstungen des ausgehenden Mittelalters, Stuttgart²1955

Ariès, Philippe: Essais sur l'histoire de la mort en occident de Moyen Age à nos jours, Paris 1975

Aston, Margaret E.: Lollardy and Sedition, 1381-1431, in: PP 25 (1960)

dies.: Lollardy and the Reformation: Survival or Revival? in: History 44 (1964)

dies.: John Wyclif's Reformation Reputation, in: PP 30 (1965)

Bainton, Roland: Martin Luther. Rebell für den Glauben, München 1983

Baldewein, August: Wiklif und Hus, Leipzig 1926

Baudry, Léon: A propos de G. d'Ockham et de Wiclef, in: Archives d'histoire doctrinale et littéraire du moyen âge, 14 (1939)

Benrath, Gustav A.: Wyclif und Hus, in: Zeitschrift für Theologie und Kirche, 62 (1965)

ders.: Wyclifs Bibelkommentar (= Arbeiten zur Kirchengeschichte, Bd. 36), Berlin 1966

Blake, Robert (Hg.): Die englische Welt. Geschichte, Gesellschaft, Kultur, München 1982

Bloch, Marc: La Société féodale, Paris 1938, 1968

Borst, Arno: Lebensformen im Mittelalter, Frankfurt/M.-Berlin 1973

ders.: Das Erdbeben von 1348, in: HZ 233 (1981)

Bowsky, William M.: The Impact of the Black Death upon Sienese Government and Society, in: Sp 39 (1964)

Buddensieg, Rudolf: Johann Wiclif und seine Zeit (= Schriften des Vereins für Reformationsgeschichte, Bd. 8/9), Halle 1885

Busse, Kurt (Hg.): Bücher, die die Welt verändern, München 1968

Carpentier, Elisabeth: Autor de la Peste Noire: Famines et épidémies dans l'histoire du XIVᵉ siècle, in: Annales (ESC) 17 (1962)

Chaucer, Geoffrey: Die Canterbury Tales, in der Übertragung von Adolf von Düring, 1883-86, München 1974

Clark, George: English History. A Survey, Oxford 1971

Coulton, George C.: Chaucer and His England, New York 1908

Dahmus, Joseph H.: The Prosecution of John Wyclyf, New Haven 1952, 1970

ders.: Wyclyf Was a Negligent Pluralist, in: Sp 28 (1953)

Daly, Lowrie J., SJ: The Political Theory of John Wyclif, Chicago 1962

Denesley, Margaret: Lollard Bible, Cambridge 1920

Dobson, R. B.: The Peasants' Revolt of 1381, London 1970

Elm, Kaspar: Ketzer oder fromme Frauen?, in: Journal für Geschichte, H. 6/1980

ders./Peter Feige: Der Verfall des zisterziensischen Ordenslebens im späten Mittelalter, in: Die Zisterzienser – Ordensleben zwischen Ideal und Wirklichkeit, hg. Kaspar Elm u. a., Bonn 1980

Engelhardt, Johann Georg: Wycliffe als Prediger, Erlangen 1834

Evans, Ifor: Geschichte der englischen Literatur, München 1983

Ford, Boris (Hg.): Medieval Literature (= The New Pelican Guide to English Literature. Part One: Chaucer and the Alliterative Tradition), Harmondsworth 1982

Friedenthal, Richard: Luther. Sein Leben und seine Zeit, München 1967, 1982

ders.: Ketzer und Rebell. Jan Hus und das Jahrhundert der Revolutionskriege, München 1972

Froissart, Jan: Chronicles of England, France and Spain, 2 Bde., London 1806

Gewirth, Alan: Marsilius of Padua. The Defender of Peace, 2 Bde., New York ²1956

Ghisalberti, Alessandro: Introduzione a Ockham, Rom-Bari 1976

Gregorovius, Ferdinand: Geschichte der Stadt Rom im Mittelalter, Neuaufl. München 1978

Grundmann, Herbert: Religiöse Bewegungen im Mittelalter, Hildesheim ²1961

ders.: Vom Ursprung der Universität im Mittelalter, Darmstadt ²1964

ders.: Ketzergeschichte des Mittelalters, Göttingen ³1978

Häpke, Rudolf: Brügges Entwicklung zum mittelalterlichen Weltmarkt (= Abhandlungen zur Verkehrs- und Seegeschichte, Bd. I, hg. Dietrich Schäfer), Berlin 1908

Haller, Johannes: Zur Lebensgeschichte des Marsilius von Padua, in: ZKG 48 (1929)

Hassinger, Erich: Das Werden des neuzeitlichen Europa, Braunschweig 1959

Heussi, Karl: Kompendium der Kirchengeschichte, Tübingen ⁶1928

Hilton, R. H.: Peasant Movements in England Before 1381, in: The Economic History Review, 2nd Series, 2 (1949)

Hudson, Anne (Hg.): Selections from English Wicliffite Writings, Cambridge 1978

Huizinga, Jan: Der Herbst des Mittelalters, Stuttgart [8]1961

Hurley, Michael: Scriptura sola – Wyclif and his critics, in: Traditio (1960)

Imbach, Ruedi: Wilhelm Ockham (um 1280 – ca. 1349), in: Klassiker der Philosophie, Bd. I, hg. Otfried Höffe, München 1981

Jäger, Oscar: John Wycliffe und seine Bedeutung für die Reformation, Halle 1854

Kaňak, Miloslav: Der Ketzer von Oxford. Leben und Wirkungen John Wiklifs, Berlin (Ost) 1977

Klassiker der Staatsphilosophie. Ausgewählte Werke, 2 Bde., hg. Dieter Oberndörfer, Stuttgart [2]1975

Kluxen, Kurt: Geschichte Englands. Von den Anfängen bis zur Gegenwart, Stuttgart [2]1976

Krüger, Sabine: Lupold von Bebenburg, in: Fränkische Lebensbilder, Bd. IV, hg. Gerhard Pfeiffer, Würzburg 1971

Kunze, Dietrich: Häresie und Minderheit im Mittelalter, in: HZ 229 (1979)

Kybal, Vlastimil: Origines du Mouvement Hussite en Bohême, in: Revue historique, 103 (1910)

Lambert, Malcolm D.: Ketzerei im Mittelalter. Häresien von Bogomil bis Hus, München 1981

Langland, William: Piers the Ploughman, hg. Betty Radice, Harmondsworth 1959, 1966

Lea, Henry Charles: A History of the Inquisition of the Middle Ages, 3 Bde., London 1888

Lechler, Gotthard: Wiclif und die Lollarden, in: Zeitschrift für historische Theologie (1853)

ders.: Johann von Wiclif und die Vorgeschichte der Reformation, 2 Bde., Leipzig 1873

Leff, Gordon: Medieval Thought. St. Augustine to Ockham, London 1962

ders.: John Wyclif: The Path of Dissent, London 1966

ders.: Heresy in the Later Middle Ages. The Relation of Heterodoxy to Dissent, c. 1250 – c. 1450, 2 Bde., Oxford 1967

LeGoff, Jacques: Das Hochmittelalter (= Fischer Weltgeschichte, Bd. 11), Frankfurt/M. 1965

Levett, A. E.: The Black Death on the Estates of the See of Winchester, in: Oxford Studies in Social and Local History, 5 (1916)

Lewald, Ernst Anton: Die theologische Doctrin Johann Wycliff's, in: Zeitschrift für historische Theologie (1846)

Lewis, John: The History of the Life and Suffering of the Reverend and Learned John Wycliffe, D. D., London 1720

Lohse, Bernhard: Martin Luther. Eine Einführung in sein Leben und sein Werk, München [2]1982

Lortz, Joseph: Die Reformation in Deutschland, 2 Bde., Freiburg [4]1962

Loserth, Johann: Das vermeintliche Schreiben Wiclif's an Urban VI. an seinen letzten Lebenstagen, in: HZ, 75 (1895) *ders.:* Wiclifs Lehre vom wahren und falschen Papstum, in: HZ, 99 (1907)

ders.: Hus und Wyclif. Zur Genesis der Husitischen Lehre, Prag 1884, Neuaufl. München-Berlin 1925

Lucas, Henry S.: The Great European Famine of 1315, 1316, and 1317, in: Sp 5 (1930)

Luther, Martin: Die reformatorischen Grundschriften in vier Bänden, München 1983

Mackie, J. D.: A History of Scotland, Harmondsworth 1964

Mallard, William: J. Wyclif and the Tradition of Biblical Authority, in: Church History (1961)

Manning, Bernard: The People's Faith in the Time of Wyclif, Cambridge 1919

Marsilius von Padua: Der Verteidiger des Friedens, bearbeitet von Horst Kusch, Stuttgart 1971

McFarlane, K. B.: John Wycliffe and the Beginnings of English Nonconformity, London 1952

McKisack, May: The Fourteenth Century, 1307-1399 (= Oxford English History, Bd. 5), Oxford 1959

McNeill, William: Plague and Peoples, New York 1969

Michalski, Konstanty: La philosophie au XIVe Siècle, Frankfurt/M. 1969

Miller, Edward: Großbritannien im Hoch- und Spätmittelalter, in: Hdb. d. Europäischen Wirtschafts- und Sozialgeschichte, Bd. 2, hg. von Hermann Kellenbenz, Stuttgart 1980

Moeller, Bernd: Frömmigkeit in Deutschland um 1500, in: ARG 56 (1965)

Molnár, Amedeo: Geschichte und europäisches Ausmaß einer Ketzerbewegung, Göttingen 1980

Morris, Jan (Hg.): The Oxford Bock of Oxford, Oxford-New York 1978

Mudroch, Vaclav: The Wyclyf Tradition, Athens/Ohio 1979

Mullett, C. F.: The Bubonic Plague in England, Lexington 1956

Myers, A. R.: England in the Late Middle Ages (= The Pelican History of England, Bd. 4), Harmondsworth 1969

Niedhart, Gottfried (Hg.): Einführung in die englische Geschichte, München 1982

Oberman, Heiko A.: Luther – Mensch zwischen Gott und Teufel, Berlin 1981

ders.: Forerunners of the Reformation. The Shape of Later European Thought, Philadelphia 1981

Pastor, Ludwig Freiherr von: Geschichte der Päpste seit dem Ausgang des Mittelalters. Mit Benutzung des Päpstlichen Geheim-Archives und vieler anderer Archive bearbeitet, Bde. 1-11 in 13 Tl.-Bdn., 9.-13. Aufl. Freiburg/B. 1955-1959

Peschke, E.: Die Bedeutung Wiclefs für die Theologie der Böhmen, in: ZKG 54 (1945)

Petit-Dutaillis, Charles: La monarchie féodale en France et en Angleterre (Xe-XIIIe siècle) Paris 1933, 1971

Postan M. M.: The Medieval Economy and Society (= The Pelican Economic History of Britain, Bd. 1), Harmondsworth 1972

Rashdall, J. Hastings: The Universities of Europe in the Middle Ages, 3 Bde., Oxford ²1936

Rausch, Heinz: Marsilius von Padua, in: Klassiker des politischen Denkens, Bd. 1, hg. Hans Maier u. a., München 1968

Ritter, Gerhardt: Luther. Gestalt und Tat, München ⁶1959

ders.: Via antiqua und Via moderna auf den deutschen Universitäten des 15. Jahrhunderts, Heidelberg 1922

Roberts, R. S.: The Place of Plague in English History, in: Proceedings of the Royal Society (Hist. Med.) 59 (1966)

Robson, John A.: Wyclif and the Oxford Schools, Cambridge 1961

Romano, Ruggiero/Alberto Tenenti: Die Grundlegung der modernen Welt: Spätmittelalter, Renaissance, Reformation (= Fischer Weltgeschichte, Bd. 12), Frankfurt/M. 1967

Russell, Bertrand: History of Western Philosophy and Its Connection with Political and Social Circumstances from the Earliest Times to the Present Day, London 1946

Sabine, Ernest L.: Butchering in Mediaeval London, in: Sp 8 (1933)

ders.: Latrines and Cess-pools of Mediaeval London, in: Sp 9 (1934)

ders.: City Clearing in Mediaeval London, in: Sp 12 (1937)

Saltmarsh, John: Plaque and Economic Decline in England in the Late Middle Ages, in: Cambridge Historical Journal, 7 (1941)

Salzmann, Louis F.: Building in England Down to 1540. A Documentary History, Oxford 1952

Schlageter, Johannes Karl: Wilhelm von Ockham, in: Klassiker der Theologie, Bd. I, München 1982

Sergeant, L.: John Wyclif. Last of the Schoolman and First of the English Reformeners, New York-London 1893

Shrewsbury, J. F. D.: History of the Bubonic Plague, Cambridge 1970

Smith, Logan P.: The English Language, London-Oxford-New York ³1966

Southern, R. W. Western Society and the Church in the Middle Ages (= The Pelican History of the Church, Bd. 2), Harmondsworth 1970

Spinka, Matthew: John Hus and the Czech Reform, Hamden/Conn. 1966

Stacey, John: John Wyclif and Reform, London 1964

Störig, Hans Joachim: Kleine Weltgeschichte der Philosophie, Stuttgart 1950, 1961

Thompson, James Westfall: The Aftermath of the Black Death and the Aftermath of the Great War, in: The American Journal of Sociology, 26 (1920/21)

Titow, J.: Evidence of weather in the account rolls of the bishopric of Winchester, 1209-1350, in: The Economic History Review, 2nd Series, 12 (1960)

Trevelyan, G. M.: England in the Age of Wycliffe, London 1899

ders.: English Social History, Harmondworth 1942, 1944

Tuchman, Barbara: A Distant Mirror. The Calamitous 14th Century, New York 1979

Wilkinson, B.: The Peassants' Revolt of 1381, in: Sp 15 (1940)

Wirth, Ludwig Philipp: D. Johannes Wiclefi wahrhafte und gegründete Nachrichten von seinem Leben, Lehrsätzen und Schriften, Bayreuth-Hof 1754

Wohlfeil, Rainer: Das wissenschaftliche Lutherbild der Gegenwart, Hannover 1982

Workman, Herbert: John Wyclif. A Study of the English Medieval Church, 2 Bde., London 1926

Wright, Thomas (Hg.): Political Poems and Songs relating to English History, 2 Bde., London 1859

Wyclif, John: De civili dominio, Bd. I, hg. R. L. Poole; Bd. II-III, hg. J. Loserth (WS 1885, 1900, 1903/04)

ders.: De ecclesia, hg. J. Loserth (WS 1886)

ders.: De officio regis, hg. A. W. Pollard u. C. Sayle (WS 1887)

ders.: De potestate papae, hg. J. Loserth (WS 1907)

ders.: De veritate sacre scripture, hg. R. Buddensieg 3 Bde. (WS 1905-1907)

ders.: De blasphemia, hg. M. H., Dziewicki (WS 1893)

ders.: Political Works, 2 Bde., hg. R. Buddensieg (WS 1883)

ders.: Trialogus, hg. G. Lechler, Oxford 1869

ders.: Select English Works, 3 Bde., hg. T. A. Arnold, Oxford 1869-71

ders.: The English Works of Wyclif hitherto unprinted, hg. F. D. Matthew, Oxford 1880

Ziegler, Philip: The Black Death, Harmondsworth 1969

REGISTER

311

313

317

Biographien

Edward Crankshaw
Bismarck
543 Seiten mit Namen- und Sachregister. Leinen

Christa Dericum
Maximilian I.
Kaiser im Heiligen Römischen Reich Deutscher Nation
256 Seiten mit 32 Bildtafeln. Leinen.

Helmut Hiller
Friedrich Barbarossa und seine Zeit
Eine Chronik
448 Seiten mit 26 Abbildungen. Leinen

Hermann Schreiber
August der Starke
Leben und Lieben im deutschen Barock
288 Seiten mit 25 Abbildungen, Zeittafel und Register.
Gebunden

Henri Troyat
Die große Katharina
512 Seiten. Leinen

Tyler Whittle
Kaiser Wilhelm II.
416 Seiten mit 28 Abbildungen. Leinen

List Verlag

Auf den Spuren...

List Verlag

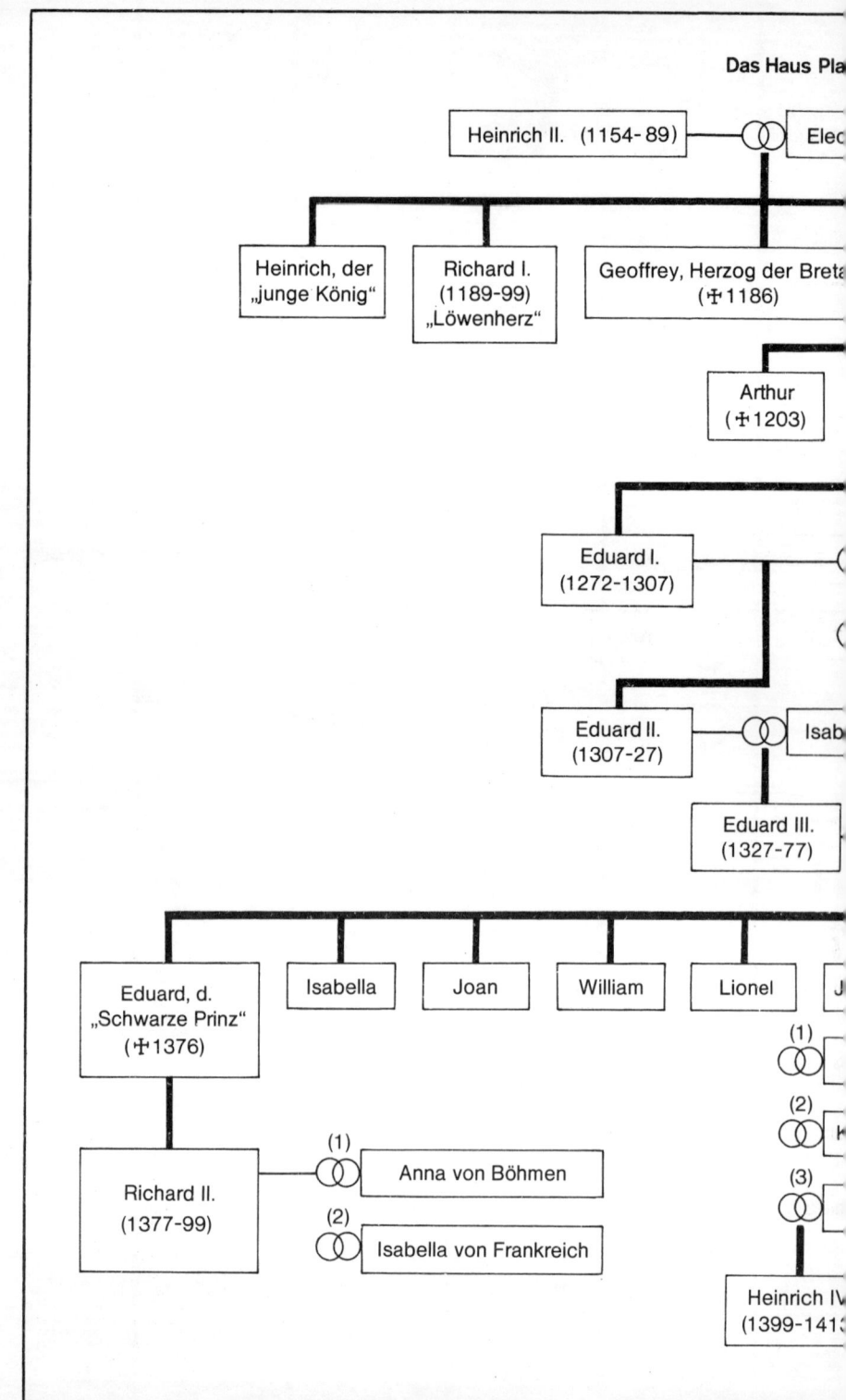

Das Haus Pla[...]

Heinrich II. (1154-89) ── Ele[...]

Heinrich, der „junge König"

Richard I. (1189-99) „Löwenherz"

Geoffrey, Herzog der Bret[...] (✝1186)

Arthur (✝1203)

Eduard I. (1272-1307)

Eduard II. (1307-27) ── Isab[...]

Eduard III. (1327-77)

Eduard, d. „Schwarze Prinz" (✝1376)

Isabella

Joan

William

Lionel

J[...]

(1)
(2)
(3)

Richard II. (1377-99)

(1) Anna von Böhmen

(2) Isabella von Frankreich

Heinrich IV (1399-141[...]